国家自然科学基金项目（71372068）研究成果
墨香会计学术文库

会计准则变革的非预期效应研究

Research on the Unintended Consequences of Accounting Standards Evolution

张先治 等 著

东北财经大学出版社
Dongbei University of Finance & Economics Press
大 连

图书在版编目（CIP）数据

会计准则变革的非预期效应研究 / 张先治等著. —大连：东北财经大学出版社，2019.6
（墨香会计学术文库）
ISBN 978-7-5654-3503-4

Ⅰ. 会… Ⅱ. 张… Ⅲ. 会计准则-研究-中国 Ⅳ. F233.2

中国版本图书馆CIP数据核字（2019）第067366号

东北财经大学出版社出版
（大连市黑石礁尖山街217号 邮政编码 116025）
网 址：http://www.dufep.cn
读者信箱：dufep@dufe.edu.cn
大连永盛印业有限公司印刷 东北财经大学出版社发行

幅面尺寸：170mm×240mm 字数：292千字 印张：15.25 插页：1
2019年6月第1版 2019年6月第1次印刷

责任编辑：王 莹 周 慧 责任校对：冯志慧
封面设计：张智波 版式设计：钟福建

定价：48.00元

教学支持 售后服务 联系电话：（0411）84710309

如有印装质量问题，请联系营销部：（0411）84710711

作者简介

张先治，会计学与财务学教授，国家二级教授，经济学博士。现任东北财经大学教授，博士生导师。曾任东北财经大学会计学院副院长、内部控制与风险管理研究中心主任、中德管理控制研究中心主任等职务，并作为国家公派高级研究学者留学英国牛津大学、作为高级访问学者留学美国纽约州立大学布法罗分校。

学科地位：国家级教学名师、国家级教学团队财务管理教学团队带头人、财政部会计学跨世纪学科带头人，辽宁省高等学校学科拔尖人才，辽宁省百千万人才工程首批百名人才，辽宁省创新团队带头人。

主要兼职：中国财务学年会共同主席、财政部管理会计咨询专家、中国会计学会理事、辽宁省人大常委会地方立法咨询专家；《会计研究》、《财务研究》、《管理与控制》（德国）、《管理会计学刊》等刊物的编委；台湾东吴大学、大连理工大学、南京理工大学、山东理工大学、杭州电子科技大学、新疆财经大学、常州大学等高校的客座教授、兼职教授或特聘教授；多家上市公司独立董事。

研究领域及成果：在资本经营与公司理财、管理控制与管理会计、会计准则与会计报告应用等领域提出许多新见解。出版《会计学与财务学范畴及学科定位研究》、《中国企业管理控制系统》（英文版）、《企业管理控制规范》（英文版）、《中国特色管理控制理论创新与应用拓展》、《基于会计相关性的内部报告研究》、《经济效益研究》、《企业资本经营论》、《内部管理控制论》、《现代财务分析》、《企业重组财务与会计问题研究》、《国有资本管理、监督与营运机制研究》、《国有资本经营预算制度研究》、《国有资本保值增值研究》等专著10余部。主持国家自然科学基金和国家社会科学基金项目5项，在国内外重要期刊发表论文200余篇。获教育部人文社科优秀著作奖2项。

教学领域及成果：讲授“财务分析”“财务管理专业导论”“财务理论研究”“高级财务管理”“管理控制研究”“公司理财前沿问题研究”“会计报告应用研究”等课程。主编《财务分析》《财务学概论》《高级财务管理》《公司理财》《财务管理学》《企业价值评估》等教材10多部。“财务分析”国家精品课、国家精品资源共享课负责人。《财务分析》《财务学概论》《财务分析习题与案例》等国家规划教材主编。获国家优秀教学成果奖二等奖1项，辽宁省优秀教学成果一等奖2项。

荣誉称号：享受国务院特殊津贴专家、全国自强模范、全国师德先进个人、全国先进会计工作者、辽宁省劳动模范、辽宁省五一奖章、大连市有突出贡献专家、大连市职工职业道德十佳个人、大连市三育人标兵和大连市首届留学回国创业英才等称号。

本书由
大连市人民政府资助出版
The published book is sponsored
by the Dalian Municipal Government

前 言

《会计准则变革的非预期效应研究》作为国家自然科学基金项目“会计准则变革的非预期效应：对经营方式转变及投资行为的影响研究”（项目批准号：71372068）的最终成果，反映了国内外会计准则理论研究与应用研究的最新进展。东北财经大学“会计准则变革的非预期效应：对经营方式转变及投资行为的影响研究”课题组全体成员自课题申请及立项以来，经过多年的搜集资料、走访调查、理论归纳与推演、数据整理与统计分析等研究，基本已完成既定研究目标与任务。本专著是在课题研究报告的基础上，结合会计准则变革理论和实践发展的新情况充实和完善而成的。

背景与价值

21世纪以来，由国际会计准则理事会（IASB）发布的国际财务报告准则（IFRS）在世界范围内产生了广泛的影响，会计准则的国际趋同已成为会计发展变革的主旋律。截至2016年6月，已有130多个国家或地区强制要求或者允许采用IFRS。2006年2月15日，我国新会计准则体系正式发布，自2007年1月1日起在上市公司实施，实现了与IFRS的实质性趋同。2010年，财政部印发《中国企业会计准则与国际财务报告准则持续趋同路线图》，2014年和2017年又分别修订和新增与IFRS持续趋同的多项具体会计准则，同时，我国也积极参与国际会计准则的制定。

在学术领域，众多学者对IFRS和我国新会计准则的执行效果或经济后果进行了关注。在这个过程中，早期的传统研究集中于检验会计准则变革预期目标的实现情况，比如财务报告质量、资本市场信息环境与定价效率等是否得到改善。而后，会计准则变革的非预期效应逐渐引起学术界的关注，包括对微观企业行为与宏观经济发展等各个方面的影响。简单来讲，会计准则变革的非预期效应是指“制定会计准则时并不想带来的影响，或并未关注到的潜在及后续影响”，即会计准则变革的预期效应是指准则变革产生与变革预期目标相一致的影响；反之，与预期目标不一致或未在预期目标之内的影响则为非预期效应。近年来，关于会计准则变革非预期效应方面的研究成果逐渐增加，大有形成研究主流的趋势。然而，现有的相关研究较为零散，且研究视角分散，对会计准则变革的非预期效应缺乏系统的认识。基于此，本专著系统梳理并界定了会计准则变革的非预期效应，并以我国近年来会计准则变革为契机，选取会计准则变革对企业经营方式转变及投资行为的影响进行重点研究。

会计准则变革的影响不局限于财务报表，还可能波及经营战略、风险管理和内部控制等其他方面，新企业会计准则带来的理念和冲击必然会给公司的内部管理、决策行为和理念带来挑战，企业经营方式作为企业战略目标与经营管理体制的体现也要相应变化。新企业会计准则中“损益表观”到“资产负债表观”，“历史成本”到“公允价值”及“折现与风险”等观念转变引导着企业战略与管理的配套转变，引导企业经营方式由基于利润的“商品经营”转向基于价值的“资本经营”。2013年，党的十八届三中全会明确指出，“要完善产权保护制度，积极发展混合所有制经济，推动国有企业完善现代企业制度，支持非公有制经济健康发展”，国企改革、混合所有制的发展，其本质也在于转变企业经营方式、提升资本经营效益，从企业会计准则变革的角度，研究我国企业的资本经营具有重要的意义。投资行为既是企业战略的执行活动，也是经营方式的重要显性指标。企业会计准则所引导的经营方式转变也必然对企业投资行为产生影响，并且这种影响既包括准则变革引起的短期、直接的预期效应，更具有间接、复杂的非预期效应。从已有研究来看，企业会计准则变革与企业投资行为及其影响因素之间存在着诸多联系，这种影响的重要性已逐渐引起一些学者的关注，但尚未得到应有的重视。为此，本专著结合主流研究的信息质量变革视角，由表及里，由浅入深，层层剖析准则变革在微观企业组织管理层面的影响，完善企业会计准则变革的非预期效应研究。

本专著以企业会计准则变革的预期效应与非预期效应界定为出发点，构建会计准则变革的非预期效应理论框架，并重点探讨会计准则变革对企业经营方式转变及投资行为的影响，无疑具有重要的理论价值和应用价值。

从理论意义上说：第一，探索会计准则变革预期与非预期效应理论，有助于拓展会计准则研究的理论范畴、应用范畴和影响范畴。本专著根据会计准则变革的特征，系统构建准则变革预期效应与非预期效应理论框架，并选择准则变革、经营方式转变与投资行为的理论路径，由微观组织延伸至宏观经济，研究准则变革的非预期效应，拓展了会计准则理论与研究的范畴。第二，研究准则变革对经营方式转变的影响机理，有助于创新基于会计的企业经营管理理论。企业经营方式是企业战略目标与经营管理体制的体现，准则变革引导企业经营方式由商品经营转向资本经营，据此，本专著探讨准则变革对经营方式转变的路径和机理，有利于拓展会计应用理论范畴，创建基于会计的企业经营管理理论与方法。第三，揭示准则变革与投资行为的关系，构建会计对企业行为的治理机制。投资是企业实现价值增值的主要理财行为，也是体现企业经营方式的重要显性指标，本书研究准则变革通过改变企业经营方式对投资行为的影响，正视会计准则在企业行为（特别是投资行为）中的引导作用，对拓展会计对企业行为的治理功能研究具有重要作用。第四，探讨了准则变革对宏观投资的影响，有助于将准则变革的宏微观影响相结合。制度变革首先会影响个体企业的投资行为及其结果，进而引发资本市场甚至国家宏观投资行为的整体变化。据此，本专著研究准则变革对国家宏观投资影响的路径和机理，有利于构架制度变革与宏观经济现象之间关系的理论桥梁，引发理论界对制度变迁之宏观影响的关注和讨论。

从应用价值看：第一，利用会计准则变革的非预期效应理论与研究思路，在检验会计准则目标实现情况的基础上，有利于综合权衡会计准则变革的预期效应和非预期效应两个方面，促进会计准则制定者发现准则变革的其他影响并减少负面非预期效应，从而制定更加合理的会计准则。第二，利用会计准则变革、治理与控制、经营方式转变的影响机理，发挥会计准则促进企业整体管理水平提升的功能，同时，基于会计准则变革对经营目标、经营理念和经营活动影响的研究成果为国企改革提供思路与借鉴。第三，利用会计准则变革对投资行为影响的原理，加强企业资本经营和财务管理对会计的重视，从而发挥会计准则积极引导企业行为的重要作用。第四，利用会计准则变革对宏观投资影响的内在机理，提请制度制定者关注制度变迁的宏观经济效果，从而促进制度设计、实施过程中对执行效果和影响更加深入和广泛的关注。

目标与内容

本专著研究的总体目标是探索会计准则变革的非预期效应理论，揭示会计变革对企业经营与投资行为的影响机理，拓展会计学理论范畴与影响范畴。

研究特色和具体目标包括：(1) 论证会计准则变革的预期与非预期影响形成的路径理论，补充准则变革效应理论，构建会计准则变革的非预期效应理论框架。(2) 探讨准则变革对经营方式转变影响的路径与机理，强化会计准则与企业管理的交融，检验会计准则变革对企业经营方式转变的影响程度和影响效果。(3) 探索准则变革对经营方式转变与投资行为的影响，发展会计治理理论，检验会计准则变革影响下企业投资行为的效果，拓展会计影响范畴的相关研究。

基于上述研究目标，本专著的结构与内容由四部分构成：第一部分为会计准则变革的非预期效应理论框架研究，主要在梳理会计准则变革制度背景和文献研究发展脉络的基础上，根据会计准则变革的目标和相关经验证据，界定会计准则变革的预期效应与非预期效应，构建会计准则变革的非预期效应系统框架，并以资本成本为例进行实践检验；第二部分为会计准则变革对企业经营方式转变的影响研究，该部分在明确了经营方式的内涵，基于历史视角分析会计变革与企业经营方式转变互动关系的基础上，以经营目标、经营理念和经营活动为研究切入点，分析了会计准则变革对企业经营方式转变的具体影响，并分别进行了实证检验；第三部分为会计准则变革对企业投资行为的影响研究，该部分从资本经营视角出发，结合我国会计准则的转变特征，构建准则变革对企业投资行为的影响路径，剖析会计准则变革对企业投资行为的具体影响机制，并重点检验现行会计准则对企业资本经营与投资行为的影响；第四部分为会计准则变革对宏观投资的影响研究，该部分从我国宏观投资的现状出发，剖析了会计准则变革对跨国投资、资本市场效率以及行业投资产生影响的路径和机理，并以QFII投资为例，实证检验了会计准则变革对宏观投资影响的作用效果。

路线与方法

根据既定的研究主题和研究目标，本专著按照提出问题、分析问题、解决问题的逻辑思路展开研究。具体分为以下四个层次。

第一层次是会计准则变革的非预期效应理论框架研究。这一层次是本书的基础性理论研究，不仅为后面几个层次奠定了理论基础，也为此领域搭建了理论层面的框架指导。这一部分首先分别梳理了国际会计准则变革和我国会计准则变革的制度背景，然后通过文献综述，对会计准则变革的影响效应有一个总体的认识，并进一步以相关制度背景和基础理论（经济后果理论、制度变迁的影响理论和外部性理论）为基础，根据会计准则变革的目标和相关经验证据，分别从概念和范畴层面界定了会计准则变革的预期效应与非预期效应，构建了会计准则变革的非预期效应系统框架。同时，选取在会计和财务领域具有重要地位的资本成本为例，实践检验了会计准则变革在资本成本方面的非预期效应。

第二层次是会计准则变革对企业经营方式转变的影响研究。首先是历史分析。在清晰界定经营方式的内涵和类型的基础上，基于历史视角分析不同经济体制下、不同组织形式下企业经营方式转变与会计准则变革的互动关系及其变化。其次是文献综述。通过文献梳理分析研究现状，找到研究缺口，明确研究方向，突出研究创新与价值。然后是理论研究。基于会计准则变革对企业经营方式转变影响的分析框架，展开对理论机理和具体影响的分析，借助于经济后果理论、价值创造理论、契约理论、制度变迁理论等基础理论，形成会计准则变革对企业经营方式转变影响的理论机理。同时，应用理论机理，基于会计理念变革和具体准则变革两方面的具体变化，分析我国会计准则变革对企业经营方式转变的具体影响。最后是实证检验。根据会计准则变革对企业经营方式转变的具体影响，分别设计研究视角进行具体影响的分割检验，基于研究视角分别建立模型以检验具体目标，基于研究模型选择合适的变量和具体指标，结合我国上市公司样本数据，发现具体影响在我国的实践效果。

第三层次是会计准则变革对企业投资行为的影响研究。首先是研究基础。结合本专著的研究主题与研究目标，对已有相关文献进行回顾与评述，分析研究现状，总结存在的不足，并对国内外企业投资行为的主要研究方法进行综述。然后是理论研究。主要基于经济后果学说、制度变迁理论、路径依赖理论的理论基础，运用新制度经济学、投资学、管理学与会计学等学科的基本理论，形成本专著中基于资本经营视角的会计准则变革对企业投资行为影响的基本机理。最后是实证检验。通过经验检验证明会计准则变革对企业资本经营以及投资行为的重要影响，以进行资本经营活动的上市公司为例，对我国会计准则变革前后的经验数据进行实证检验，发现会计准则在资本经营和投资实践中的实施效果。

第四层次是会计准则变革对宏观投资的影响研究。首先是理论研究。在对我国宏观投资概述和现状分析的基础上，总结我国宏观投资在过去十年间的发展现状。同时，对已有相关文献进行系统总结与梳理，总结存在的不足。然后是理论研究。主要基于交易成本理论、前景理论和经济后果理论，从跨国投资、资本市场和行业投资三条路径展开分析，探讨会计准则变革对宏观投资产生影响的基本路径和机理。最后是实证检验。以QFII投资为例，实证检验会计准则对宏观投资产生的影响，发现会计准则在我国宏观经济发展中发挥的重要作用。

本专著所采用的研究方法依照研究的内容有所不同：（1）在会计准则变革的非预期效应理论框架研究部分，采用历史分析法和文献综述法，具体构建了非预期效应的理论框架，用归纳法和演绎法，从会计准则变革的内容和形式变化归纳准则中蕴含的内涵和实质变化，并以资本成本为例大样本实证检验了准则变革的非预期效应。（2）在会计准则变革对企业经营方式转变的影响研究部分，在采用文献梳理法和历史分析法分析会计变革与企业经营方式转变互动关系的同时，用归纳演绎和逻辑推理的方法，以经营目标、经营理念和经营活动为研究切入点，分析了会计准则变革对企业经营方式转变的具体影响，并用大样本实证研究对其分别进行了检验。（3）在会计准则变革对企业投资行为的影响研究部分，在采用文献梳理法和归纳演绎法对会计准则变革、资本经营和投资行为的关系及影响机理进行分析的基础上，重点采用大样本实证方法，分别研究了我国会计准则变革对企业投资方式、结构和效率的影响。（4）在会计准则变革对宏观投资的影响研究部分，在采用文献梳理法和归纳演绎法对会计准则变革影响宏观投资的理论基础、内在机理和影响路径进行探讨的基础上，采用大样本实证方法，检验了会计准则变革对跨国投资产生的影响。

作　者
2019年5月于大连

目 录

1 会计准则变革的非预期效应理论框架研究

1.1 会计准则变革的制度背景

会计准则诞生于美国，美国的会计准则一度被认为是最为完善的，并影响整个世界。但是，随着经济危机和重大财务造假事件的冲击，以及“经济全球化”的逐步深入，美国逐渐丧失了对全球会计准则的绝对主导权。在“经济全球化”的背景下，“全球会计”的理念推动着全球性会计制度变革，旨在建立全球性的通用会计准则（郭道扬，2013）。当前，由国际会计准则理事会（IASB）发布的国际财务报告准则（IFRS）在世界范围内产生广泛影响，会计准则的国际趋同已成为当前会计发展变革的主旋律，已有130多个国家强制要求或者允许采用国际财务报告准则。

中华人民共和国成立以来，我国的经济实现了由计划经济向市场经济的转型，开创出一条中国特色的社会主义市场经济发展道路。与此相适应，我国的会计标准[①]也经历了数次重大的变革，完成了由适应计划经济向适应市场经济需求的过渡。至今，我国已经建立起一套适应社会主义市场经济的与国际会计准则趋同的会计准则体系。在我国会计准则的建设过程中，我们既坚持中国特色，同时也始终重视吸收和借鉴国际会计准则的成功经验，走会计准则的国际趋同、等效道路（刘玉廷，2007）。

1.1.1 国际会计准则变革

在欧美等主要发达国家，会计准则通常由会计职业团体制定，但其实施通常具有强制性，国际会计准则变革是以各个利益集团协调为主的诱致性制度变迁。从对全球的影响来看，国际上的会计准则先后经历了美国会计程序委员会（CAP）和会计原则委员会（APB）依次主导阶段、美国财务会计准则委员会（FASB）和国际会计准则委员会（IASC）竞争阶段、国际会计准则理事会

① 会计标准主要指会计准则和会计制度，广义上的会计准则也包含着会计制度。

（IASB）主导阶段。

（1）美国会计程序委员会（CAP）主导阶段（1938—1959）

1929—1933年，美国经济大萧条充分暴露了资本市场监管方面的严重问题，美国随后制定了1933年《证券法》和1934年《证券交易法》，并设立了证券交易委员会（SEC）等。在会计监管方面，美国国会要求SEC制定会计准则，SEC将这一重任委托给当时的美国会计师协会（AIA），而AIA又将这一任务交给其下——于1938年改组设立的会计程序委员会（CAP）。1939年，CAP发布了第一份“会计研究公报”（ARB），标志着世界第一份会计准则文件的产生。1938—1959年，CAP相继发布了51份会计研究公报。最初以“会计研究公报”形式存在的会计准则，在一定程度上促进了会计实务的标准化，但它缺乏理论框架的指导，基本仅是对某些具体会计实务的“编纂”，没有形成一套系统的会计准则，其影响效应也较为有限。

（2）美国会计原则委员会（APB）主导阶段（1959—1973）

1959年，AICPA对其内部机构进行重组，新建了会计原则委员会（APB）和会计研究部（ARD），以取代CAP的工作。为了弥补以往制定会计准则缺乏会计理论的缺陷，AICPA采用“双轨制”的方法共同发展会计准则，即ARD负责研究具有争议的会计问题，APB负责制定会计准则，其发布的会计准则称为“APB意见书”。1959—1973年，APB共发布了31项形成会计准则的“APB意见书”，ARD共发表了15份不形成会计准则的“会计研究文集”。在这一时期，由于注重会计理论对会计准则的指导作用，一时促进了会计理论研究的繁荣，并缩小了会计准则与会计实务之间的差异。但是，“双轨制”下会计准则的成效也并不理想，准则制定与理论研究存在“两张皮”的现象，缺乏统一概念框架的指导。

（3）美国财务会计准则委员会（FASB）和国际会计准则委员会（IASC）竞争阶段（1973—2001）

1973年7月，美国财务会计准则委员会（FASB）正式成立，取代APB。FASB不再采用准则制定和理论研究的“双轨制”，它既制定会计准则，主要以“财务会计准则公告（SFAS）”的形式发布，又自行从事有关会计理论研究，发行“财务会计概念公告（SFAC）”。FASB在财务会计概念框架的指导下，使得会计准则的理论基础更加坚实，概念框架明确了财务会计的“决策有用观”目标，讨论了会计信息质量特征，划分了财务报表要素，并为要素的确认、计量和报告确定了基本原则。然而，FASB“以规则为基础”的准则制定模式饱受争议，其准则体系庞大造成“准则超载”，2001年年末发生的“安然事件”更是让人们对美国会计准则产生怀疑。

IASC成立于1973年6月，它由9个国家的16个会计职业团体发起设立，旨在“协调与改进各国会计准则”。至2000年年底，IASC正式改组前，它已包括112个国家的153个会计职业团体，共发布了41项“国际会计准则”（IAS）。IASC从最初汇集与借鉴各国会计准则和会计惯例，逐渐着手制定在全球资本市场上使用的“核心准则”（汪祥耀和邓川，2005）。20世纪90年代以后，随着经济和资本市场全球化的趋势明显加快，国际社会对IASC制定全球通用会计准则寄予厚望。然而，美国自认为其会计准则“最悠久、最详细、最完善”，凭借其政治地位和经济实力，对IASC及其准则一直比较抗拒，并竭力推广美国公认会计原则。

在FASB和IASC竞争的阶段，会计准则在概念框架的指导下提高了会计信息的决策有用性，促进了资本市场的发展。同时，会计准则表现出明显的经济后果，不同国家、不同利益集团之间的利益协调是这一时期会计准则制定者关注的焦点。

（4）国际会计准则理事会（IASB）主导阶段（2001年至今）

进入21世纪，虽然FASB在其准则制定方面进行诸多努力，但其逐渐丧失了对世界会计准则的绝对主导权，国际会计准则理事会（IASB）开始主导全球会计准则的制定。2001年4月，IASC正式改组，设立IASB取代其地位。IASB自其成立便承担起全球会计准则“制定者”的角色，其发布的会计准则为“国际财务报告准则（IFRS）”及其解释公告，广义的IFRS也包含由IASC所发布的IAS等内容，国际会计准则的发展进入新时期。IASB更加重视“以原则为基础”制定会计准则，不断完善其概念框架，坚持“决策有用观”的首要目标，重视会计信息质量特征，提倡使用多种计量属性，强调资本保全的概念。截至目前，IASB共发布了16项IFRS，对原来的IAS也进行了修订和替换。在制定准则的同时，IASB一改原IASC以“协调”为主的精神，积极推进各国会计准则与IFRS的“趋同”。

IFRS在国际趋同方面取得了显著成效。2002年，欧盟委员会（EC）首先要求欧盟国家上市公司的合并财务报表自2005年起必须采用IFRS；紧随欧盟之后，澳大利亚财务报告委员会（FRC）于同年宣布澳大利亚自2005年起也采用IFRS；2005年，中国香港要求上市公司必须同时披露基于IFRS和基于旧的中国香港公认会计准则的信息，标志着中国香港会计准则与IFRS的全面趋同；2007年，美国证券交易委员会（SEC）宣布在美国上市的境外公司可以使用IFRS；目前，已有130多个国家或地区强制要求或者允许采用IFRS。然而，由2007年美国次贷危机引发的全球金融危机，对会计提出了严峻的挑战，对国际财务报告准则也提出了更高的要求。随着FASB对IASB地位的逐渐认可，二者也开始在一些领域合作。至今，IFRS仍在持续变革。

纵观国际会计准则变革的历史，可以发现，每一次经济金融危机史都是一部会计准则变革史。历史证明，会计准则的影响范畴不断扩大，由最初简单地促进会计实务的标准化、规范会计信息的生成，到提高会计信息的决策有用性、促进资本的发展、协调各方的利益，再到全球会计准则的制定、诱发及缓解经济金融危机。会计准则变革已不仅仅对财务报告和资本市场产生影响，而且还对微观企业行为、宏观经济与社会等产生重要影响，并体现出越来越多的非预期效应。

1.1.2 我国会计准则变革

我国的会计标准一直由政府部门（财政部）制定，实行国家统一的会计规范，具有强制性，我国会计准则的演化过程是以政府为主导的强制性制度变迁。我国会计准则的产生与发展同我国的会计制度是分不开的，这是由我国的制度背景决定的。改革开放以来，我国会计标准发展变革的历程大体可以分为以下三个阶段。

（1）会计制度的试点和会计准则的探索阶段（1978—1992）

1978年以后，我国开始实施对外开放政策，为了引进外国的资金和技术，允许外国企业或个人同我国境内的企业或个人共同举办合营企业。为了提供法律保障，我国在1979年和1980年全国人大会议上先后通过了《中外合资企业经营法》和《中外合资经营企业所得税法》。在这个两个法律的统驭和要求之下，财政部于1985年发布了《中外合资经营企业会计制度》和《中外合资经营工业企业会计科目和会计报表》，成为合资企业的会计制度，这套会计制度第一次引进和借鉴了国际上很多先进的会计实务，其在与国际会计协调的同时，也仍然坚持了一些我国的特色。

与此同时，我国也开始组织会计准则探索。1980年1月，财政部领导下的中国会计学会成立，其成立后不久便开始关注国际会计准则，不断探索会计准则的制定。1987年，中国会计学会成立会计原则与会计基本理论研究组，次年9月，该研究组被重新命名为会计理论与会计准则研究组。1989年1月，该研究组在上海组织了第一次有关会计准则的专题讨论会，就会计准则的若干相关重大问题进行了激烈讨论，该研究组有力地推动了会计准则理论研究和我国会计准则的制定。

（2）会计制度的改革和会计准则的建立与完善阶段（1992—2006）

1992年以后，我国明确了中国特色的社会主义市场经济发展道路，在这一历史背景下，我国的会计改革也得以深入进行。1992年下半年起，财政部在财务与会计方面进行了重大改革，相继颁布了《企业会计准则》《企业财务通则》，以及13个行业的会计制度和10个行业的财务制度，即所谓的“两则两制”，自1993年7月1日起开始实施。这标志着我国企业会计核算模式从传统的计划经济模式向社会主义市场经济模式转换，实现了我国会计与国际会计惯例的初步接轨。同时，为了配合我国股份制改造，财政部于1992年5月颁布了《股份制试点企业会计制度》，该制度借鉴了国际惯例，企图打破不同行业和所有制企业的界限，1998年1月，财政部进一步颁布了《股份有限公司会计制度》，以取代原来的《股份制试点企业会计制度》。

1997年5月，财政部发布了我国第一项具体会计准则——《关联方关系及其交易的披露》，并自当年开始在上市公司实施。至2002年，我国陆续颁布了包括关联方关系及其交易的披露、现金流量表、资产负债表日后事项、债务重组、固定资产、存货等16项具体会计准则，在我国具体会计准则的制定过程中，大量地借鉴了国际惯例。同时，为了加快我国会计国际协调的进程，财政部于2000年及时发布了《企业会计制度》，2001年，首先在股份制公司实施。2001年，财政部针对金融企业的改革、金融业务的创新和金融对外开放的需要，发布了《金融企业会计制度》，自2002年1月1日起实施。2004年，财政部针对我国小企业的实际情况，借鉴国际通行做法，又发布了《小企业会计制度》，自2005年1月1日起实施。

由此，我国逐步形成了一套独有的会计准则与会计制度并行的会计标准体系，包括基本准则1项、具体准则16项；《企业会计制度》、《金融企业会计制度》和《小企业会计制度》；以及相关的专业核算办法、暂行规定和问题解答等特殊形式的会计标准。对于其他尚未形成具体会计准则的相关内容，暂且按照制度和办法中的规定进行核算，并且要在时机成熟时积极发展成正式的具体会计准则。总的来说，上述发布的会计准则与会计制度，在具体核算要求、内容和方法等方面，在所有重大方面基本上实现了与国际会计准则的一致。

（3）会计准则的国际趋同与等效阶段（2006年至今）

2005年，在财政部的全面推动下，中国会计准则体系建设进入了一个加速发展的阶段。在积累多年会计准则研究成果的基础上，经过一年多的集中突破，财政部完成了我国企业会计准则体系的制定，并于2006年2月15日对外正式发布，自2007年1月1日起在上市公司实施。企业会计准则体系包括1项基本会计准则和38项具体会计准则以及相关应用指南，新会计准则的发布实施标志着适应我国市场经济发展进程、与国际财务报告准则（IFRS）趋同的企业会计准则体系正式建立。

新会计准则在会计理念上发生了重大变革，会计目标由受托责任观向强调决策有用观转变。受托责任观认为，财务报告的目的是向资源的所有者如实反映受托资源的管理和使用情况，财务报告应该主要反映企业历史的客观的信息，强调会计信息的可靠性。而决策有用观则认为，财务报告的目标在于向会计信息使用者提供对决策有用的信息，其核心是提高会计信息的相关性。新旧会计准则对会计目标的具体表述见表1-1。在会计目标变革的引导下，资产计价和收益确定的原则也发生了显著变化。在资产计价方面，计量属性由历史成本观转向公允价值观，公允价值计量属性的应用也是我国会计准则变革最大的创新。在2006年颁布的企业会计准则中，公允价值被应用于长期股权投资、投资性房地产、生物资产、债务重组和非货币性资产交换等17项具体会计准则中，并且其应用范围呈逐步扩大的趋势。在收益确定方面，会计准则变革过程中一个重要的变化就是由收入费用观向资产负债观的转变。收入费用观认为，企业的收益应该通过计算收入与费用之间的差额确定，会计确认与计量应该以利润表为中心；而资产负债观则认为应该基于企业资产与负债的变动来计算收益，会计确认与计量应该更加关注资产负债表，强调综合收益的概念。

表1-1　**新旧会计准则对会计目标表述的变化**

会计准则	会计目标表述
1992年《企业会计准则——基本准则》	会计信息应当符合国家宏观经济管理的要求，满足有关各方了解企业财务状况和经营成果的需要，满足企业加强内部经营管理的需要
2006年《企业会计准则——基本准则》	财务（会计）报告的目标是向财务报告使用者提供与企业财务状况、经营成果和现金流量等有关的会计信息，反映企业管理层受托责任履行情况，有助于财务报告使用者做出经济决策

我国企业会计准则的国际趋同只是第一步，最终目标是等效。为此，财政部自2006年起就积极推进中国会计准则与其他国家和地区会计准则等效的相关工作。2007年12月，中国内地与香港签署等效协议，企业会计准则首先实现了与中国香港财务报告准则的等效。2008年11月，欧盟决定在自2009年起至2011年年底前的过渡期内，允许中国证券发行者在进入欧洲市场时使用中国会计准则，这是国际资本市场首次正式接受中国企业会计准则，标志着我国在会计准则等效方面取得了突破性成果。2010年4月，财政部印发《中国企业会计准则与国际财务报告准则持续趋同路线图》，进一步明确了我国企业会计准则与IFRS持续趋同的基本方略。2014年7月，财政部对《企业会计准则——基本准则》进行了修订更新，同年，又陆续新增《公允价值计量》等3项具体会计准则，修订《长期股权投资》等5项具体会计准则，亦是与IFRS的持续趋同之举。同时，财政部也积极参与国际会计准则的制定，在准则制定中反馈我国的实际情况，在多个会计

准则制定和完善的过程中积极发声。

为了规范小企业会计确认、计量和报告行为，促进小企业可持续发展，发挥小企业在国民经济和社会发展中的重要作用，财政部于2011年10月18日发布了《小企业会计准则》，自2013年1月1日起在全国小企业范围内施行，2004年发布的《小企业会计制度》同时废止。《小企业会计准则》的出台，实现了与现行企业会计准则的接轨，吹响了全面清理会计制度的号角。随着各种会计制度的渐次退出，当前企业会计准则（1项基本准则和42项具体准则）和《小企业会计准则》基本已取代了会计制度，在规范我国企业财务报告的过程中发挥主要作用。

我国会计标准发展变革的历程就是新旧制度不断更替的过程，以上三个阶段中产生的主要的会计制度与会计准则汇总见表1-2。

表1-2　**改革开放后我国主要的会计制度和会计准则**

会计标准	颁布年份	适用范围	备　注
《中外合营企业会计制度》	1985	中外合营企业	后被《企业会计制度》取代
《股份制试点企业会计制度》	1992	股份公司	后被《股份有限公司会计制度》取代
《企业会计准则（基本准则）》及13个行业会计制度	1992—1993	所有企业	后被《企业会计准则2006》取代
具体会计准则16项	1996—2002	适用范围不同	后被《企业会计准则2006》取代
《股份有限公司会计制度》	1998	股份公司	后被《企业会计制度》取代
《企业会计制度》	2000	一般企业	几近废止
《金融企业会计制度》	2001	金融企业	后被废止
《小企业会计制度》	2004	小企业	后被《小企业会计准则》取代
《企业会计准则》（基本准则1项、具体准则38项）	2006	所有企业	至今有效（部分更新）
《小企业会计准则》	2011	小企业	至今有效
新增和修订《公允价值计量》等8项具体会计准则	2014	所有企业	至今有效（部分更新）
修订具体会计准则	2017	所有企业	

纵观我国会计准则变革的历史，可以发现，会计准则与经济发展互动共生，经济发展客观要求会计准则进行变革，会计准则的不断完善反过来对经济发展也具有主动性影响。在有计划的商品经济时期，会计主要被视作一种“管理工具”，发挥着商品经营核算与管理的作用；在市场经济确立时期，会计被定位为一个“信息系统”，会计准则预期产生高质量的财务报告，以反映企业管理者的受托责任履行情况，向资本市场传递可靠与相关的信息；在市场经济完善时期，会计准则的影响更加广泛，会计准则不仅对财务报告和资本市场产生预期影响，而且对企业契约与投资、宏观经济与社会等产生重要影响。历史证明，会计准则的影响范畴不断拓展，其中的影响效应，有的属于预期效应，有的属于非预期效应。

从中国会计变革与国际会计准则变革的互动关系看，二者依次经历了双轨、交互和趋同三个阶段，会计准则变革相互间的影响效应也不断增加。最初，中国会计制度与国际会计准则在两条轨道上各自发展，相互间的影响效应较小。改革开放后，二者呈交互发展的态势，我国开始陆续引进和借鉴大量的国际会计惯例。自2006年以来，我国会计准则进入与IFRS趋同阶段，在此过程中，表现出更多的非预期效应，这些影响有的是有利的，比如随着会计信息质量的提高、融资成本的降低，国外投资不断增加、我国市场经济地位得到巩固和国际承认、反倾销调查的概率降低等；有的影响则是不利的，比如会计准则的价值导向与决策有用的目标定位违背了会计依法记账的原则，造成与法律制度之间的冲突等（周华等，2009）。如何界定会计准则变革的预期效应与非预期效应，并对非预期效应进行系统归类，对于认识会计的影响范畴、评价我国会计准则趋同的效果具有重要意义。

1.2 会计准则变革的影响效应研究综述

会计准则是影响企业财务报告最重要的制度规范，探讨会计准则对财务报告的影响及其经济后果是会计研究领域的永恒话题。新世纪以来，国际财务报告准则（IFRS）在世界范围内的影响力逐渐增强，欧盟委员会于2002年首先要求欧盟国家上市公司的合并财务报表自2005年起必须采用IFRS编制，此后澳大利亚、新西兰等地也相继宣布采用IFRS，会计准则的国际趋同已成为会计发展变革的主旋律，会计准则变革研究在全球范围内逐渐受到广泛关注。自2007年起，我国亦开始实施与IFRS趋同的新会计准则体系，国内学者对会计准则变革的研究也一度呈现繁荣的景象。为了在总体上对会计准则变革在国内外的研究状况有一个初步了解，本部分首先对相关文献进行了初步统计及主题分布分析，然后分具体主题进行综述。

1.2.1 文献统计与主题分布

(1) 文献统计

为了对会计准则变革研究领域的文献进行统计，首先需限定文献的范围，包括所属的学术期刊及时间范围。对于国外研究文献，本部分主要选取会计学界公认的六种顶级英文会计期刊，即《The Accounting Review》(简称TAR)、《Journal of Accounting Research》(简称JAR)、《Journal of Accounting and Economics》(简称JAE)、《Accounting, Organizations and Society》(简称AOS)、《Contemporary Accounting Research》(简称CAR)和《Review of Accounting Studies》(简称RAS)①发表的相关论文，另外也补充了少部分其他期刊上的重要论文或未发表论文②。对于国内研究文献，本部分借鉴杜荣瑞等(2009)、陈信元等(2011)的研究和做法，在综合考虑期刊质量和发表会计相关论文数量的基础上，选取《会计研究》、《审计研究》、《中国会计与财务研究》、《中国会计评论》、《当代会计评论》、《经济研究》、《管理世界》、《南开管理评论》、《经济管理》、《中国工业经济》、《金融研究》、《财经研究》、《财贸经济》、《经济科学》、《经济理论与经济管理》、《管理评论》、《当代财经》和《财经问题研究》等18种会计和经管类中文期刊发表的相关论文，另外也补充了少部分其他类似期刊上的重要论文。对于时间范围，考虑到国内外会计准则变革的时间情况，本部分主要统计2006年以来的相关文献，但在具体主题的文献综述时会补充部分更早期的相关文献。

经统计，在上述限定范围内，国内和国外会计准则研究文献的数量分别为187篇和176篇，其年度分布如图1-1所示。

从图1-1可以发现，自2006年以来，国外对会计准则的研究基本呈现逐年增加的趋势，近五年的相关研究成果更是越加丰富，即使考虑国外英文期刊相对较长的发表周期，国际上对会计准则这一传统财务会计领域的研究热度仍旧不减是不争的事实。反观国内对会计准则的研究，其研究文献数量在2009年达到顶峰后，逐渐减少，在近两年更是鲜有相关成果。究其原因，可能是我国的学术研究仍有明显的"短平快"特点，大部分学者的研究兴趣总是随着最新热点的变化而改变，进而导致与国外会计准则变革研究相比，对这一领域的研究深度仍然不够。当然，在客观上，世界上其他众多国家具有不同的会计准则变革情况，为会计准则研究提供了更广阔的制度背景平台，特别是宏观层面不同国家会计准则的对比研究。后文的综述会进一步深入分析。

① TAR、JAR、JAE属于国际最顶级的三种会计期刊，加上AOS和CAR，常被称为国际五种顶级会计期刊，再加上发展迅速的RAS，形成了会计学界公认的六种国际顶级会计期刊。根据ISI Web of Knowledge最新发布的Journal Citation Reports，按五年影响因子排名，居于前六位的会计期刊即为这六种。Bonner等(2006)、Chan等(2009)曾用不同方法对国际会计期刊进行排名，其研究结论也为此提供了支持。

② 作者承认，这些补充文献的选取具有一定的主观性。但作者相信，这些补充文献也具备较高的质量，且其选题范围在多样性方面对前述六种国际顶级期刊发表的论文也有所补充。

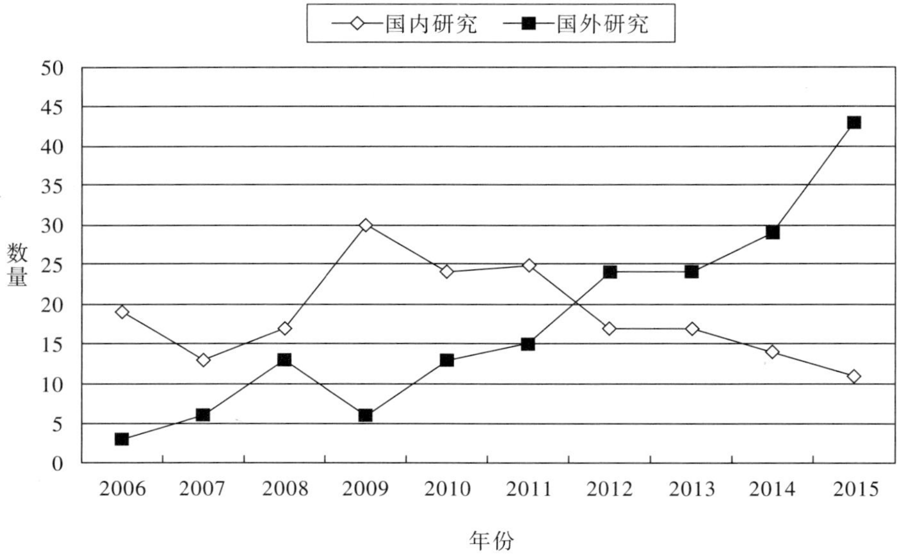

图 1-1　2006 年以来国内外会计准则变革研究趋势图

（2）主题分布

为了对会计准则变革研究进行具体主题的综述，需要有一个研究主题的分类框架。随着国内外会计准则变革研究的逐步推进，Soderstrom 和 Sun（2007）、潘妙丽等（2008）、Hail 等（2010）、姚立杰和程小可（2011）、陈信元等（2011）、孙铮和刘浩（2013）、Brüggemann 等（2013）、张先治等（2014）、ICAEW（2015）、De George 等（2016）等均在不同阶段，从不同角度对 IFRS 或我国会计准则变革研究进行了综述，这也为本部分的综述框架提供了参考。

Soderstrom 和 Sun（2007）的早期研究主要综述了采用 IFRS 对会计信息质量的影响，并且分自愿采用和强制采用 IFRS 进行了阐述。潘妙丽等（2008）在对强制执行 IFRS 进行综述时，将研究内容分为三类：一是对会计信息质量的影响，包括价值相关性、盈余管理、及时性和稳健性等；二是 IFRS 实施的经济后果，包括对信息环境、资本成本、市场流动性等的影响；三是影响 IFRS 采纳及执行效果的因素，包括制度因素和公司特征等。Hail 等（2010）则对美国采用 IFRS 进行了综述，他们将研究内容分为财务报告质量和可比性、资本市场效应、从美国 GAAP 转向 IFRS 的潜在成本、IFRS 与美国监管和法律环境的兼容性，以及宏观经济效应等几个方面。姚立杰和程小可（2011）在对 IFRS 研究进行回顾时，则分别从收益和损失两个角度进行，并先后分析了自愿采用 IFRS 的相关研究、造成自愿采用与强制采用 IFRS 应用效果存在差异的原因、强制采用 IFRS 的相关研究、影响 IFRS 应用效果的一些重要因素。陈信元等（2011）进一步构建了新会计准则分析框架，并据此进行综述，他们的分析框架分为三个层次：一是新会计准则对会计信息特征的影响，包括对会计信息价值相关性、稳健性、及时性、持续性、盈余平滑、应计质量等的影响；二是会计信息特征改变产生的经济后果，按会计信息的利益相关方进行归类，包括对会计信息提供者相关决策的影响、对管理层契约安排的影响、对分析师等信息中介的影响、对银行等债权人的影响、对审计师的影响、对监管者及其他信息使用者的影响；三是采用新会计准则在宏观国家层面的网络外部效用，包括对海外上市、跨国并购、跨境权益投资和直接投资等的影响。孙铮和刘浩（2013）在总结IFRS实施的经济后果时，分别讨论了IFRS对股票估值的影响、对公司契约的影响、对资本市场效率和市场参与者结构的影响等。Brüggemann等（2013）对欧盟采用IFRS的经济后果进行了综述，他们分别阐述了IFRS的财务报告效应、资本市场效应、宏观经济效应以及其他非预期效应（对企业薪酬契约、债务契约、股利支付、税收等的影响）。张先治等（2014）则具体分析了会计准则变革对企业行为的影响，包括对企业会计行为、财务行为、评价与治理及其他行为的影响。英格兰及威尔士特许会计师协会（ICAEW）于2015年对欧盟采用IFRS的实证研究进行了综述，分别阐述了实施IFRS对财务报告透明度、可比性、资本成本、市场流动性、公司投资效率、跨境投资、金融危机、其他效益与其他成本[①]等几个方面的影响。De George等（2016）进一步综述了IFRS的研究主题与研究方法，他们把会计准则变革研究分为IFRS对财务报告质量、股票市场、债务市场、公司决策制定、受托责任和公司治理、审计等的影响，以及具体的会计准则特征研究。

由以上综述研究可知，关于会计准则变革的研究内容不断丰富，研究分析框架亦逐渐完善，从早期仅关注会计准则变革对会计信息质量的影响，拓展到对资本市场及各利益相关方、微观企业与宏观经济等各个层面的影响。参考以上综述框架，同时考虑到一些特定的研究主题，本部分将国内外会计准则变革研究分为以下几个方面：（1）理论综述与概念辨析；（2）准则动态与具体特征；（3）会计准则变革对财务报告的影响，包括对财务报告列报、价值相关性、盈余管理、盈余稳健性、盈余持续性、及时性、应计质量、透明度与可比性等会计信息质量特征的影响；（4）会计准则变革对资本市场的影响，包括对股票市场，债务市场，以及投资者、银行等债权人，分析师，审计师，评级机构，监管机构等资本市场众多参与者行为与经济决策的影响[②]；（5）会计准则变革对企业财务行为的影响，包括对投资行为、融资行为、股利分配、税收行为等的影响；（6）会计准则

① 此处，IFRS的其他效益与其他成本研究内容较为分散，其他效益包括对所有权结构、国际贸易、会计师流动、会计基础的业绩评价、股价暴跌风险、经济增长等的影响，其他成本包括对财务报告准备成本、真实盈余管理、高管薪酬、会计基础的薪酬契约、会计基础的债务契约、财富转移、资本结构、权益发行、风险管理、审计市场集中度等的影响。

② 葛家澍等（2013）对财务会计下定义时认为，财务会计立足主体（主要是企业），面向市场（主要是资本市场）提供以财务信息为主的信息。因此，本部分将以上相关者纳入资本市场的范畴。

变革对企业非财务行为的影响，包括对高管薪酬、业绩评价、所有者监督、所有权结构等的影响；（7）会计准则变革对宏观经济的影响，包括对国外直接投资（FDI）、国际贸易、跨国投资、跨国并购、金融危机与经济增长等的影响；（8）会计准则采纳与执行的影响因素，包括宏观制度因素与公司特征等。当然，这些研究主题之间不可避免地存在交叉，对其进行归类统计需要根据主次进行主观判断。

对2006年以来国内外会计准则变革研究文献按照上述主题分类进行统计，结果如图1-2所示。可以发现，在国内研究方面，会计准则动态与具体特征研究的数量居首，主要是在我国新会计准则实施初期对会计准则的介绍、具体准则特征分析以及国际经验与动态介绍，这些研究大都以规范研究方法为主，并有少量对具体会计准则或准则某一特征的实证研究；其次为会计准则变革对财务报告和资本市场的影响；而会计准则变革对企业财务行为与非财务行为、宏观经济等的影响研究相对较少。国外对会计准则变革的研究则有所不同，会计准则变革对资本市场的影响研究居首位，其次为对传统的财务报告的影响研究，而会计准则变革对企业财务行为与非财务行为、宏观经济等的影响研究也占据了可观的比例，不同主题的研究较为均衡，并且大都以国际主流的实证研究方法为主。

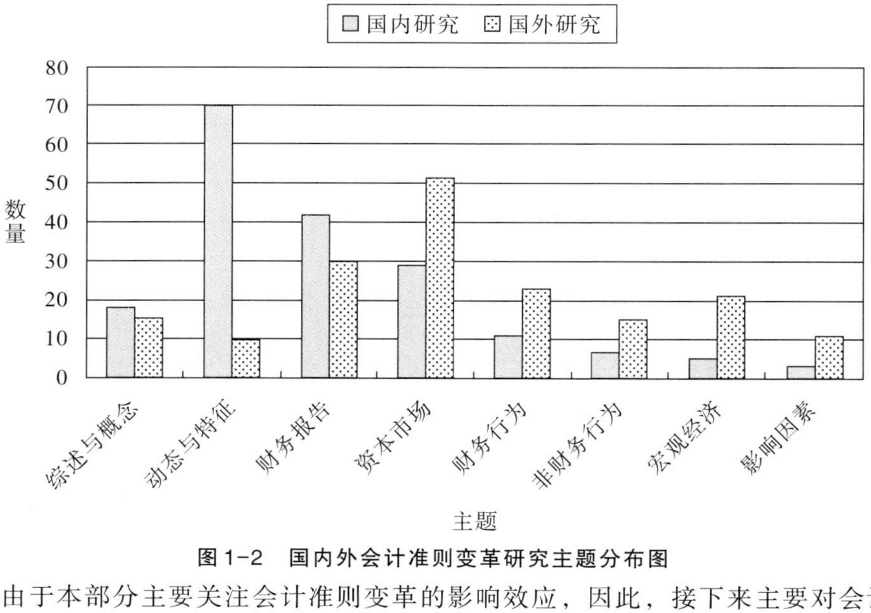

图1-2　国内外会计准则变革研究主题分布图

由于本部分主要关注会计准则变革的影响效应，因此，接下来主要对会计准则变革对财务报告、资本市场、企业财务行为、企业非财务行为、宏观经济等的影响进行综述。其中，会计准则变革对财务报告与资本市场的影响为相对传统的影响效应，其他方面则是进一步延伸的效应。需要说明的是，这一部分并未对会计准则变革的预期效应和非预期效应进行区分，下一章节再对其进行具体界定和阐述。

1.2.2 会计准则变革对财务报告的影响

会计准则变革对财务报告具体项目列报的影响是很具体的内容，便不在此综述。下面分别对会计准则变革对价值相关性、盈余管理、盈余稳健性、盈余持续性、盈余及时性、应计质量、财务报告透明度、可比性等的影响进行综述。

（1）对价值相关性的影响

价值相关性是会计信息决策有用性的集中体现，自然受到了国内外研究者的广泛关注。Barth 等（2008）研究了21个国家采用国际会计准则（IAS）后会计信息质量的变化，发现价值相关性得到显著提高。Capkun 等（2008）研究了欧洲公司2004—2005年间从本土会计准则转向IFRS过渡期间的盈余调整及其价值相关性，发现即使考虑公司的盈余管理行为，盈余调整信息披露仍具有显著的价值相关性。Landsman 等（2012）研究了采用IFRS对年度盈余公告信息含量的影响，他们发现，与11个仍然采用本土会计准则的国家相比，强制采用IFRS的16个国家的公司年度盈余公告的信息含量显著增加，并且受所在国家法律制度环境的影响。Clacher 等（2013）则研究了澳大利亚采用IFRS对公司直接现金流价值相关性的影响，发现IFRS的采用提高了直接现金流和应计项目的价值相关性。

罗婷等（2008）、薛爽等（2008）研究了我国2007年新会计准则实施后对会计信息价值相关性的影响，他们发现，与旧会计准则相比，在新会计准则下的净资产和盈余信息具有更高的价值相关性，新旧准则之间的净资产和盈余差异具有增量的信息含量。陆正飞和张会丽（2009）的研究则发现，在新会计准则下，合并报表与母公司报表净利润之间差异的决策相关性显著提高。王建新和赵君双（2010）的研究发现，在我国新会计准则实施后，资产负债表和利润表会计信息的价值相关性都有所提高，但净资产与股票价格的相关系数要远远小于净利润与股票价格的相关系数，表明新会计准则的资产负债表观没有得到充分体现。刘永泽和孙翯（2011）的研究则发现，新会计准则对公允价值的引入提升了我国上市公司财务报告的信息含量，并且公允价值信息的价值相关性未明显受到金融危机的影响。李姝和黄雯（2011）、王鑫（2013）分别从长期资产减值、综合收益的角度进行研究，也发现，在我国会计准则变革后，会计信息价值相关性均得到提升。

可见，大多数研究基本都支持新时期会计准则变革带来了会计信息价值相关性的提升，这也是财务报告的重要目标之一。然而，也存在少数结论不同的研究。Hung 和 Subramanyam（2007）研究了德国公司在早期（1998—2002）采用

IAS的财务报告效应，发现总资产和权益的账面价值有所增加，但与采用德国本土会计准则相比，采用IAS后账面价值与净利润的价值相关性有所降低。朱凯等（2009）的研究发现，在我国实施新会计准则后，会计盈余价值相关性并没有显著提高，他们认为会计准则改革存在暂时性成本。漆江娜和罗佳（2009）的研究结果也表明，中国资本市场会计信息的价值相关性并没有伴随准则质量的不断提高而提高，并认为新兴市场国家会计信息质量更多取决于准则执行机制而不是准则本身。

分析发现，导致上述结论相悖的原因可能主要有两点：一是研究样本期间的选择有所不同；二是制度背景的差异，比如德国更加注重利益相关者各方的契约缔结，这与国际会计准则格外保护投资者的要求有所冲突。

（2）对盈余管理的影响

盈余管理是企业财务报告不可避免的现象，也是财务会计传统的永恒研究话题，会计准则对盈余管理影响的研究亦得到了广泛关注。然而，不同角度、不同期间、不同背景的研究，研究结论仍然不一。Capkun等（2008）、Jeanjean和Stolowy（2008）分别研究了不同国家采用IFRS对公司盈余管理的影响，他们发现，IFRS的引入并未使得公司盈余管理水平降低，在法国等国家引入IFRS后盈余管理反而增加。Ahmed等（2013）的研究也发现，20个国家在2005年采用IFRS后，公司利润平滑程度增加。然而，Hung和Subramanyam（2007）、Barth等（2008）的研究认为，采用国际会计准则的国家表现出更低的盈余管理。Doukakis（2014）的研究却发现，22个欧洲国家在2000—2010年间采用IFRS后，真实与应计盈余管理均未发生显著改变。Evans等（2015）则比较研究了美国公认会计原则（US GAAP）与IFRS对盈余管理的影响差异，发现采用US GAAP的美国公司，与采用IFRS的美国公司以及采用US GAAP或IFRS的非美国公司相比，其真实盈余管理水平更高，美国的准则与制度环境促使公司用真实盈余管理替代应计盈余管理。

在我国会计准则变革对盈余管理的总体影响研究方面，主要有两类研究：第一类是在新旧会计准则交替之际公司的盈余管理行为（利润调节行为）及动机（王玉涛等，2009；蒋大富和熊剑，2012）。第二类是会计准则变革后公司盈余管理的总体变化情况，比如，刘永涛等（2011）的研究发现，在新会计准则实施后，我国上市公司的盈余管理行为并没有减少，反而有所增加。刘启亮等（2011）则研究了我国会计准则变革对应计盈余管理和真实盈余管理的影响，发现新会计准则使得公司的应计盈余管理水平增加了，与此同时，公司在现金流方面的真实盈余管理增加了，在成本方面的真实盈余管理下降了，整体真实盈余管理水平没有变化。

同时，也有一些从具体准则的角度研究准则变革对盈余管理的影响。张然等（2007）、步丹璐和叶建明（2009）从资产减值角度的研究发现，新会计准则的颁布对亏损公司使用减值准备进行“大清洗”的现象有一定的遏制作用；但孙光国和莫冬燕（2010）、杨钰和杨乐（2011）的研究却发现，我国新会计准则的确在非流动资产减值准备的转回方面遏制了上市公司的盈余管理行为，但是上市公司却更多转向通过流动资产的资产减值准备的计提与转回进行盈余管理。叶建芳等（2009）则对新会计准则下上市公司金融资产的分类进行了实证研究，他们发现，为了降低公允价值变动对利润的影响程度，管理层会利用金融资产重分类进行盈余管理。He等（2012）研究了2007—2008年间中国上市公司独特的盈余管理行为和动机，发现那些在证券交易中报告负的公允价值变化的公司更可能会提前卖掉可供出售金融资产，同时公司通过债务重组来提升利润，盈余管理弱化了公允价值会计的潜在优势。

（3）对稳健性、持续性、及时性等盈余特征的影响

稳健性是财务报告的一项传统特征，不同会计信息使用者均对其具有一定的需求。刘斌和徐先知（2010）、赵西卜和王军会（2010）分别检验了我国会计准则变革对上市公司盈余稳健性的影响，发现在新会计准则实施前后均存在盈余稳健性，但是新会计准则实施后盈余稳健性显著降低。李四海和刘晓艳（2012）以1998—2009年间我国A股上市公司为样本，考察了我国会计准则变迁对盈余稳健性的影响以及其影响路径，研究发现，2001年会计准则变迁后盈余稳健性的提高是由于坏消息的及时确认而不是好消息的推迟确认，2007年会计准则变迁后盈余稳健性的降低既是因为坏消息的推迟确认，也是因为好消息的提前确认。可见，已有研究大多发现，我国2007年新会计准则的实施带来了稳健性的显著降低。

Ahmed等（2013）研究了20个国家在2005年采用IFRS对会计信息质量的影响，发现采用IFRS的公司会计应计项目的激进程度增加，对损失确认的及时性显著降低。然而，Barth等（2008）在研究21个国家更早时期采用国际会计准则（IAS）后会计信息质量的变化时却发现，采用IAS后公司损失确认的及时性显著提高。姜英兵和张爽（2010）比较了我国新会计准则实施前后会计盈余各组成部分的持续性，发现应计利润的持续性显著降低，应计利润与现金流量持续性差异显著提高。Kim等（2016）研究了强制采用IFRS对会计应计的可靠性的影响，发现采用IFRS后会计应计的可靠性显著降低，并且导致了明显的证券错误定价。Li和Yang（2016）的研究则发现，管理层盈余预测的倾向和预测频率在IFRS实施后显著增加。

（4）对财务报告透明度与可比性的影响

提升财务报告透明度与可比性是IFRS明确提出的重要目标，对此国外进行了较多的相关研究，而国内这方面的研究相对较少。财务报告透明度是一个综合的概念，它不仅包括会计信息本身的质量，还包括信息披露的质量。较高的财务报告透明度意味着信息使用者更容易掌握企业财务状况和经营绩效。然而，一直以来，并没有公认的对财务报告透明度进行直接度量的方法①。关于会计准则变革对财务报告透明度的影响，目前大多通过间接的方法进行考察，比如通过考察价值相关性、会计应计质量、分析师预测能力等间接途径进行研究，本部分将其分别放在其他部分进行综述。当然，也有一部分文献进行了相对直接的研究。Ball等（2015）的研究则发现，虽然采用IFRS提高了财务报告透明度，但却牺牲了契约有用性，基于会计信息的债务契约因此有所减少。Cho（2015）则以美国SFAS 131准则的出台为背景，研究发现这个新准则的实施显著提高了公司分部信息披露的透明度。Bhat等（2016）基于信用违约掉期的视角发现，IFRS带来了透明度的显著提升。

关于会计准则变革对财务报告可比性的影响，Barth等（2012）的研究发现，非美国公司在采用IFRS后，其财务报告与采用美国公认会计原则（US GAAP）的美国公司间的可比性显著提高。Yip和Young（2012）检验了欧盟17个国家采用IFRS后财务报告可比性的变化，发现强制采用IFRS使得不同公司会计处理方法趋于一致、类似的项目更相近、信息质量均得到提高，进而提高了不同国家间的财务报告可比性。Brochet等（2013）、Wang（2014）也分别从内部购买行为、跨国信息转移的不同角度，发现采用IFRS提高财务报告可比性的经验证据。Cascino和Gassen（2015）的研究也认为，IFRS在总体上提高了公司层面的财务报告可比性，但只存在于遵守IFRS动机较强的公司及监管环境较严的国家。陈旻和曲晓辉（2014）的研究发现，我国会计准则变革不仅提高了财务报告在行业内的横向可比性，也增强了盈余的纵向可比性。可见，会计准则的国际趋同使得不同公司遵守的会计“规则”趋于一致，以上研究也均从不同角度支持了财务报告可比性提高的结论。

1.2.3 会计准则变革对资本市场的影响

财务报告是资本市场的重要信息载体，是影响资本市场运行效率的关键。下面将分别综述会计准则变革对股票市场的总体影响，对投资者、分析师、审计师等资本市场参与者行为的影响，以及对债务市场的影响。

① Barth和Schipper（2008）曾对财务报告透明度的概念以及多种度量方法进行相关讨论。

（1）对股票市场的总体影响

会计准则变革通过财务报告质量对资本市场产生影响，在股票市场总体层面，相关研究涉及会计准则变革对股票流动性、资本成本、股价同步性、股价暴跌风险、股市盈余预测能力等不同方面的影响。降低资本成本常被作为各个国家引入IFRS的主要目标之一，因此，关于会计准则变革对股票流动性与资本成本的影响研究相对较多，并且大多支持较为正面的研究结论。比如，Hail和Leuz（2007）、Daske等（2008）、Li（2010）研究发现，采用IFRS带来了股票市场流动性的提高、资本成本的下降、公司权益估值的增加；我国2007年实施新会计准则后资本成本在总体上得到降低（汪祥耀和叶正虹，2011；高芳和傅仁辉，2012；闫华红和张明，2012；孙枭飞和晏超，2015）。但是，也有少部分结论不同的研究（Daske，2006）。

Kim和Shi（2012）以34个国家的公司层面数据为样本，研究了自愿采用IFRS对股价同步性的影响，发现自愿采用IFRS的公司传递了更多的公司特质信息，进而促使股价同步性降低。金智（2010）以2004—2008年我国上市公司为样本的研究发现，会计信息质量与股价同步性正相关，2007年新会计准则的实施显著减弱了会计信息质量与股价同步性之间的正相关关系。DeFond等（2015）检验了强制采用IFRS对公司股价暴跌风险的影响，发现采用IFRS所带来会计信息质量的提升，显著降低了非金融公司的股价暴跌风险，他们认为，IFRS带来财务报告透明度的改善是促使股价暴跌风险降低的主要原因。Hsu和Pourjalali（2015）则以IAS No.27的实施为背景，研究了会计准则变革对股票市场盈余预测能力的影响，发现IAS No.27关于企业合并标准及合并范围的变化带来了股票市场盈余预测能力的提升。

（2）对投资者行为的影响

除了前述会计准则变革对股票市场的整体影响之外，准则变革对投资者行为的影响也得到了较多关注，主要集中在以下三个方面：一是投资者对会计准则变革的总体感知与反应。比如，Armstrong等（2010）、Joos和Leung（2013）均发现，投资者对采用IFRS这一事件在总体上给予了正面的市场反应，但对条文法国家的公司、诉讼风险较高的公司持谨慎的态度。杜兴强等（2009）的研究则发现，投资者对2006年2月15日我国新会计准则体系颁布这一事件产生了显著正向的市场反应。二是投资者的认知能力、缺陷及偏见行为。比如，Covring等（2007）、Khurana和Michas（2011）的研究均发现，强制采用IFRS在总体上促进了投资者“本土偏见”（在投资时更倾向于持有本土公司的股票）的降低。三是机构投资者投资行为的变化。比如，DeFond等（2011）、Florou和Pope（2012）的研究发现，随着采用IFRS后会计信息可比性的提高，国外共同基金投资及机构投资者持股显著增加；反过来，国外机构投资者也促进了会计准则的国际趋同（Fang等，2015）。张嘉兴和邢维全（2013）、罗进辉等（2015）的研究结果均表明，实施国际趋同的新会计准则显著吸引了更多的机构投资者投资于中国上市公司的股票。然而，DeFond等（2014）的研究却认为，中国在采用与IFRS趋同的新会计准则后，国外机构投资者投资并未增加，特别是执行新会计准则动机较弱，以及对公允价值项目操纵能力较强的公司。

（3）对分析师行为的影响

分析师是资本市场中重要的信息媒介，研究会计准则变革对分析师盈余预测行为的影响，也意味着间接考察会计准则变革带来资本市场信息环境的变化。Bae等（2008）研究了会计准则差异对分析师盈余预测的影响，发现两个国家之间的会计准则差异越大，外国分析师跟踪及盈余预测的准确性就越低。Byard等（2011）、Horton等（2013）、Neel（2016）的研究发现，分析师预测偏误和预测偏离度在强制实施IFRS后显著降低，并且可比性的提升和信息质量的提高是促使资本市场信息环境改善的主要原因。Tan等（2011）分别研究了强制采用IFRS对国外分析师和国内分析师的影响，发现强制采用IFRS的国家吸引了更多的国外分析师，并且国外分析师预测的准确性得到了提高；强制采用IFRS也吸引了更多的国内本土分析师，但是国内本土分析师预测准确性并未得到改善。

王玉涛等（2010）考察了我国新会计准则实施前后海外分析师的盈余预测行为变化，发现新会计准则实施后，海外分析师对我国公司的预测频率增加，且盈余预测误差降低，但国内分析师仍比海外分析师具有信息优势，只是这种优势的程度在准则变革后显著减少了。然而，何贤杰等（2012）的研究却发现，在我国采用新会计准则后，分析师的盈利预测误差显著增加，分析师的预测分歧也显著增加，这表明，新会计准则的实施并没有改善资本市场的信息环境，反而增加了信息不对称的程度。于悦（2016）的研究也认为，在我国新会计准则实施后，分析师的数量显著增加，但盈余预测的准确性显著下降，会计准则变革后真实盈余管理的增加是导致分析师盈余预测准确性下降的主要原因之一。

（4）对审计师行为的影响

审计师作为受投资者委托对企业财务报告进行鉴证的第三方，其行为及审计工作自然也受到会计准则变革的影响。Kim等（2012）、De George等（2013）分别研究了强制采用IFRS对审计费用和审计成本的影响，发现在强制采用IFRS后，审计费用和审计成本显著增加，这体现IFRS下审计风险的加大。Dinh和Piot（2014）研究了欧洲范围内采用IFRS对审计市场集中度的影响，发现审计市场集中度在整个欧洲的行业层面有所增加，这表明IFRS带来审计工作复杂性的增加对审计师的行业专业能力提出更高的要求。Wieczynska（2016）基于审计师更换角度的进一步研究认为，IFRS在全球范围内的实施给全球性会计师事务所创造了专业优势，审计客户在采用IFRS的当年从小事务所更换为全球性会计师事务所的倾向增加明显。

苏黎新等（2009）研究了2005年中国香港会计准则与IFRS全面趋同的影响，发现相对于非IFRS，审计费用对新的IFRS下的会计数据更敏感，这与审计师根据IFRS下不同的风险来定价的解释一致。Zhu和Sun（2012）研究了我国2007年新会计准则实施对审计的影响，发现审计市场集中度和发布非标准审计意见的可能性并没有发生变化，但是审计收费在会计准则变革后显著增加，表明新会计准则的执行增加了上市公司的市场风险，并因此导致审计师预期审计风险的增加。颜延和张为国（2009）则研究了会计准则导向对审计意见收买的影响，认为我国2007年执行的会计准则为偏原则导向的会计准则，上市公司可以通过要求审计师将本应出具保留意见转变为带强调事项段无保留意见实施审计意见收买，收买手法主要表现为审计意见中审计师对原则导向会计事项的强调。

（5）对债务市场的影响

债务市场包括以发行债券为代表的公开债务市场，以及以银行借款为代表的私有债务市场。与会计准则变革对股票市场的研究相比，会计准则变革对债务市场的研究相对少一些，但近年来也逐渐得到了国内外学者的关注。Christensen等（2009）较早考察了会计准则变革对债务合同的影响，发现英国与IFRS的趋同对企业违反债务契约的可能性产生影响，并在市场上产生了显著的反应，进而导致投资者和债权人之间财富的重新分配。Demerjian（2011）、Ball等（2015）的研究发现，IFRS的引入降低了会计信息的债务契约有用性，因为IFRS赋予管理层更多的会计准则选择空间、增强了规则制定的不确定性以及更加强调公允价值。Beneish等（2012）比较分析了2005年全球不同国家采用IFRS对股票市场和债务市场的影响差异，发现IFRS带来国外债务投资的增加要大于国外权益投资的增加；Brown（2016）研究也发现，IFRS的采用促进了国际私有债务市场的发展，国际银企关系得到了改善。

由于我国公开债务市场的发展尚不成熟，企业债务融资主要依赖银行贷款，所以关于我国会计准则变革对债务市场的研究主要聚焦于私有银行贷款，并且已有研究大多关注会计准则变革对会计信息信贷决策有用性的影响。比如，祝继高等（2011）的研究发现，新会计准则下合并报表净利润与债务契约的相关性减弱，且公允价值变动损益高的公司更明显。李旎和黎文靖（2012）研究了我国会计准则变革对母公司报表信贷决策有用性的影响，发现母公司报表在旧准则下并没有为债权人提供合并报表以外的增量信息，在新准则实施后，母公司报表的增量信息含量得到显著提升。原红旗等（2013）的进一步研究发现，我国执行新会计准则后会计盈余对银行贷款的解释力显著降低，并且受准则变动影响程度较大的公司，会计盈余对银行贷款解释力的下降程度更大，非国有公司比国有公司的下降程度更大。

1.2.4 会计准则变革对企业财务行为的影响

财务报告是企业财务活动的记录，会计准则在影响企业财务报告的同时，反过来也会对企业财务行为产生影响，包括对融资行为、投资行为、股利分配、税收及其他财务行为的影响等诸多方面。

（1）对融资行为的影响

在权益融资方面，如前面会计准则变革对股票市场的影响所述，会计准则变革在总体上带来了资本成本的降低（Hail和Leuz，2007；Daske等，2008；Li，2010；汪祥耀和叶正虹，2011；高芳和傅仁辉，2012；闫华红和张明，2012；孙枭飞和晏超，2015），进而提升了企业在资本市场进行权益融资的效率。另外，Wang和Welker（2011）的研究还发现，会计准则变革会影响企业股票发行的时机，即企业会根据准则变革的预期影响策略性地安排筹资。Hong等（2014）则检验了强制采用IFRS对企业IPO的影响，发现在采用IFRS后，企业IPO抑价显著降低，企业IPO在海外市场筹集资本的相对数量显著增加。Chen等（2015）研究了众多国家的跨境上市融资现象，发现强制采用IFRS的公司呈现出更显著的跨境上市倾向和强度。Naranjo等（2016）的进一步研究发现，IFRS带来了公司外部权益融资和债务融资比例的增加，公司会利用资本市场外部融资促使其资本结构的再平衡。

在债务融资方面，多数研究发现，IFRS的引入降低了会计信息的债务契约有用性（Demerjian，2011；Ball等，2015；祝继高等，2011；原红旗等，2013）。同时，Chen等（2013）的研究发现，强制采用IFRS的国家公司银行贷款利率上升，贷款抵押要求增加，贷款期限有所缩短。然而，仍有一些研究认为IFRS的引入有利于企业债务融资，比如，Florou和Kosi（2015）研究了强制采用IFRS对债务融资的影响，发现与私有借款相比，企业采用IFRS后在公开债务市场募集的资金明显增加，企业发行公开债券的成本也明显降低。Kim等（2011）的研究也发现，银行给予自愿采用IFRS的公司更低的贷款利率。燕玲（2013、2014）的研究发现，我国新会计准则促使企业债务总额中长期债务比重增加，并且非国有上市公司的债务融资成本降低，而国有企业并未发生显著变化。

（2）对投资行为的影响

关于会计准则变革对企业投资行为的影响研究，主要集中在投资效率的探讨上，并且大都支持IFRS的采用提高企业投资效率的结论（Schleicher等，2010；

Biddle 等，2013；Chen 等，2013；Banker 等，2014）。蔡吉甫（2013）、顾水彬（2013）研究也发现，在我国2006年会计准则趋同后，随着会计信息质量的改善，上市公司的投资效率显著增加。在会计准则变革对投资行为影响的其他方面，Loureiro 和 Taboada（2015）的研究发现，IFRS 的采用改善了信息环境，企业投资与股票价格的敏感性提高，企业并购交易公告的市场反应与并购交易完成可能性的相关性提高。也有一些研究关注了会计准则变革对R&D（研发）等具体投资的影响，比如，王亮亮等（2012）的研究发现，我国新会计准则的实施降低了企业盈余报告的压力，有助于促进企业的R&D 投入，同时受到管理层持股水平和所有权性质的影响。

（3）对分配行为的影响

娄芳等（2010）研究了我国新会计准则对现金股利和会计盈余关系的影响，发现2007年执行新会计准则后，会计收益对现金分红的解释力显著降低，并且上市公司制定现金股利政策时，会区别对待新会计准则下利润各组成部分的持续性和现金流效应。Hail 等（2014）研究了强制采用 IFRS 对公司股利分配的影响，发现在采用 IFRS 后，公司增加股利分配的倾向有所降低，停止股利支付的倾向有所增加，并且股利分配的信息含量与实施 IFRS 前相比也显著降低，这表明 IFRS 带来信息环境的改善降低了投资者和管理者之间的代理冲突，投资者对股利分配的要求减弱。

（4）对税收等其他财务行为的影响

王素荣和蒋高乐（2009）的研究发现，我国2007年执行新会计准则降低了上市公司平均所得税税负。Chan 等（2010）研究了会计准则变革对企业税收不遵从行为的影响，发现 IFRS 带来了会计账面价值与税收基础一致性的降低，企业税收不遵从行为显著增加，并且会计账面价值与税收基础差异的信息含量降低。De Simone（2016）研究了 IFRS 对跨国公司基于税收动机的利润转移行为的影响，发现 IFRS 的采用增加了跨国公司所属子公司转移定价的参考公司范围，促使其通过改变转移定价而影响税前利润，进而达到通过利润转移达到的避税效果。

Zhang（2009）、Panaretou 等（2013）分别研究了美国衍生金融工具会计准则（SFAS No.133）和 IFRS 下的套期会计准则对公司风险管理行为的影响，发现新会计准则的实施促进公司更加谨慎、有效地实施风险管理，公司会计盈余的可预测性得以提高，并且报告了基于 IFRS 的衍生金融产品的公司，分析师预测偏误和分歧相对较低。Donelson 等（2012）研究了不同导向的会计准则对公司诉讼的影响，发现与以 IFRS 为代表的原则导向的会计准则相比，规则导向的美国会计准则（US GAAP）伴随着更低频率公司诉讼的发生，但是与诉讼结果却并不相关。

1.2.5 会计准则变革对企业非财务行为的影响

会计准则变革对企业非财务行为的影响集中体现为对公司治理方面的影响，主要包括对高管薪酬、业绩评价、管理者监督、所有权结构等的影响。

（1）对高管薪酬的影响

Ozkan等（2012）从高管薪酬契约的视角考察了欧洲公司采用IFRS的后果，发现在强制实施IFRS后，随着盈余质量和可比性的提高，高管薪酬对会计业绩的敏感性有一定程度的增加，这表明IFRS带来了会计信息薪酬契约有用性的提高。然而，Voulgaris等（2014a）的研究却发现，IFRS增加了会计数字的“噪音”，导致在CEO薪酬契约中以会计盈余为基础的业绩计量显著降低，他们认为，虽然IFRS对于估值来讲更加相关，但同时也使得契约或受托责任功能受到损害。Hou等（2014）、罗劲博和庞仙君（2014）研究了我国会计准则国际趋同对高管薪酬契约的影响，发现与IFRS趋同后我国会计信息的薪酬契约有用性增加。然而，陈春艳（2014）研究却发现，我国会计准则的国际趋同降低了企业以会计业绩为基础的高管薪酬业绩敏感性，但提高了企业以市场业绩为基础的高管薪酬业绩敏感性。Ke等（2016）的研究也发现，在中国新会计准则实施后，中央政府控制企业以会计业绩为基础的高管薪酬业绩敏感性显著降低，新会计准则降低了财务报告受托责任的有用性。

也有一些学者探讨了新会计准则下“公允价值变动损益”对高管薪酬的影响。比如，邹海峰等的研究发现，总经理、董事长的货币薪酬与公允价值变动损益间不存在显著相关关系，而财务总监的货币薪酬与公允价值变动收益间显著正相关。张金若等（2011）检验了两类公允价值变动对高管薪酬差异的影响，发现计入利润表和直接计入资本公积的公允价值变动利得（损失）均与高管薪酬变动显著正相关（不相关），即存在“重奖轻罚”现象，并且计入利润表的公允价值变动对高管薪酬变动的影响显著大于计入资本公积的公允价值变动。然而，周晖和杨静（2012）的研究发现，公允价值变动损益对企业整体高管薪酬业绩敏感性影响不显著。张金若等（2013）的进一步研究认为，直接利用利润表的“公允价值变动损益”信息容易造成对公允价值信息的错误解读，为此，他们利用会计信息生成过程中产生的损益信息发现，相关项目的公允价值信息对高管薪酬总额没有显著影响。

（2）对业绩评价的影响

Wu和Zhang（2009）从受托责任观的角度考察了会计准则变革对公司内部业绩评价的影响，发现自愿采用国际会计准则导致企业内部业绩评价的过程发生了变化，企业CEO更换和员工解雇行为与会计盈余之间的敏感性显著增加。Wu和Zhang（2010）进一步研究了欧洲强制采用IFRS对公司业绩评价的影响，发现在强制实施IFRS后，公司CEO更换与该公司国外同行可比公司会计业绩之间的敏感性显著增加，这表明对基于国外同行可比公司会计信息的相对业绩评价的使用增加。Ozkan等（2012）的研究也发现，欧洲大陆公司在采用IFRS后，薪酬委员会对国外同行可比公司以会计为基础的相对业绩评价的使用明显增加，他们认为，IFRS带来盈余质量和可比性的改善都是其中的原因。

（3）对公司治理其他方面的影响

Marra等（2011）研究了强制实施IFRS对董事会监督管理层盈余管理的影响，研究发现，在公司采用IFRS后，董事会的独立性和审计委员会对管理层盈余管理行为的监督变得更加有效，即IFRS改善了公司治理机制的有效性。Marra和Mazzola（2014）的进一步研究认为，董事会对管理层盈余管理的监督有效性存在时间效应，在公司采用IFRS时达到监督有效性的峰值，而后又有所降低，即呈现“倒U形”，他们认为，之所以公司采用IFRS提高了董事会监督的有效性，是因为独立董事和审计委员会在会计准则改变期间将更多的注意力集中到会计问题上。

Hong（2013）通过检验存在双层股票结构的公司投票权溢价在会计准则变革前后的变化，研究了强制采用IFRS对公司治理机制的影响，发现强制采用IFRS的公司投票权溢价较采用IFRS前降低了8%，这表明IFRS带来会计信息透明度和可比性的改善，提供了一种能够有效约束控制权私人收益的机制，从而起到保护少数股东的作用。Brochet等（2013）的研究也发现，强制采用IFRS所带来财务报告可比性的提高，促进市场能够识别内部购买行为，降低了企业内部人员通过私人信息获利的能力，从而起到了监督和治理的作用。

此外，会计准则变革也通过权益投资的变化，间接地对公司所有权结构产生影响。比如，DeFond等（2011）研究了欧洲公司在采用IFRS后股权结构的变化，发现IFRS带来会计信息可比性的提高吸引了更多的权益投资，导致欧洲公司的国外共同基金持股比例显著增加；Florou和Pope（2012）的研究也发现，在IFRS实施后，公司的机构投资者持股比例显著增加。

1.2.6　会计准则变革对宏观经济的影响

会计准则变革不仅对微观企业行为产生影响，还通过资本市场及其他路径对宏观经济产生影响。会计准则变革对宏观经济的影响主要体现在对国外直接投资、国际贸易、跨国投资、跨国并购、金融危机与经济增长的影响等诸多方面。

（1）对国外直接投资与国际贸易的影响

Márquez-Ramos（2011）以2002—2007年的相关数据为样本研究了欧洲采用IFRS的宏观经济效应，研究发现，IFRS的实施降低了国际的信息成本，进而促进国际贸易和国际直接投资（FDI）的增加。Gordon等（2012）、Chen等（2014）分别以全球124个国家1996—2009年的数据和OECD 30个国家2000—2005年的数据为样本，同样发现IFRS的实施带来了FDI的显著增加。Efobi和Oluwatobi（2014）以全球83个国家为样本的进一步研究发现，随着IFRS带来跨国投资和国际贸易的增加，全球土地交易的频率显著增加，IFRS加剧了全球土地资源掠夺现象。刘爱东（2008）运用调查分析的方法研究了会计准则趋同对我国企业应对反倾销的影响，认为与国际趋同、等效的会计准则是有效应对国外对华提起反倾销指控的前提，也是使我国的市场经济地位得到国际认可的必要举措。

（2）对跨国投资与跨国并购的影响

如前所述，众多研究均表明IFRS带来了财务报告透明度和可比性的提高，资本投资信息环境的改善也降低了投资者的“本土偏见”，进而促使投资者带着全球视野合理进行资本配置，会计准则的全球趋同预期促进全球资本的跨国流动。Covring等（2007）、DeFond等（2011）、Yu和Wahid（2014）分别从不同角度研究，均发现，采用新国际会计准则带来了跨国投资的显著增加。DeFond等（2012）的研究则发现，全球范围内其他国家采用IFRS降低了美国的投资环境优势，进而导致美国公司对全球投资者的吸引力降低。张嘉兴和邢维全（2013）、罗进辉等（2015）等的研究认为，我国会计准则国际趋同吸引了更多的国外投资者；但是，DeFond等（2014）的研究却认为，由于制度环境差异以及公司执行会计准则的个体动机，我国会计准则国际趋同并没有带来国外投资的增加。

Francis等（2015）以32个国家1998—2004年的跨境并购数据为样本，研究了会计准则差异对跨境并购活动的影响，发现不同国家会计准则的相似度越高，相互间跨境并购活动的总量越大，2005年强制实施IFRS的国家吸引了更多的跨境并购。Bozos等（2014）以2000—2011年欧洲上市公司为样本，研究了IFRS对并购溢价的影响，发现IFRS的采用能够降低并购溢价，并且强制执行IFRS比自愿采用IFRS的公司并购溢价下降得更多。毛新述和余德慧（2013）从海外并购的角度研究了我国会计准则趋同在跨国资本运营中的作用，发现在会计准则趋同后，我国上市公司海外并购数量表现出显著增加的趋势，并且实施海外并购上市公司的投资效率显著提高，会计准则趋同促进了我国“走出去”战略的有效实施。

（3）对金融危机与经济增长的影响

关于会计准则与金融危机之间关系的研究，伴随着近期的两次金融危机[①]而展开。Skinner（2008）研究了递延所得税会计对日本银行金融危机的影响，认为1998年日本递延所得税会计的出台实施，使得银行通过大量确认递延所得税资产避免濒临破产，这体现了监管者利用会计准则的一个宽容性监管策略。Arnold（2012）基于政治经济学角度的研究认为，亚洲金融危机促进了国际会计准则的形成和推广。在2007—2008年金融危机后，关于公允价值会计的讨论特别激烈。Laux和Leuz（2009）对此进行了总结点评，他们认为，并没有证据表明公允价值会计是造成金融危机的原因，应该客观地对待公允价值和历史成本。Badertscher等（2012）的实证研究发现，公允价值会计并没有通过虚空银行受管制资本而加速金融危机，它只是金融危机发生后人们指责时的“替罪羊”。然而，De Jager（2014）的理论研究认为，公允价值会计对于银行金融状况的变化的确具有“加速器”的作用。

在会计准则对经济增长或经济发展的影响方面，Suzuki（2007a，2007b）研究了会计及国际标准化的会计规范对第二次世界大战后日本经济发展的影响，认为会计形成了日本产业和经济发展必不可少的数据基础，对推动第二次世界大战后日本经济的复苏发挥了重要作用。Zhang（2013）研究了会计准则变革对资本成本、资源配置和社会福利的影响，发现会计准则的改善会引导真实投资转向好的企业，促进社会资源的重新配置，进而带来经济增长和社会福利的增加。张先治和于悦（2013）研究了会计准则变革对企业财务行为和经济发展的影响，发现准则变革引发的企业财务行为的变化通过一种加速传导机制作用于资本市场和宏观经济，并且会计准则还通过发挥价值导向和政策导向等功能作用于宏观经济发展。

（4）对其他宏观方面的影响

Ramanna和Sletten（2014）的研究认为，IFRS在国家层面存在网络效应，并且小的国家通过这种效应获利更明显，不同国家与欧盟之间的经济纽带关系是这种网络效应的重要来源。Meder（2015）以美国SFAS 115准则为例，研究了会计准则变革对货币政策作用传导的影响，发现在SFAS 115准则的分类规定下，与非持有至到期证券相比，持有至到期证券与贷款增长显著负相关，并且与非货币紧缩时期相比，在货币紧缩时期更加明显，这表明持有至到期证券增强了紧缩货币政策对银行贷款的作用。Bloomfield等（2015）研究了会计准则国际趋同对跨境移民的影响，结果表明，在欧盟范围内实施一致的会计准则降低了会

① 一是1997—1998年的亚洲金融危机，二是2007—2008年由美国次贷危机引发的全球金融危机。

计职业人员移民的成本，与其他职业相比，会计职业人员移民倾向在会计准则趋同后高出了15%。

1.3 会计准则变革的非预期效应理论框架构建

为了构建会计准则变革的非预期效应理论框架，本节首先阐述了效应、预期效应与非预期效应的内涵，然后根据会计准则变革的目标初步界定了当前会计准则变革的预期效应与非预期效应，并以相关理论为基础，通过总结相关经验证据，构建了会计准则变革的非预期效应系统框架。

1.3.1 效应、预期效应与非预期效应的概念界定

按照一般的解释，效应（Effect）指在有限环境下，一些因素和一些结果构成的一种因果现象，多用于对一种自然现象或社会现象的描述。效应一词的使用范围较广，并不一定指严格的科学定理、定律中的因果关系，如温室效应、蝴蝶效应等。“效应”（Effect）与“影响”（Impact）和“后果”（Consequence）的意思相近，但又不同。按照《现代汉语词典》的解释，效应指“物理的或化学的作用所产生的效果，如光电效应、热效应等。泛指某个人物的言行或某种事物的发生、发展在社会上所引起的反应和效果，如明星效应等”。显然，本部分会计准则变革的“效应”应取会计准则变革所引起的“效果”和“反应”之意。效果，指由某种力量、做法或因素产生的结果。反应，指事情所引起的意见、态度或行动。

预期效应指某一主体在行动前，或某一事项在执行前，根据其目的或目标预先期待的效应，即预期目标的实现效果及直接反应。具体到会计准则，会计准则变革的预期效应指会计准则制定目标的实现效果及直接反应。会计准则变革的非预期效应则指除了会计准则变革预期效应之外的效果和反应，具体包括四个方面的内容：一是未实现会计准则目标的效果及反应，可称之为“未实现的预期效应”；二是会计准则目标实现的后续效果及间接反应，可称之为“后续间接效应”；三是超出会计准则目标范围的效果及反应，可称之为“超出效应”；四是会计准则目标实现之前的事前行为反应，可称之为“事前效应”。这四个方面是会计准则变革非预期效应的广义范围，这主要是从时间顺序及准则变革影响的深度来界定的。

1.3.2 基于会计准则目标的预期效应与非预期效应的范畴界定

在从概念上区分了会计准则变革的预期效应和非预期效应后，要进一步对二者的内容范畴进行界定，需要明确会计准则的目标。会计准则的目标分为总体目

标和具体目标，直接目标和间接目标等，不同层次的目标之间是不断延伸的。2006年，财政部制定的我国新企业会计准则的总体目标是“为了规范企业会计确认、计量和报告行为，保证会计信息质量”。除了总体目标之外，会计准则在准则观念和具体准则层面也表现出一些具体的目标。比如，决策有用观、公允价值计量、资产负债观、充分披露等所表现的具体目标。再如具体准则层面，为了推动企业自主创新和技术升级，引入了研发费用资本化制度；为了支持人才发展战略，强化了员工激励和权益保护制度，如股份支付、职工薪酬等相关规定；为了环境保护、促进经济社会和谐发展，进一步完善了成本补偿制度，如弃置费用的处理等。

IASB制定国际财务报告准则（IFRS）的目标，在国际会计准则委员会基金会章程中有明确的表述，“本着公众利益，制定一套高质量、可理解的，且可实施的全球性会计准则，这套准则要求在财务报表和其他财务报告中提供高质量的、透明的，且可比的信息，以帮助世界资本市场的参与者和其他使用者进行经济决策”。欧盟（EU）于2002年引入IFRS，欧洲议会和欧洲理事会第1606/2002号条例明确了引入国际会计准则的目标，“在欧洲范围内采纳和应用国际会计准则的目标是协调上市公司财务信息的编报，保证财务报告透明度和可比性的程度，以增强资本市场和内部市场的运行效率”。同样，澳大利亚也于2002年引入IFRS，澳大利亚财务报告委员会（FRC）在其公告中也明确了相应的目标，“在资本市场引进一套高质量的会计准则，是为了显著增强投资者对财务信息的跨国比较，进而降低资本成本，并帮助澳大利亚的公司筹集资本或海外上市”。

会计准则变革的预期效应与预期目标关系密切，预期效应不仅包括预期目标的实现效果，还包括目标实现的直接反应。总结我国会计准则及IFRS的制定或引入目标，可以发现，会计准则的首要目标或最直接的目标是保证会计信息质量，我国会计准则主要强调财务报告的相关性和可靠性，IFRS主要强调财务报告的透明度和可比性。高质量的财务报告直接反映在资本市场中就是提高了资本市场的效率，促进资本流动性增强、资本成本降低、资本投资增加，进而带来宏观经济的增长和就业的增加等。高质量的财务报告在企业内部也会产生一定的反应，它通过改善薪酬契约和债务契约等的效率，提高企业公司治理和管理控制的水平，促进企业经营方式的转变，引导企业以价值为基础的投资，进而带来宏观投资结构和经济发展方式的转变等。从空间范围及准则变革影响的广度来看，会计准则变革的效应可以分为“财务报告效应”“资本市场效应”“契约效应”[①]

① 此处的“契约”为广义的范畴，不仅包括股权契约、债权契约等财务契约，还包括管理者报酬契约、税收契约等。此外，Lambert（2001）曾对契约理论在会计研究中的应用进行了详细的讨论，其主要关注代理理论框架下，会计信息在环境道德风险和逆向选择中的作用。

“投资效应”[①]“宏观经济效应”“其他社会效应”。作者认为，财务报告目标和资本市场目标是会计准则变革预期目标的主要方面。相应地，根据前文对预期效应与非预期效应概念的界定，会计准则变革的预期效应主要指会计准则对财务报告和资本市场的影响效果及直接反应，主要包括“财务报告效应”和“资本市场效应”，并涉及部分的“契约效应”和“投资效应”，除此之外的即为会计准则变革的非预期效应[②]。需要强调的是，由于不同层次的会计准则目标是不断延伸和相互关联的，对预期效应与非预期效应不可能进行精确的界定，但这并不影响这种“二分法”的好处。

1.3.3 会计准则变革非预期效应的理论基础

为了构建会计准则变革的非预期效应框架，本部分以新制度经济学中关于制度变迁的影响理论、会计准则的经济后果理论以及经济学中的外部性理论为理论依据。

（1）制度变迁的影响理论

制度变迁的影响理论产生于20世纪70年代，诺斯和托马斯等新制度经济学家对这一理论做出了重大贡献。所谓制度变迁是指一种制度框架的创新和被打破。诺斯（1973）指出，经济增长的关键因素是制度因素，制度变迁是促使经济增长的决定性因素。制度变迁的影响理论认为，制度变迁是为了减少经济运行过程中的交易费用，并对经济活动的参与者提供激励与约束，产权的明晰度对经济绩效的好坏产生关键性的影响。按照新制度经济学的观点，企业是一系列契约的联结。会计信息在企业各种契约的签订和执行的过程中发挥重要作用，会计信息具有重要的产权保护功能。会计准则的本质是一项用来降低交易费用的制度安排，会计准则的存在就是为了有助于达成交易契约并使该契约能够得到有效执行，其本质目标是保护投资者利益和增强对资本市场投资的信心（刘峰，2000），进而影响宏观经济。制度变迁的影响理论为会计准则变革的“契约效应”和“宏观经济效应”提供了依据。

（2）经济后果理论

会计准则的经济后果理论形成于20世纪70～80年代。Zeff（1978）提出，会计准则具有经济后果，即会计报告对企业、政府、投资者和债权人的决策行为的影响。从本质上说，经济后果观认为公司的会计政策及其变化是有影响的，会

① “投资效应”是对企业“契约效应”的延伸，股权契约、债权契约、报酬契约等是实现价值的基础，而投资则是创造价值的源泉，它既包括直接实体投资，又包括间接证券投资。

② 这不同于直接效应与非直接效应的二元划分，直接效应是会计准则变革直接对财务报告的影响，而进一步以财务报告为基础的相关效应为非直接效应，根据本部分的划分，部分非直接效应也可能是预期效应。

计报告会影响管理者的实际决策，进而影响公司的价值及相关各方的利益，而非仅仅反映决策结果。Holthausen 和 Leftwich（1983）认为，如果计算会计数字所遵循的规则发生变化，改变了企业的现金流量，或者改变了利用会计数字的契约各方或经济决策者的财富，那么它就是有经济后果的。经济后果观认为，不论有效证券市场理论的含义如何，会计政策的选择都会影响公司的价值（斯科特，2006）。由于会计准则具有经济后果，一些"外部力量"经常会干预会计准则的制定，西方会计准则的制定过程越来越发展为一项纯粹的政治程序，会计准则成为各利益集团利益协调的结果。经济后果理论说明，会计准则的制定过程复杂多变，且涉及面广，会计准则变革会对社会公众和各种利益集团产生广泛的效应。经济后果理论为会计准则变革的预期效应与非预期效应提供了直接依据，特别是与会计准则制定直接相关的效应。

（3）外部性理论

外部性（Externality）亦称外部效应或溢出效应。外部性理论起源于19世纪末，它不仅是新古典经济学的重要范畴，也是福利经济学的关注焦点，还是新制度经济学的重点研究对象，马歇尔、庇古、科斯等对外部性理论做出了重要贡献。外部性是指，当一个行动的某些效益或成本不在决策者的考虑范围内时，所产生的一些不利的或有利的外部影响。根据有利或不利影响，外部性可以分为正外部性和负外部性。外部性还可以分为稳定的外部性和不稳定的外部性，单向的外部性和交互的外部性等。外部性理论的最终目的是实现资源的最优配置，降低或消除负外部性对资源配置的不利影响。制度作为一种公共物品，它也极易产生外部性。在一种制度下存在、在另一种制度下无法获得的利益（或反之），这是制度变迁所带来的正外部效应或负外部效应。作为一种制度安排，会计准则也必定存在外部性，产生与准则目标不完全一致的非预期效应。外部性理论主要为会计准则变革的非预期效应提供了依据，特别是微观与宏观的非经济后果，这是经济后果理论之外的范畴。

1.3.4　会计准则变革的非预期效应系统框架

为了进一步明确会计准则变革非预期效应的内容，下文根据非预期效应的内涵及相关经验证据，构建会计准则变革的非预期效应系统框架。

（1）未实现的预期效应

如前所述，会计准则变革的预期效应主要指对财务报告和资本市场的影响效果及直接反应，以IFRS和我国新会计准则的实施为例，相关的经验证据包括价值相关性的提高（Barth 等，2008；薛爽等，2008；王建新和赵君双，2010；刘永泽和孙翯，2011；Landsman 等，2012；Clacher 等，2013）、可比性的改善

（Barth 等，2012；Yip 和 Young，2012；Brochet 等，2013；陈旻和曲晓辉，2014）、盈余管理水平的降低（Barth 等，2008；Hung和Subramanyam，2007；张然等，2007；步丹璐和叶建明，2009）、股票流动性的增强（Daske 等，2008；高芳和傅仁辉，2012）、资本成本的降低（Hail和Leuz，2007；Li，2010；汪祥耀和叶正虹，2011；高芳和傅仁辉，2012）、资本投资的增加（Covring 等，2007；DeFond 等，2011；Yu和Wahid，2014）、分析师预测及证券定价准确性的提高（Byard 等，2011；Tan 等，2011；Horton 等，2013）等，在此不再赘述。

而未实现的预期效应或与预期效应相反的结果，属于会计准则变革的非预期效应广义范围的一部分。相关的经验证据有会计准则变革导致价值相关性降低（Hung和Subramanyam，2007；朱凯等，2009；漆江娜和罗佳，2009）、盈余管理水平提高（Capkun 等，2008；Jeanjean和Stolowy，2008；Ahmed 等，2013；叶建芳，2009；刘永涛等，2011）、盈余稳健性下降（刘斌和徐先知，2010；赵西卜和王军会，2010；李四海和刘晓艳，2013；Ahmed 等，2013）、分析师预测准确性降低（何贤杰，2012；于跃，2016）、会计信息的薪酬契约有用性下降（Voulgaris 等，2014a；陈春艳，2014；Ke 等，2016）、会计信息的债务契约有用性降低（Demerjian，2011；祝继高等，2011；李旎和黎文靖，2012；原红旗等，2013；Ball 等，2015）等。这些与预期结果相反的不利证据，一方面是因为对于同一主题，研究对象或准则实施的制度背景不同；另一方面是因为预期目标的内部存在着固有的矛盾，比如会计信息相关性的提高可能会导致可靠性的下降，会计信息估值作用的增强可能会导致契约作用的弱化。这就要求我们，在制定和修改会计准则时要充分权衡相互冲突的目标，在检验准则执行效果时要充分考虑具体的制度环境。

（2）后续间接效应

会计准则目标实现的后续效果及间接反应为会计准则变革的后续间接效应，这方面的相关经验证据可分为资本市场和企业内部两个层次进行梳理。在资本市场上，会计准则变革的非预期效应主要指除了上述预期“资本市场效应”之外的影响，即除了会计信息的证券投资估值有用性之外的资本市场影响。比如，IFRS的采用促使公司传递了更多特质信息，进而降低了公司股价同步性（金智，2010；Kim和Shi，2012），IFRS所带来的会计信息质量提升降低了公司股价暴跌风险（DeFond 等，2015），提升了股票市场的盈余预测能力（Hsu和Pourjalali，2015）；会计准则带来财务报告质量的变化，后续间接地带来审计工作复杂性、审计风险和审计收费的增加（苏黎新等，2009；Zhu和Sun，2012；Kim 等，2012；De George 等，2013），增加了审计购买（颜延和张为国，2009）和事务所更换倾向（Wieczynska，2016），增加了审计市场集中度（Dinh和Piot，2014）；

IFRS间接带来投资者和债权人之间财富的重新分配（Christensen 等，2009），国内外的债务市场结构发生变化（Kim 等，2011；Brown，2016）等。

在企业内部，会计准则变革的非预期效应主要指对企业"契约效应"的进一步影响，即除了直接的会计信息契约有用性之外的影响，包括对公司财务契约与公司治理的间接影响。比如，在公司财务契约方面，IFRS的实施影响了企业的融资方式与结构选择（Naranjo 等，2016；Florou 和 Kosi，2015；燕玲，2013），促进了企业跨境上市（Hong 等，2014；Chen 等，2015）和跨境并购（毛新述和余德慧，2013；Bozos 等，2014；Francis 等，2015），降低了企业股利分配水平（Hail 等，2014；Goncharov 和 Triest，2014），增加了企业避税行为（Chan 等，2010；De Simone，2016）；在公司治理方面，IFRS促进了基于会计信息相对业绩评价的增加（Wu 和 Zhang，2010；Ozkan 等，2012），增强了CEO更换和员工解雇的敏感性（Wu 和 Zhang，2009；Wu 和 Zhang，2010），提高了董事会对管理层的监督效率（Marra 等，2011；Marra 和 Mazzola，2014），降低了控制权私人收益，增强了对少数股东的保护（Hong，2013；Brochet 等，2013），改变了公司股权结构（DeFond 等，2011；Florou 和 Pope，2012）等。

（3）超出效应

超出会计准则目标范围的效果及反应为会计准则变革的超出效应，这方面的研究体现出从公司融资向公司投资延伸、从微观向宏观延伸的特征，主要包括除了证券投资之外的"投资效应"、"宏观经济效应"和"其他社会效应"。比如，IFRS的实施提高了企业投资效率（Schleicher 等，2010；Biddle 等，2013；Chen 等，2013；蔡吉甫，2013；顾水彬，2013）；在宏观经济层面，IFRS的国际趋同促进了国际贸易和国际直接投资的增加（Márquez-Ramos，2011；Gordon 等，2012；Chen 等，2014），促进了全球土地交易的增加（Efobi 和 Oluwatobi，2014）；会计准则也对金融危机的爆发或缓解具有一定的作用（Skinner，2008；De Jager，2014），或通过不同的传导路径促进了宏观经济发展或经济增长（Suzuki，2007a、2007b；Zhang，2013；张先治和于悦，2013）；此外，会计准则也可能会对货币政策发挥作用的过程产生影响（Meder，2015），会计准则国际趋同增加了会计职业人员的跨境移民倾向（Bloomfield 等，2015），会计准则通过其概念框架向市场和社会传递一种十分重要的文化观念，即真实与公允的观点或"诚信"意识，从而对社会文化产生影响（葛家澍，2012）。

（4）事前效应

会计准则目标实现之前的事前行为反应为会计准则变革的事前效应，主要包括两方面的内容：一是会计准则制定过程中各利益相关者的反应；二是会计准则发布后还未彻底发挥功效时各利益相关者的反应。相关文献以会计准则变革初期为背景，特别是关于自愿采用新准则的研究。比如，自愿采用IAS的国家促进了国外权益投资增加（Covring 等，2007），自愿采用IFRS的公司贷款成本降低（Kim 等，2011）；上市公司会利用会计准则转换期间进行盈余管理，调节多期利润（Capkun 等，2008；王玉涛等，2009；蒋大富和熊剑，2012），张然等（2007）的研究也发现，我国上市公司在新会计准则颁布以后实施以前，由于预期长期资产减值损失以后将不允许转回，对长期资产减值准备的计提明显更加谨慎，数额有所减少；此外，公司会根据会计准则预期带来的影响而选择股票发行时机（Wang和Welker，2011），Voulgaris 等（2014b）的研究也发现，管理者会利用会计准则变革的时机，通过盈余管理来影响薪酬契约结构，进而增加个人财富。

综上所述，会计准则通过会计观念转变和具体准则变革产生预期效应和非预期效应，预期效应主要包括一般预期的财务报告效应和资本市场效应，以及对会计信息契约有用性与证券投资估值有用性的直接影响；非预期效应主要包括后续间接效应、超出效应、事前效应以及广义范围的未实现的预期效应，分为微观非预期效应和宏观非预期效应两个层次，微观非预期效应包括对企业经营理念、经营方式、投资行为等的影响，宏观非预期效应包括对宏观经济、社会环境与文化等的影响，如图1-3所示[①]。根据外部性的概念与分类，会计准则变革的非预期效应也可分为正的非预期效应与负的非预期效应，分别代表会计准则变革所带来的正面的和负面的外部影响，还可以分为稳定的非预期效应和不稳定的非预期效应等。

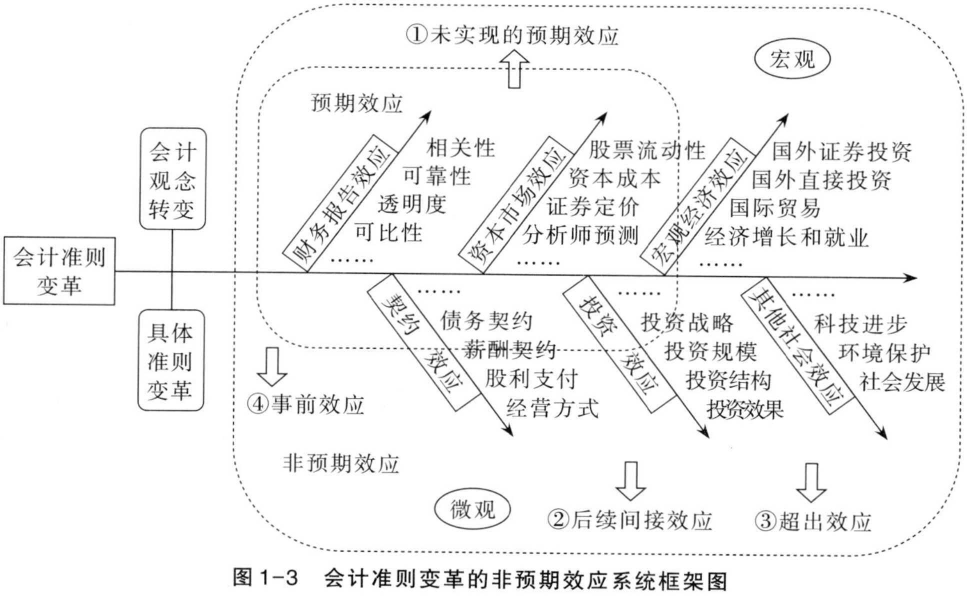

图1-3 会计准则变革的非预期效应系统框架图

① 此图借鉴了鱼骨图（也称为因果图或石川图）的格式，每一个矩形框后面是它的部分具体内容，图中小虚线框内为会计准则变革的预期效应，小虚线框外为会计准则变革的非预期效应。

1.4 会计准则变革的非预期效应实践检验：以资本成本为例

资本成本是投融资的核心要素。本部分以资本成本为核心点，实践检验会计准则变革对资本成本的预期效应和非预期效应，突出强调准则变革对资本成本的非预期效应，从而初步为会计准则变革的非预期效应提供验证，本专著第2部分和第3部分再具体从企业经营方式转变和企业投资行为的角度进行具体研究。

1.4.1 会计准则变革对资本成本的直接预期效应

资本成本是投资者对其所投资股票的预期回报率，或对投资风险的一种匹配性补偿。这种投资风险通常由被投资公司经营风险、财务风险、代理成本、市场风险等因素组成。由于信息不对称的存在或信息的不完全性，投资者并不能完全掌握和有效评估相关风险。而高质量的财务报告为投资者提供了与企业财务状况、经营成果和现金流量等有关的会计信息，以有效反映企业管理层受托责任的履行情况，帮助投资者做出合理的经济决策。会计准则作为一种制度规范，约束着公司财务报告行为，旨在提高会计信息质量，以增强资本市场的运行效率。为了说明会计准则变革对会计信息质量的影响，首先回顾如下简化模型：

$$y_i = \tilde{y}_i + \tilde{a}_i \qquad (1\text{-a})$$

其中：y_i为公司i对外披露的会计信息；$\tilde{y}_i$为公司真实经营状况或风险的预期值，假定投资者主要根据公司披露的会计信息y_i对其进行的估计；$\tilde{a}_i$表示会计计量误差。高质量的会计信息意味着较高的可靠性和相关性，企业会计系统应真实、公允地确认和计量各项会计要素及其他相关信息，以帮助投资者对企业过去、现在或者未来的情况做出评价或者预测，即要求公式（1-a）中一个较小的会计计量误差$\tilde{a}_i$。

为了引入会计准则的影响，假定企业会计计量误差$\tilde{a}_i$由会计准则产生的系统性会计误差和企业个体特质性带来的会计误差两个部分构成，具体形式如下：

$$\tilde{a}_i = \phi_i\tilde{A} + \tilde{\varepsilon}_i \qquad (1\text{-b})$$

其中：$\tilde{A}$表示由会计准则产生的系统性会计误差，会计准则的质量越高，系统性误差越小；$\phi_i \geq 0$，表示企业i相对于会计准则的会计敏感性，其值越大，表示会计准则对企业会计计量的影响程度越大；$\tilde{\varepsilon}_i$表示由企业个体特质性带来的会计误差，比如受公司经营特点、公司治理机制等因素的影响。由此可知，高质量的会计准则变革通过降低系统性会计误差（$\tilde{A}$），使得企业层面的会计计量误差（$\tilde{a}_i$）降低，进而降低了投资者对$\tilde{y}_i$进行评估的风险，使得资本成本降低，并且会计敏感性（ϕ_i）越高，资本成本降低得越大。

随着IFRS在全球范围内的推广，一些文献研究了其对资本成本的影响。Daske等（2008）研究了2001—2005年间全球26个国家采用IFRS的经济后果，发现IFRS在总体上带来了股票流动性的增加、资本成本的降低以及公司权益价值的增加。Li（2010）则研究了欧盟2005年强制采用IFRS对资本成本的影响，发现资本成本在总体上得到降低，并认为增加披露以及可比性的提高是资本成本降低的两个主要原因。随着我国2007年新会计准则的实施，不少学者关注了我国会计准则变革对会计信息质量和资本成本的影响。在会计信息质量方面，过往研究主要关注价值相关性、盈余管理、盈余稳健性、可比性等涉及会计信息质量的诸多方面（薛爽等，2008；朱凯等，2009；刘永涛等，2011；李四海和刘晓艳，2012；陈旻和曲晓辉，2014），虽然研究结论不一，但多数研究支持会计信息质量提高的结论。汪祥耀和叶正虹（2011）考察了我国新会计准则实施前后两个年份（2006年和2009年）上市公司资本成本的变化，发现实施新会计准则后我国资本市场整体资本成本有所下降，达到了预期目标，但是该结论并不适用于对产业和行业的检验。高芳和傅仁辉（2012）以2001—2010年我国上市公司为样本的研究也发现，我国会计准则改革显著提高了上市公司的股票流动性，降低了权益资本成本，进而提高了企业价值。闫华红和张明（2012）则基于会计信息质量视角，以2003—2010年上市公司为样本，研究发现，我国新会计准则实施后，会计信息质量显著提高、资本成本显著下降。孙枭飞和晏超（2015）进一步研究了我国新会计准则实施前后三年（2004—2006年和2008—2010年）不同特质上市公司资本成本的变化，发现会计准则变革虽然从整体上降低了我国上市公司的资本成本，但仅限于会计敏感性高的公司，而经济敏感性高的公司资本成本并未明显下降。

然而，鲜有研究关注我国新会计准则实施的时间效应。我国自2007年实施新会计准则以来已十余年，财政部于2010年印发《中国企业会计准则与国际财务报告准则持续趋同路线图》，进一步明确了我国企业会计准则与IFRS持续趋同的基本方略，2014年又陆续修订和新增《公允价值计量》等8项具体会计准则，在不同阶段，我国上市公司的资本成本可能受准则的影响有所不同。若以2010年为分界点，将我国会计准则变革后进一步分成准则变革后初期（如图1-4中阶段2所示）和准则变革后稳定期（如图1-4中阶段3所示）两个阶段，前述已有文献大都仅研究准则变革初期资本成本的变化，并且大都得出资本成本降低的结论，而未有研究涉及准则变革后稳定期资本成本的变化情况。会计准则作为一种规范企业财务报告行为的强制性制度规范，企业在实施新会计准则的不同阶段市场对其的反应会有所不同。

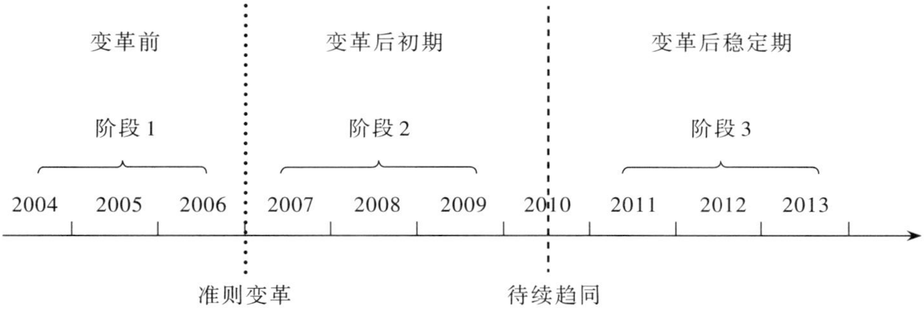

图 1-4 我国会计准则变革期间划分图

一方面，基于企业执行新会计准则的角度，由于关注度的聚集，新政策的执行往往在开始阶段比较“认真”，当企业管理者在经过一段时间适应新的会计准则后，会有更多的方法应对会计准则的强制性要求，选择对自己利益最大化的行为，并不一定真实、公允地确认和计量各项会计要素及其他相关信息。胥朝阳和刘睿智（2014）的研究就发现，虽然我国会计准则变革带来上市公司会计信息可比性的提高，对应计盈余管理具有一定程度的抑制作用，但也导致真实盈余管理现象的显著增加，促使管理者从应计盈余管理向真实盈余管理转变。

另一方面，基于投资者的角度，其对企业执行新会计准则的情况也会有相应的预期，市场的反应亦会根据不同阶段进行调整。在会计准则变革后初期，投资者预期企业会较认真地对待并执行新会计准则，资本市场信息环境得到改善，因此给予正面的市场反应，并进一步体现为资本成本的降低。在会计准则变革后稳定期，随着对新会计准则及企业财务报告的深入了解，投资者亦会努力地识别企业对新会计准则的执行力度，在做出是否将资本提供给企业的决策时，要求更高的投资回报。

基于以上分析，本部分提出以下待检验的研究假设：

H1-1：在我国执行新会计准则后，上市公司的资本成本在总体上得到显著降低，并且在准则变革初期降低得相对明显，而在准则变革后稳定期又有所回升。

1.4.2 会计准则变革对权益资本成本的间接非预期效应

Lambert 等（2007）提出，会计信息质量不仅通过影响投资者对公司未来现金流量分布的评估对资本成本产生直接影响，还会通过影响公司的实际投资决策导致未来现金流发生真实的变化，从而对资本成本产生间接影响。根据前面的分析，高质量的会计准则变革使得公司资本成本降低，而资本成本是公司投资决策的重要参考指标。如果公司依据价值最大化的原则采用NPV法则进行投资决策，那么折现率应随着资本成本的降低而调低，进而导致公司接受更多的投资项目，公司投资因此出现增加的现象。伴随着公司投资的增加，公司未来现金流将发生真实的变化，投资者在对其评估时会调高预期存在的风险，并要求更高的投资回报，资本成本因此又出现增加的现象。

Gao（2010）进一步研究了这种现象，认为投资变化对资本成本间接反转效应的大小取决于公司投资调整成本（参数z），投资调整成本越低的公司，其投资变化的幅度越大，资本成本的回增现象越明显。但是，Gao（2010）并未深入探讨投资调整成本的经济含义，仅仅指出它取决于公司的一般经济前景，经济前景好的公司，其投资调整成本相对较小。在此基础上，Zhang（2013）的理论研究认为，公司未来现金流的不确定性（风险）来自两个方面：一是如公式（1-a）所描述的公司会计计量误差；二是公司经济绩效本身的不确定性，具体表现为公司经济绩效受宏观经济波动的影响程度，具体形式如下：

$$\tilde{y}_i = \gamma_i \tilde{Y} + \tilde{e}_i \tag{1-c}$$

其中：$\tilde{y}_i$与公式（1-a）中的经济含义类似，表示公司真实经营状况（经济绩效）的预期值；$\tilde{Y}$表示公司外部环境的宏观经济总体情况；$\tilde{e}_i$表示与公司个体特质性相关的误差项；γ_i表示公司的经济敏感性，其值越大，代表公司经济绩效受宏观经济波动的影响程度越大。因此，可以用具体化的经济敏感性（γ_i）来表示Gao（2010）中投资调整成本（参数z）的抽象概念，经济敏感性（γ_i）越小，公司经济绩效受宏观经济波动的影响越小，公司投资调整成本（参数z）就越小，相应地，投资变化对资本成本的反转效应就越大。当然，由前述分析可知，会计敏感性（ϕ_i）越高的公司，会计准则变革对其资本成本的直接影响越大，企业投资变化的幅度自然也就越大，反过来对资本成本的反转效应就越大。综上所知，投资变化对资本成本反转效应的大小取决于会计敏感性（ϕ_i）和经济敏感性（γ_i）的大小，对于会计敏感性较高和经济敏感性较低的公司，资本成本回升得更明显。

进一步结合我国会计准则变革的时间效应，在准则变革初期，预计会计准则变革对资本成本的直接效应比较明显，而资本成本的降低带来企业投资的变化往往需要一个过程，所以企业投资变化对资本成本的反转效应可能在准则变革后一定时间后才得以体现，进入准则变革稳定期后，会计准则变革降低资本成本的直接效应在一定程度上可能被弱化。也就是说，如果资本成本在会计准则变革后稳定期有所回升，除了公司财务报告质量本身的变化，企业投资变化对资本成本的反转效应也可能是其中的因素之一。

基于以上分析，本部分进一步提出如下假设：

H1-2：由于投资变化对资本成本的反转效应，对于会计敏感性较高和经济敏感性较低的公司，资本成本回升得相对较高，并且这种反转效应在准则变革后稳定期更加明显。

1.4.3 研究设计

（1）样本与数据

本章选取我国2004—2013年的所有A股上市公司为初始样本，在此基础上，剔除了金融类上市公司、ST公司、当年上市的公司以及计算相关变量时数据缺失的公司。本章节所用的公司财务与资本市场数据来自Wind数据库，公司治理数据则主要来自国泰安“中国上市公司治理结构研究”数据库，分析师预测数据则来自国泰安“中国上市公司分析师预测研究”数据库。合并数据后，共得到7 918个样本观测值。另外，为了消除极端值的影响，本章对所有连续型变量采取了上下百分之一的缩尾处理。

（2）主要变量的度量

①资本成本的度量。

资本成本是企业投融资决策的重要参考指标，对资本成本的测度一直是财务学界核心难题之一，并在不同阶段产生了诸多流行的估算方法。纵观对资本成本的度量方法，大体可以分为三类：第一类是早期使用较多的事后资本成本度量方法，包括资本资产定价模型（CAPM）、套利定价理论（APT）模型、Fama-French三因素模型等。然而，大量的经验证据表明，事后资本成本往往并不准确，相关模型的估计标准误差都较大（Fama和French，1997），事前资本成本计算方法在后来逐渐受到更多的关注。第二类是基于股利折现的事前（隐含）资本成本度量方法，包括Gordon和Gordon（1997）提出的戈登增长模型（GG模型）、Botosan（1997）及Botosan和Plumlee（2002）为代表的股利折现模型（DIV模型）等。第三类是近阶段较为流行的基于剩余收益的事前资本成本度量方法，包括Gebhardt等（2001）提出的GLS模型、Claus和Thomas（2001）提出的CT模型、Easton（2004）提出的PEG模型、Ohlson和Juettner-Nauroth（2005）提出的OJN模型[①]等。

Botosan和Plumlee（2005）对采用较多的五种事前资本成本度量方法进行了比较评估，发现PEG模型和DIV模型的估算效果最佳。毛新述等（2012）从事后和事前两个角度测度了我国上市公司的权益资本成本，并从经济和统计两个角度

① 虽然OJN模型正式发表于2005年，但它实际上早在2003年之前就已经以工作论文的形式被提出，PEG模型亦是在OJN模型的基础上进行的改进。为了增强研究的可靠性，在稳健性检验部分用OJN模型重新计算资本成本，研究结论并未发生变化。

对不同的测度进行了评价，他们发现，事前资本成本的测度效果要优于事后资本成本，在事前资本成本测度中，国内外文献中普遍运用的GLS模型表现不够理想，而PEG模型能更好地捕捉各个风险因素的影响，尽管其时间序列计量误差方差相对较大。方红星和施继坤（2011）、李姝等（2013）、杨忠海等（2015）等众多研究者均采用PEG模型计算资本成本，其可靠性进一步得到验证。因此，本章节主要选择Easton（2004）提出的PEG模型计算资本成本，具体如下：

$$COST_{PEG} = \sqrt{\frac{|EPS_2 - EPS_1|}{P_0}} \quad (1-1)$$ ①

其中：$COST_{PEG}$为用PEG模型计算所得公司当期的资本成本；EPS_1、EPS_2分别为公司未来第一期（t+1）和未来第二期（t+2）的预测每股收益，用财务分析师盈余预测的结果表示；P_0为公司当年度末的股票收盘价。

②AE指数的构建。

为了计算会计敏感性（ϕ_i），本部分借鉴原红旗等（2013）、孙枭飞和晏超（2015）的做法，用新旧会计准则下的净利润差异衡量公司受会计准则变革的影响程度，相关数据源自Wind数据库[②]。具体计算过程见公式（1-2）。

$$Acc\_Sen_{it} = Ln\left(1 + \left|\frac{NI_{new} - NI_{old}}{NI_{old}}\right|\right) \quad (1-2)$$

其中：NI_{new}为公司在新会计准则下财务报表的净利润数值；NI_{old}为公司在旧会计准则下财务报表的净利润数值；Acc_Sen_{it}即为最终计算的会计敏感性数值，其值越大，表示公司受到会计准则变革的影响程度越大。

为了计算经济敏感性（γ_i），参考孙枭飞和晏超（2015）的研究，本部分选取国内生产总值（GDP）、财政收入、居民消费水平、居民消费价格指数（CPI）、固定资产投资和进出口总额六个宏观经济年度指标，计算每个指标的2004—2013年度环比增长率，并取每年度六个指标环比增长率的算术平均值作为当年度宏观经济波动率，具体计算过程见公式（1-3）。同时，计算2004—2013年度各样本公司的主营业务收入的环比增长率，并与当年度宏观经济波动率做差，取各年度最后差值的d算术平方和作为衡量的最终依据，具体计算过程见公式（1-4）。

$$MacVol_t = \frac{\sum_{i=1}^{6}(Index_{i,t} - Index_{i,t-1})}{6} \quad (1-3)$$

$$Eco\_Sen_{it} = -\sum_{t=2004}^{2013}\left(Growth_{it} - MacVol_t\right)^2 \quad (1-4)$$

其中：Eco_Sen_{it}即为最终计算的经济敏感性数值，其值越大，表示公司受宏

① 对于个别$EPS_2-EPS_1<0$的情况，取其绝对值。对其取值为0的结果，也并没有显著差异。

② 2007年是新会计准则执行的第一年，上市公司在2007年的财务报告中统一披露了新旧会计准则下2006年的净利润及其差异调节过程。

观经济的影响程度越大。

为了综合反映某一家公司的会计敏感性与经济敏感性的特征值，以及进一步检验企业投资变化对资本成本的间接反转效应，有必要以上述两个指标为基础构建反映公司特征的AE指数。为此，首先对Acc_Sen_{it}取相反数；然后，为了使得相关数值可加，分别对$-Acc_Sen_{it}$和Eco_Sen_{it}进行千分位数划分，并按照从小到大的顺序进行0-1排序；最后，取二者的算术平均值记作AE_{it}，具体计算过程见公式（1-5）。

$$AE_{it}=\frac{Quantile_{1000}(-Acc\_Sen_{it})+Quantile_{1000}(Eco\_Sen_{it})}{2} \tag{1-5}$$

其中：AE_{it}即为最终构建的反映企业会计与经济特征的指数，其值越小，表示企业的会计敏感性较高而经济敏感性较低，会计准则变革导致企业投资增加的变化程度越大，预计此类企业对资本成本的间接反转效应越大。

（3）模型设计

为了检验本部分的研究假设1-1，建立如下实证模型：

$$\begin{aligned}Cost\_Capital_{it}=&\alpha_0+\alpha_1 Post_j+\alpha_2 Vol_{it}+\alpha_3 Beta_{it}+\alpha_4 Size_{it}+\alpha_5 Lev_{it}+\alpha_6 Liq_{it}\\&+\alpha_7 Grow_{it}+\alpha_8 Ocf_{it}+\alpha_9 Turn_{it}+\alpha_{10} Top1_{it}+INDUSTRY+\varepsilon_{it}\end{aligned} \tag{1-6}$$

其中：$Cost_Capital_{it}$为被解释变量资本成本，用前述PEG模型计算的$COST_{PEG}$表示。$Post_j$为会计准则变革虚拟变量，会计准则变革后Post取值为1，否则为0。同时，为了检验会计准则变革的时间效应，进一步构建了会计准则变革后初期（如图1-4中阶段2所示）和会计准则变革后稳定期（如图1-4中阶段3所示）虚拟变量$Post_1$和$Post_2$，当为准则变革后初期时，$Post_1$取值为1，否则为0；当为准则变革后稳定期时，$Post_2$取值为1，否则为0。其他为相关控制变量，本部分主要参考叶康涛和陆正飞（2004）、曾颖和陆正飞（2006）、方红星和施继坤（2011）的研究，选取了反映企业经营风险、市场风险、财务风险、流动性、公司规模与相关能力特征、代理问题等影响资本成本的相关控制变量。ε_{it}为随机干扰项[①]。模型相关变量的含义和具体计算方法详见表1-3。$Post_j$的系数α_1度量了会计准则变革对资本成本的总体影响，若会计准则变革使得资本成本降低，则α_1预计显著为负。

为了检验本部分的研究假设1-2，进一步建立如下实证模型：

$$\begin{aligned}Cost\_Capital_{it}=&\alpha_0+\alpha_1 Post_j+\alpha_2 D_{AEj}+\alpha_3 D_{AEj}\times Post_j+\alpha_4 Vol_{it}+\alpha_5 Beta_{it}+\alpha_6 Size_{it}\\&+\alpha_7 Lev_{it}+\alpha_8 Liq_{it}+\alpha_9 Grow_{it}+\alpha_{10} Ocf_{it}+\alpha_{11} Turn_{it}+\alpha_{12} Top1_{it}\\&+INDUSTRY+\varepsilon_{it}\end{aligned} \tag{1-7}$$

其中：$Cost\_Capital_{it}$、$Post_j$以及控制变量与模型（1-6）相同，不同之处是模型（1-7）中增加了D_{AEj}和$D_{AEj}\times Post_j$。D_{AEj}为基于前文构建AE指数的虚拟变量，

① 它代表其他随机因素对因变量的影响。为了避免重复，后文再次出现时不再解释说明。

表1-3　**变量含义与计算方法**

变量名称	变量含义	计算方法
Cost_Capital	资本成本	用PEG模型计算的$CSOT_{PEG}$值
$Post_j$	会计准则变革虚拟变量	（1）准则变革后Post取值为1，否则为0； （2）准则变革后初期$Post_1$取值为1，否则为0； （3）准则变革后稳定期$Post_2$取值为1，否则为0
D_{AEj}	基于AE指数的虚拟变量	（1）AE指数小于其中位数时，D_{AE2}取值为1，否则为0； （2）AE指数小于其下四分位数时，D_{AE4}取值为1，AE指数大于其上四分位数时，D_{AE4}取值为0
Vol	经营风险	近三年营业收入标准差与平均值的比值
Beta	市场风险	用月收益（24个月滚动）计算的Beta值
Size	公司规模	期末资产总额的自然对数
Lev	财务风险	资产负债率=期末负债总额/期末总资产
Liq	股票流动性	当期流通股年换手率
Grow	发展能力	当期主营业务收入增长率
Ocf	现金流能力	当期每股自由现金流
Turn	营运能力	总资产周转率=当期营业收入/当期总资产平均值
Top1	代理问题	期末第一大股东持股比例
INDUSTRY	行业控制变量	根据证监会2012年行业分类设置虚拟变量

本部分基于AE指数的中位数和四分位数构建了两个虚拟变量D_{AE2}和D_{AE4}，分别进行检验，当AE指数小于其中位数时，D_{AE2}取值为1，否则为0；当AE指数小于其下四分位数时，D_{AE4}取值为1，而当AE指数大于其上四分位数时，D_{AE4}取值为0。D_{AEj}的经济含义作如下理解：当其取值为1时，表示会计敏感性较高而经济敏感性较低的企业，它们的资本成本预计受企业投资变化的间接反转效应较大。$D_{AEj}\times Post_j$的系数α_3则度量了企业投资变化对资本成本的间接反转效应，预计AE指数较低的企业（D_{AE2}或D_{AE4}取值为1）较为明显，即α_3的值应显著为正。

1.4.4　实证结果分析

（1）描述性统计

主要变量的描述性统计见表1-4。

表 1-4　　**主要变量的描述性统计**

变量	观测值	平均值	标准差	中位数	最小值	最大值	偏度值	峰度值
$COST_{PEG}$	7 918	0.115	0.048	0.110	0.020	0.275	0.794	4.054
D_{AE2}	7 918	0.501	0.500	1	0	1	-0.003	1
D_{AE4}	3 955	0.500	0.500	0	0	1	0.002	1
Vol	7 918	0.185	0.129	0.156	0.018	0.690	1.516	5.810
Beta	7 918	1.046	0.403	1.040	0.070	2.078	0.075	2.938
Size	7 918	22.150	1.238	21.980	19.910	25.88	0.703	3.311
Lev	7 918	0.477	0.199	0.488	0.059	0.885	-0.136	2.237
Liq	7 918	6.087	0.752	6.152	3.965	7.530	-0.471	2.930
Grow	7 918	0.209	0.327	0.160	-0.464	1.715	1.708	8.331
Ocf	7 918	0.138	0.761	0.040	-1.736	3.284	1.276	7.056
Turn	7 918	0.394	0.270	0.327	0.049	1.491	1.651	6.249
Top1	7 918	0.387	0.157	0.375	0.094	0.760	0.281	2.287

可以发现，样本公司资本成本 $COST_{PEG}$ 的平均值为11.5%，这与方红星和施继坤（2011）、李姝等（2013）的计算结果较为接近，但略高于叶康涛和陆正飞（2004）采用GLS方法计算的资本成本。其他变量在此不再一一详述。进一步观察变量的偏度和峰度可知，除了Beta和Liq较为接近正态分布外，其他变量的分布不明确，因此，后文相关性分析分别报告了Pearson相关系数和Spearman相关系数。

为了进一步考察我国上市公司资本成本在会计准则变革后的变化趋势，对会计准则变革前（阶段1）、准则变革后初期（阶段2）和准则变革后稳定期（阶段3）资本成本的均值和中值进行了差异检验，见表1-5。T检验结果显示，在我国会计准则变革后初期，上市公司资本成本的均值得到显著降低，Wilcoxon秩和检验（Mann-Whitney U检验）结果也表明，资本成本的中值在此期间显著降低。但是，在我国会计准则变革后稳定期，差异检验结果均表明，无论是与准则变革前相比，还是与准则变革后初期相比，上市公司资本成本的均值和中值均显著增加。进而差异检验对本部分的假设1-2提供了支持。另外，通过资本成本年度均值和中值的变化趋势图（如图1-5所示）可以直观地看到，在会计准则变革后初期，除了2008年可能受到金融危机的影响，资本成本较高外，总体看来资本成本有所降低。而在会计准则变革后稳定期，资本成本呈现反弹上升的趋势。

表 1-5 会计准则变革前后不同阶段资本成本差异检验

变量	阶段 1 2004—2006（N=856）		阶段 2 2007—2009（N=2 218）		阶段 1 至 2 差异检验	
	平均值	中位数	平均值	中位数	T	Z
$COST_{PEG}$	0.118	0.113	0.107	0.097	5.35***	6.72***
变量	阶段 3 2011—2013（N=3 812）		阶段 2 至 3 差异检验		阶段 1 至 3 差异检验	
	平均值	中位数	T	Z	T	Z
$COST_{PEG}$	0.122	0.118	−11.65***	−15.26***	−2.17**	−2.99***

注：***、**、*分别表示在 1%、5% 和 10% 水平上显著。

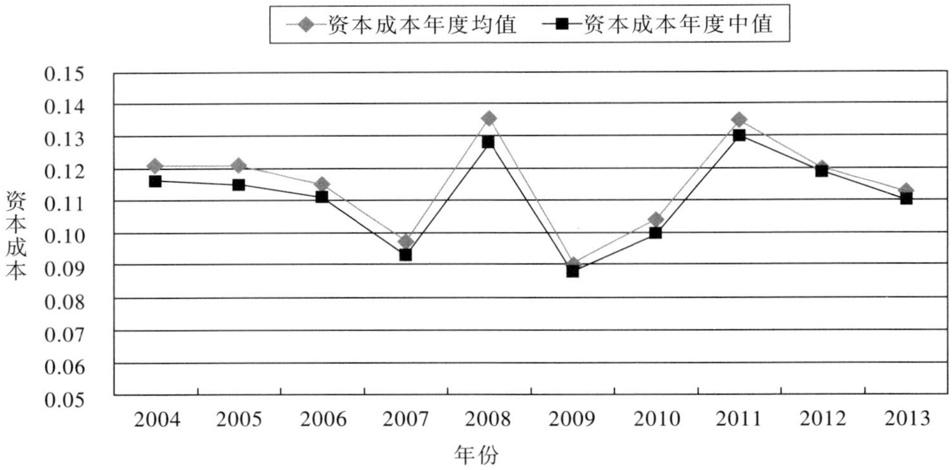

图 1-5 资本成本年度均值和中值变化趋势图

（2）相关性分析

表 1-6 列示了本章节主要连续变量（剔除了虚拟变量 D_{AE2} 和 D_{AE4}）相关性分析的 Pearson 和 Spearman 相关系数。分析可知，仅 Vol 和 Grow 之间因计算时均以公司营业收入为基础而具有相对较高的相关性（Pearson 和 Spearman 相关系数均超过 0.5），除此之外，其他变量之间的相关性系数均较小。另外，通过进一步计算本章节所有回归方程的方差膨胀因子（VIF）发现，VIF 的平均值均小于 2，并且各个变量的最大值均小于 5。因此，多重共线性不会对本章节的回归模型产生严重影响。

表1-6 主要连续变量相关性分析

变量	$COST_{PEG}$	Vol	Beta	Size	Lev	Liq	Grow	Ocf	Turn	Top1
$COST_{PEG}$	1	0.152***	0.142***	0.185***	0.198***	−0.184***	0.053***	0	−0.005	−0.034***
Vol	0.134***	1	−0.045***	0.056***	0.115***	0.049***	0.589***	0.099***	0.066***	0.042***
Beta	0.142***	−0.023**	1	0.161***	0.116***	0.002	−0.125***	−0.076***	−0.065***	0.012
Size	0.173***	0.048***	0.151***	1	0.482***	−0.388***	0.033***	0.133***	−0.001	0.238***
Lev	0.211***	0.124***	0.110***	0.464***	1	−0.074***	0.064***	0.145***	0.114***	0.045***
Liq	−0.148***	0.070***	0.034***	−0.438***	−0.084***	1	0.050***	0.004	−0.041***	−0.139***
Grow	0.025**	0.597***	−0.086***	0.039***	0.078***	0.061***	1	0.142***	0.173***	0.014
Ocf	−0.003	0.114***	−0.075***	0.130***	0.141***	−0.009	0.136***	1	0.114***	0.007
Turn	−0.022*	0.065***	−0.064***	0.035***	0.155***	−0.051***	0.134***	0.109***	1	0.034***
Top1	−0.025**	0.057***	0.022*	0.265***	0.048***	−0.169***	0.017	0.009	0.035***	1

注：表左下和右上分别为Pearson和Spearman检验系数；***、**、*分别表示在1%、5%和10%水平上显著。

(3) 多元回归分析

表1-7报告了本章节模型(1-6)和模型(1-7)的三组回归结果。其中,第1-3列报告了对2004—2013年样本公司在会计准则变革前后(虚拟变量为Post)的回归结果,第4—6列报告了会计准则变革前与变革后初期(虚拟变量为$Post_1$)的回归结果,第7—9列报告了会计准则变革前与变革后稳定期(虚拟变量为$Post_2$)的回归结果,并且每一组的第1列为模型(1-6)的回归结果,后两列为模型(1-7)中D_{AEj}分别为D_{AE2}和D_{AE4}的回归结果。观察$Post_j$的系数可以发现,第1-6列均在1%水平上显著为负,而第7-9列在统计上并不显著。由此可知,在我国执行新会计准则后,上市公司的资本成本在总体上得到显著降低,并且资本成本在准则变革初期降低得相对明显,而在准则变革后稳定期资本成本又出现回升,此阶段的资本成本与会计准则变革前相比并未显著降低。从而本部分的假设1-1得到了验证。

D_{AEj}的系数均在不同的水平上显著为负,这表明AE指数较低(会计敏感性较高和经济敏感性较低)的公司,企业风险相对较小,它们的资本成本相对较低。进一步观察$D_{AEj}\times Post_j$的系数,可以发现,若直接分为会计准则变革前后进行回归,第3列基于上下四分位数构建的虚拟变量交乘项$D_{AE4}\times Post$的系数在5%的水平上显著为正,而第2列基于中位数构建的虚拟变量交乘项$D_{AE2}\times Post$的系数并不显著;对于会计准则变革前与变革后初期的回归结果,第5和第6列交乘项$D_{AE2}\times Post_1$和$D_{AE4}\times Post_1$均不显著;而对于会计准则变革前与变革后稳定期的回归结果,第5和第6列交乘项$D_{AE2}\times Post_2$和$D_{AE4}\times Post_2$分别在10%和1%的水平上显著为正。由此可知,企业投资变化的确会对资本成本产生间接的反转效应,即对于AE指数较低(会计敏感性较高和经济敏感性较低)的公司,其资本成本回升得相对明显,并且这种反转效应主要存在于准则变革后稳定期,从而本部分的假设1-2得到了验证。

控制变量方面,回归结果基本都符合预期,经济解释也比较容易理解。Vol、Beta和Lev的系数在不同的水平上显著为正,表明经营风险、市场风险与财务风险较大的公司,其资本成本相对较高。Size的系数在准则变革后初期显著为正,在准则变革后稳定期显著为负,说明不同阶段上市公司规模对资本成本的影响不同。Liq、Grow、Ocf和Turn在不同的水平上显著为负,表明流动性较高、发展能力较好、现金流能力和营运能力较强的公司,其资本成本相对较低。Top1的系数在不同的水平上显著为负,说明代理问题在我国上市公司并非意味着较为严重的风险,大股东持股较高的公司,其资本成本也可能相对较低。

表 1-7 会计准则变革对资本成本（$COST_{PEG}$）的影响回归结果

变量	(1) Post	(2) Post，D_{AE2}	(3) Post，D_{AE4}	(4) $Post_1$	(5) $Post_1$，D_{AE2}	(6) $Post_1$，D_{AE4}	(7) $Post_2$	(8) $Post_2$，D_{AE2}	(9) $Post_2$，D_{AE4}
$Post_j$	-0.008***	-0.011***	-0.015***	-0.009***	-0.011***	-0.015***	0.001	-0.003	-0.006
	(-4.94)	(-4.58)	(-3.89)	(-4.17)	(-3.68)	(-3.12)	(0.72)	(-1.04)	(-1.62)
D_{AEj}		-0.007**	-0.015***		-0.006*	-0.013**		-0.008***	-0.017***
		(-2.22)	(-3.24)		(-1.74)	(-2.45)		(-2.61)	(-3.76)
D_{AEj}×$Post_j$		0.005	0.011**		0.004	0.009		0.006*	0.013***
		(1.64)	(2.16)		(0.97)	(1.52)		(1.96)	(2.67)
Vol	0.055***	0.052***	0.048***	0.068***	0.065***	0.069***	0.046***	0.044***	0.036***
	(11.04)	(10.39)	(6.92)	(8.00)	(7.34)	(5.59)	(7.09)	(6.59)	(3.92)
Beta	0.012***	0.012***	0.011***	0.014***	0.014***	0.013***	0	0	-0.002
	(9.07)	(8.99)	(5.83)	(5.20)	(5.08)	(3.33)	(-0.00)	(-0.06)	(-0.90)
Size	0.002***	0.002***	0.003***	-0.002**	-0.002**	-0.001	0.005***	0.005***	0.006***
	(3.31)	(3.46)	(3.45)	(-2.56)	(-2.44)	(-1.05)	(6.38)	(6.53)	(5.68)
Lev	0.030***	0.031***	0.036***	0.049***	0.049***	0.051***	0.034***	0.034***	0.037***
	(9.73)	(9.80)	(7.89)	(8.70)	(8.74)	(6.19)	(8.53)	(8.56)	(6.36)
Liq	-0.010***	-0.010***	-0.008***	-0.013***	-0.013***	-0.012***	0	0	0.002
	(-12.78)	(-12.76)	(-7.48)	(-8.06)	(-8.09)	(-4.95)	(-0.26)	(-0.19)	(1.29)

续表

变量	(1) Post	(2) Post，D_{AE2}	(3) Post，D_{AE4}	(4) $Post_1$	(5) $Post_1$，D_{AE2}	(6) $Post_1$，D_{AE4}	(7) $Post_2$	(8) $Post_2$，D_{AE2}	(9) $Post_2$，D_{AE4}
Grow	-0.008^{***}	-0.009^{***}	-0.010^{***}	-0.012^{***}	-0.012^{***}	-0.016^{***}	-0.008^{***}	-0.009^{***}	-0.010^{***}
	(−4.23)	(−4.43)	(−4.00)	(−3.57)	(−3.70)	(−3.73)	(−3.09)	(−3.33)	(−2.85)
Ocf	-0.003^{***}	-0.003^{***}	-0.002^{**}	-0.003^{**}	-0.003^{**}	-0.003^{*}	0	0	0.001
	(−3.79)	(−3.74)	(−2.46)	(−2.55)	(−2.53)	(−1.80)	(−0.51)	(−0.47)	(0.67)
Turn	-0.006^{***}	-0.006^{***}	-0.009^{***}	−0.005	−0.004	−0.007	-0.005^{*}	−0.005	-0.009^{**}
	(−2.73)	(−2.59)	(−2.81)	(−1.33)	(−1.24)	(−1.19)	(−1.81)	(−1.63)	(−2.27)
Top1	-0.020^{***}	-0.021^{***}	-0.021^{***}	-0.016^{***}	-0.016^{***}	-0.019^{**}	-0.011^{***}	-0.012^{***}	-0.010^{*}
	(−5.96)	(−6.03)	(−4.32)	(−2.64)	(−2.70)	(−2.08)	(−2.67)	(−2.76)	(−1.66)
Constant	0.112^{***}	0.115^{***}	0.100^{***}	0.199^{***}	0.202^{***}	0.182^{***}	0.005	0.008	−0.010
	(7.70)	(7.84)	(4.71)	(7.78)	(7.87)	(4.78)	(0.28)	(0.40)	(−0.38)
INDUSTRY	控制	控制	控制	控制	控制	控制	控制	控制	控制
N	7 918	7 918	3 955	3 074	3 074	1 524	4 668	4 668	2 311
Adjusted R^2	0.162	0.162	0.165	0.136	0.136	0.151	0.160	0.161	0.167
F	59.86^{***}	55.85^{***}	28.99^{***}	20.34^{***}	18.99^{***}	11.04^{***}	35.20^{***}	32.99^{***}	17.49^{***}

注：因变量为资本成本 $COST_{PEG}$；***、**、*分别表示在1%、5%和10%水平上显著；括号中为T值。

1.4.5 基于会计信息质量视角的进一步检验

为了进一步说明会计准则变革对资本成本的影响，下面基于具体的会计信息质量视角，遵循“会计准则变革——会计信息质量——资本成本变化”这一路径，以进一步分析资本成本变化的原因。为此，在模型（1-7）的基础上建立如下实证模型：

$$\begin{aligned} Cost\_Capital_{it} = {} & \alpha_0 + \alpha_1 Post_j + \alpha_2 AQ_{it} + \alpha_3 AQ_{it} \times Post_j + \alpha_4 Vol_{it} + \alpha_5 Beta_{it} + \alpha_6 Size_{it} + \\ & \alpha_7 Lev_{it} + \alpha_8 Liq_{it} + \alpha_9 Grow_{it} + \alpha_{10} Ocf_{it} + \alpha_{11} Turn_{it} + \alpha_{12} Top1_{it} + \\ & INDUSTRY + \varepsilon_{it} \end{aligned} \tag{1-8}$$

其中：被解释变量 $Cost\_Capital_{it}$、会计准则变革虚拟变量 $Post_j$ 以及控制变量均与模型（1-7）相同，不同的是会计信息质量中介变量 AQ_{it}。AQ_{it} 的系数 α_2 度量了会计信息质量对资本成本的影响，而交乘项 $AQ_{it} \times Post_j$ 的系数 α_3 则度量了会计准则变革对会计信息质量与资本成本关系的影响。根据国内外公认的财务报告概念框架[①]，相关性和可靠性是会计信息最基本的两个质量特征，它们是促使财务报告目标实现的基本保障。叶青等（2012）亦是从相关性和可靠性（更具体的非经常性损益项目）两个方面，研究了富豪榜对会计信息质量的影响。所以，下面分别从相关性和可靠性两个方面度量 AQ_{it}，并以此检验会计准则变革对资本成本的影响。

（1）会计准则变革、会计信息相关性与资本成本

参考叶青等（2012）的研究，并借鉴国际主流文献的通行做法，可以用盈余反应系数（Earnings Response Coefficient，ERC）来代表会计信息的相关性程度。然而，已有研究主要度量样本公司总体的相关性，为了度量公司/年度层面的相关性指标，可以参考 Khan 和 Watts（2009）提出的公司/年度层面会计稳健性的 C_Score 方法，构建公司层面会计相关性的 E_Score 方法，具体过程如下：

$$Return_{it} = \beta_0 + \beta_1 \times \Delta Earning_{it} + \varepsilon_{it} \tag{1-9}$$

首先，根据上述 ERC 模型（$Return_{it}$ 为公司年度股票回报；$\Delta Earing_{it}$ 为公司当年度每股收益与去年每股收益的差值除以期初股价），把盈余反应系数 β_1 记作 E_Score，特别地，假定它们是公司特征（规模、市账比、资产负债率）的函数，如下：

$$E\_Score_{it} = \beta_1 = \mu_1 + \mu_2 Size_{it} + \mu_3 M/B_{it} + \mu_4 Lev_{it} \tag{1-10}$$

然后，把公式（1-10）带入公式（1-9），即得到：

$$Return_{it} = \beta_0 + \Delta Earning_{it} \times (\mu_1 + \mu_2 Size_{it} + \mu_3 M/B_{it} + \mu_4 Lev_{it}) + \varepsilon_{it} \tag{1-11}$$

利用所有样本公司的混合数据，分年度对公式（1-11）进行回归，得出 μ_1、

① 比如，趋于一致的国际会计准则理事会（IASB）“财务报告概念框架”和美国财务会计准则理事会（FASB）“概念公告”。我国企业会计准则基本准则中涵盖了类似的相关内容。

μ_2、μ_3和μ_4的值，然后带入公式（1-10）中，根据各个公司的Size、M/B和Lev计算出各个公司的E_Score，它即代表了公司/年度层次的价值相关性水平，其值越大，代表相关性越高。

图1-6刻画了样本公司的会计信息相关性年度均值和中值变化趋势，可以清晰地看到，在2007年我国执行新会计准则的第一年，相关性得到非常显著的提升，而后有些回落。对会计准则变革前（阶段1）、准则变革后初期（阶段2）和准则变革后稳定期（阶段3）会计信息相关性的年度均值和中值进行的差异检验见表1-8。T检验和Wilcoxon秩和检验（Mann-Whitney U检验）的结果均显示，在我国会计准则变革后初期，会计信息相关性得到显著提升，而在准则变革后稳定期（从阶段2到阶段3），会计信息相关性显著回落，但仍显著高于会计准则变革前的相关性。

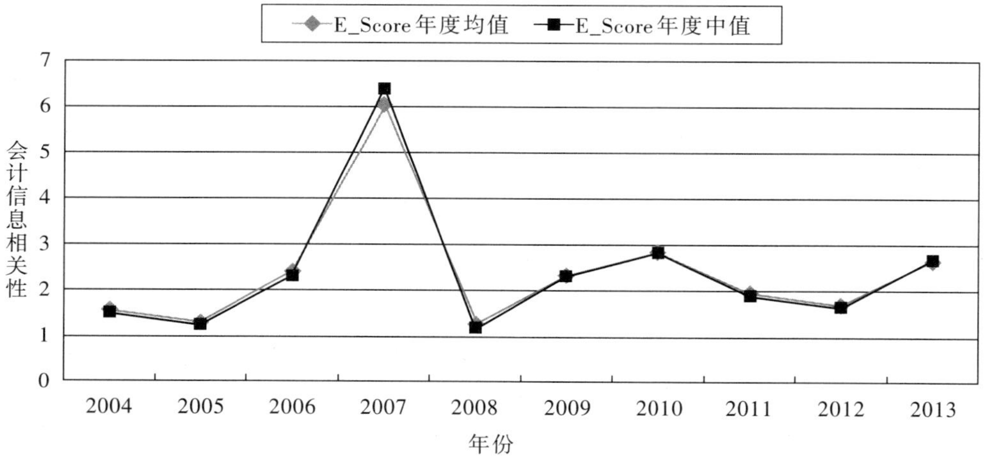

图1-6　会计信息相关性年度均值和中值变化趋势图

表1-8　**会计准则变革前后不同阶段会计信息相关性差异检验**

变量	阶段1 2004—2006（N=763）		阶段2 2007—2009（N=1 938）		阶段1至2差异检验	
	平均值	中位数	平均值	中位数	T	Z
E_Score	1.913	1.748	2.831	2.216	-11.85***	-9.60***
变量	阶段3 2011—2013（N= 3 483）		阶段2至3差异检验		阶段1至3差异检验	
	平均值	中位数	T	Z	T	Z
E_Score	2.088	1.844	17.92***	10.07***	-4.54***	-4.91***

注：***、**、*分别表示在1%、5%和10%水平上显著。

表1-9报告了会计准则变革、会计信息相关性与资本成本（$COST_{PEG}$）三组回归结果。其中，第1—2列报告了对2004—2013年样本公司在会计准则变革前后（虚拟变量为Post）的回归结果，第3—4列报告了会计准则变革前与变革后初期（虚拟变量为$Post_1$）的回归结果，第5—6列报告了会计准则变革前与变革后稳定期（虚拟变量为$Post_2$）的回归结果。可以发现，E_Score的系数显著为负，说明会计信息相关性越高的公司，其资本成本越低。交乘项$E_Score \times Post_j$的系数仅在会计准则变革后初期（虚拟变量为$Post_1$）的回归结果显著为负，而当虚拟变量为Post和$Post_2$时均不显著。这表明在会计准则变革后初期，随着会计信息相关性的提高，资本成本进一步得到降低，而在会计准则变革后稳定期，资本成本并未因会计信息相关性的变化而显著改变。其他控制变量的回归结果与前文基本一致。

（2）会计准则变革、会计信息可靠性与资本成本

为了度量会计信息可靠性，本部分借鉴Dechow等（1995）的模型（截面修正的Jones模型）计算企业操纵性应计利润（DA_t），其值越大，表示可靠性越低。具体计算过程如下：

$$TA_t/A_{t-1} = \alpha_1(1/A_{t-1}) + \alpha_2(\Delta REV_t/A_{t-1}) + \alpha_3(PPE_t/A_{t-1}) + \varepsilon_t \quad (1-12)$$

$$NDA_t = \alpha_1(1/A_{t-1}) + \alpha_2(\Delta REV_t - \Delta REC_t)/A_{t-1} + \alpha_3(PPE_t/A_{t-1}) \quad (1-13)$$

$$DA_t = TA_t/A_{t-1} - NDA_t \quad (1-14)$$

首先，利用样本公司不同年度和行业的数据，估计公式（1-12）中相关项目的系数α_1、α_2和α_3。其中：TA_t为公司当期总的应计利润，其值等于公司当期的净利润减去当期的经营活动现金净流量；A_{t-1}为公司当期期初的总资产金额；ΔREV_t为公司当期营业收入与上期营业收入的差额；PPE_t为公司当期的固定资产原值。然后，将用公式（1-12）估计出的系数α_1、α_2和α_3带入公式（1-13），计算出公司当期的非操纵性应计利润NDA_t，其中，ΔREC_t为公司当期应收账款与上期应收账款的差额。最后，如公式（1-14）所示，用公司当期总的应计利润减去非操纵性应计利润，即可得操纵性应计利润DA。

图1-7刻画了样本公司的会计信息可靠性年度均值和中值变化趋势，可以清晰地看到，在2007年我国执行新会计准则后，上市公司操纵性应计利润出现增加的趋势，会计信息可靠性在一定程度上受到损害；在我国会计准则变革初期的第一年（2007年）和稳定期的第一年（2011年），会计信息可靠性降低得尤其明显。对会计准则变革前（阶段1）、准则变革后初期（阶段2）和准则变革后稳定期（阶段3）会计信息可靠性的年度均值和中值进行的差异检验见表1-10。T检验和Wilcoxon秩和检验（Mann-Whitney U检验）的结果均显示，在我国会计准则变革后初期，上市公司的会计信息可靠性得到显著降低，在我国会计准则变革

表 1-9　会计准则变革、会计信息相关性与资本成本（$COST_{PEG}$）回归结果

变量	(1) Post	(2) Post	(3) Post1	(4) Post1	(5) Post2	(6) Post2
$Post_j$	−0.006***	−0.003	−0.007***	0.001	0.002	−0.004
	(−3.29)	(−0.66)	(−3.03)	(0.23)	(1.08)	(−0.86)
E_Score	−0.005***	−0.003*	−0.004***	0	−0.005***	−0.008***
	(−10.84)	(−1.80)	(−6.42)	(0.01)	(−6.14)	(−3.63)
E_Score×$Post_j$		−0.002		−0.004*		0.003
		(−0.83)		(−1.82)		(1.54)
Vol	0.052***	0.052***	0.068***	0.068***	0.046***	0.046***
	(9.89)	(9.91)	(7.26)	(7.33)	(5.75)	(5.68)
Beta	0.008***	0.009***	0.006*	0.007**	−0.001	−0.001
	(5.93)	(5.98)	(1.85)	(2.14)	(−0.44)	(−0.65)
Size	0.004***	0.004***	0.001	0	0.006***	0.006***
	(6.63)	(6.30)	(0.96)	(0.24)	(6.98)	(7.14)
Lev	0.010***	0.011***	0.027***	0.030***	0.018***	0.018***
	(2.85)	(2.92)	(4.15)	(4.44)	(3.30)	(3.38)
Liq	−0.006***	−0.006***	−0.008***	−0.009***	0.002	0.002*
	(−7.37)	(−7.41)	(−4.61)	(−4.93)	(1.37)	(1.65)
Grow	−0.004*	−0.004*	−0.006*	−0.006*	−0.004	−0.004
	(−1.76)	(−1.76)	(−1.69)	(−1.72)	(−1.26)	(−1.27)
Ocf	−0.002***	−0.002***	−0.003**	−0.003**	−0	0
	(−2.78)	(−2.77)	(−2.10)	(−2.10)	(−0.04)	(0.02)
Turn	−0.005**	−0.006**	−0.004	−0.004	−0.006**	−0.006*
	(−2.39)	(−2.42)	(−0.94)	(−1.02)	(−1.96)	(−1.86)
Top1	−0.018***	−0.018***	−0.016**	−0.016**	−0.009**	−0.009**
	(−5.09)	(−5.10)	(−2.52)	(−2.50)	(−2.03)	(−1.99)
Constant	0.064***	0.064***	0.118***	0.131***	−0.014	−0.018
	(4.05)	(4.04)	(4.08)	(4.40)	(−0.68)	(−0.87)
INDUSTRY	控制	控制	控制	控制	控制	控制
N	7 169	7 169	2 701	2 701	4 246	4 246
Adjusted R^2	0.176	0.176	0.138	0.139	0.168	0.168
F	59.72***	57.53***	17.69***	17.17***	33.47***	32.44***

注：因变量为资本成本 $COST_{PEG}$；***、**、*分别表示在1%、5%和10%水平上显著；括号中为T值。

后稳定期仍显著低于会计准则变革前的会计信息可靠性。

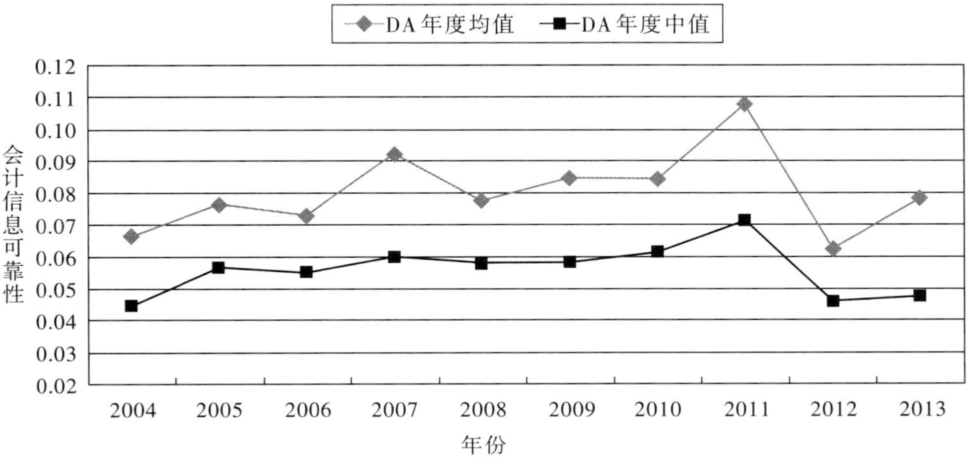

图1-7　会计信息可靠性年度均值和中值变化趋势图

表1-10　**会计准则变革前后不同阶段会计信息可靠性差异检验**

变量	阶段1 2004—2006（N=727）		阶段2 2007—2009（N=1 961）		阶段1至2差异检验	
	平均值	中位数	平均值	中位数	T	Z
DA	0.073	0.053	0.084	0.058	-2.960^{***}	-2.340^{**}
变量	阶段3 2011—2013（N=3 462）		阶段2至3差异检验		阶段1至3差异检验	
	平均值	中位数	T	Z	T	Z
DA	0.082	0.052	-2.080^{**}	0.043	-2.170^{**}	-2.990^{***}

注：***、**、*分别表示在1%、5%和10%水平上显著。

表1-11报告了会计准则变革、会计信息可靠性与资本成本（$COST_{PEG}$）三组回归结果。其中，第1—2列报告了对2004—2013年样本公司在会计准则变革前后（虚拟变量为Post）的回归结果，第3—4列报告了会计准则变革前与变革后初期（虚拟变量为$Post_1$）的回归结果，第5—6列报告了会计准则变革前与变革后稳定期（虚拟变量为$Post_2$）的回归结果。可以发现，在第1列回归结果中，DA的系数在10%的水平上显著为正，这说明会计信息可靠性越高（操纵性应计利润越低）的公司，其资本成本越低。交乘项DA× $Post_j$的系数在会计准则变革后（虚拟变量为Post）的回归结果显著为正，并且当虚拟变量为$Post_2$时显著为正，而当虚拟变量为$Post_1$时并不显著。这表明在会计准则变革后，资本成本因会计信息可靠性的降低而提升，并且资本成本因此的回升在会计准则变革后稳定期更加明显。其他控制变量与前文基本一致。

表1-11　会计准则变革、会计信息可靠性与资本成本（$COST_{PEG}$）回归结果

变量	(1) Post	(2) Post	(3) $Post_1$	(4) $Post_1$	(5) $Post_2$	(6) $Post_2$
$Post_j$	-0.009^{***}	-0.012^{***}	-0.009^{***}	-0.011^{***}	0	-0.003
	(-4.90)	(-4.80)	(-3.74)	(-3.61)	(0.20)	(-1.09)
DA	0.011^{*}	-0.027	-0.007	-0.033	0.012^{*}	-0.027
	(1.95)	(-1.21)	(-0.59)	(-1.36)	(1.77)	(-1.25)
$DA\times Post_j$		0.041^{*}		0.034		0.044^{*}
		(1.79)		(1.22)		(1.93)
Vol	0.051^{***}	0.051^{***}	0.070^{***}	0.070^{***}	0.044^{***}	0.044^{***}
	(10.06)	(10.04)	(7.89)	(7.88)	(6.53)	(6.49)
Beta	0.012^{***}	0.012^{***}	0.016^{***}	0.016^{***}	0	0
	(8.51)	(8.54)	(5.30)	(5.34)	(0.14)	(0.18)
Size	0.002^{***}	0.002^{***}	-0.002^{**}	-0.002^{**}	0.005^{***}	0.005^{***}
	(3.85)	(3.85)	(-2.28)	(-2.28)	(6.58)	(6.59)
Lev	0.030^{***}	0.030^{***}	0.048^{***}	0.049^{***}	0.033^{***}	0.033^{***}
	(9.04)	(9.07)	(7.76)	(7.80)	(7.59)	(7.62)
Liq	-0.009^{***}	-0.009^{***}	-0.013^{***}	-0.013^{***}	0	0
	(-11.42)	(-11.42)	(-7.62)	(-7.61)	(-0.19)	(-0.18)
Grow	-0.008^{***}	-0.008^{***}	-0.011^{***}	-0.011^{***}	-0.008^{***}	-0.008^{***}
	(-3.84)	(-3.82)	(-3.27)	(-3.27)	(-2.95)	(-2.89)
Ocf	-0.003^{***}	-0.003^{***}	-0.004^{***}	-0.003^{***}	-0.001	-0.001
	(-3.87)	(-3.79)	(-2.71)	(-2.66)	(-0.69)	(-0.57)
Turn	-0.006^{***}	-0.006^{***}	-0.005	-0.005	-0.006^{*}	-0.006^{*}
	(-2.77)	(-2.75)	(-1.29)	(-1.28)	(-1.86)	(-1.82)

续表

变量	(1) Post	(2) Post	(3) Post1	(4) Post1	(5) Post2	(6) Post2
Top1	-0.019***	-0.019***	-0.013**	-0.014**	-0.010**	-0.010**
	(-5.31)	(-5.33)	(-2.06)	(-2.08)	(-2.16)	(-2.18)
Constant	0.082***	0.085***	0.208***	0.210***	-0.032	-0.029
	(5.17)	(5.32)	(7.29)	(7.34)	(-1.55)	(-1.41)
INDUSTRY	控制	控制	控制	控制	控制	控制
N	7 082	7 082	2 688	2 688	4 189	4 189
Adjusted R^2	0.156	0.157	0.124	0.124	0.159	0.159
F	60.69***	58.21***	20.03***	19.15***	36.97***	35.55***

注：因变量为资本成本 $COST_{PEG}$；***、**、*分别表示在1%、5%和10%水平上显著；括号中为T值。

1.4.6 稳健性检验

为了增强研究结论的可靠性，借鉴Ohlson和Juettner-Nauroth（2005）的方法（即OJN模型），重新计算资本成本，对本章进行稳健性检验。该模型计算如下：

$$COST_{OJN} = A + \sqrt{A^2 + \frac{EPS_1}{P_0}\left[\frac{EPS_2 - EPS_1}{EPS_1} - (r-1)\right]} \quad (1\text{-}15)$$

其中，$COST_{OJN}$为用OJN模型计算所得公司当期的资本成本；EPS_1、EPS_2分别为公司未来第一期（t+1）和未来第二期（t+2）的预测每股收益，用财务分析师盈余预测的结果表示；P_0为公司当年度末的股票收盘价；$A = \frac{1}{2}\left[(r-1) + \frac{DPS_1}{P_0}\right]$；$DPS_1$为公司未来第一期的息税前每股股利；$r = \lim_{t \to \infty} \frac{EPS_{t+1}}{EPS_t} = g_p + 1$，$g_p$为每股收益的长期增长率，借鉴沈洪波（2007）、杨忠海等（2015）的做法，取值为5%。

在极个别情况下，当模型（1-15）中根号下的数值为负数时，则取其绝对值。由于相关变量数值的缺失，在合并数据后，与前文相比总的样本量仅存在微小的增减。用$COST_{OJN}$替换$COST_{PEG}$对前面主要模型进行重新回归，模型（1-6）和模型（1-7）的回归结果见表1-12，模型（1-8）的回归结果分别见表1-13和表1-14。可以发现，相关回归结果仅有表1-14中交乘项DA×Post的显著性水平降低，但其符号仍然为正。从而，本部分的研究结论并未发生变化，本部分的研究假设得到了进一步的验证。

表1-12　会计准则变革对资本成本（$COST_{OJN}$）的影响回归结果

变量	(1) Post	(2) Post，D_{AE2}	(3) Post，D_{AE4}	(4) $Post_1$	(5) $Post_1$，D_{AE2}	(6) $Post_1$，D_{AE4}	(7) $Post_2$	(8) $Post_2$，D_{AE2}	(9) $Post_2$，D_{AE4}
$Post_j$	-0.014***	-0.017***	-0.021***	-0.013***	-0.016***	-0.019***	-0.006***	-0.009***	-0.014***
	(-8.23)	(-6.68)	(-5.42)	(-6.11)	(-5.04)	(-4.00)	(-3.06)	(-3.51)	(-3.41)
D_{AEj}		-0.006*	-0.014***		-0.005	-0.011**		-0.007**	-0.015***
		(-1.88)	(-2.92)		(-1.38)	(-2.12)		(-2.17)	(-3.26)
$D_{AEj}\times Post_j$		0.005	0.011**		0.004	0.009		0.006*	0.013***
		(1.63)	(2.21)		(1.08)	(1.52)		(1.84)	(2.64)
Vol	0.051***	0.050***	0.049***	0.066***	0.065***	0.066***	0.045***	0.043***	0.041***
	(10.34)	(9.90)	(6.91)	(7.76)	(7.32)	(5.36)	(6.71)	(6.35)	(4.43)
Beta	0.011***	0.011***	0.010***	0.015***	0.015***	0.016***	-0.000	-0.000	-0.003
	(8.06)	(8.01)	(5.16)	(5.67)	(5.60)	(4.01)	(-0.24)	(-0.29)	(-1.17)
Size	0.002***	0.002***	0.003***	-0.002*	-0.002	-0.001	0.005***	0.005***	0.006***
	(3.74)	(3.81)	(3.46)	(-1.69)	(-1.62)	(-0.69)	(7.03)	(7.12)	(5.96)
Lev	0.026***	0.026***	0.031***	0.040***	0.040***	0.044***	0.027***	0.027***	0.030***
	(8.16)	(8.14)	(6.81)	(7.05)	(7.04)	(5.22)	(6.61)	(6.58)	(5.04)
Liq	-0.010***	-0.009***	-0.008***	-0.013***	-0.013***	-0.013***	-0.001	-0.001	0.001
	(-12.38)	(-12.35)	(-7.34)	(-8.17)	(-8.17)	(-5.31)	(-1.08)	(-1.01)	(0.53)

续表

变量	(1) Post	(2) Post，D_{AE2}	(3) Post，D_{AE4}	(4) $Post_1$	(5) $Post_1$，D_{AE2}	(6) $Post_1$，D_{AE4}	(7) $Post_2$	(8) $Post_2$，D_{AE2}	(9) $Post_2$，D_{AE4}
Grow	-0.008***	-0.009***	-0.010***	-0.013***	-0.013***	-0.017***	-0.008***	-0.008***	-0.010***
	(-4.27)	(-4.38)	(-4.11)	(-3.83)	(-3.92)	(-3.88)	(-2.77)	(-2.94)	(-2.68)
Ocf	-0.003***	-0.003***	-0.003***	-0.003***	-0.003***	-0.004**	-0.001	-0.001	0.000
	(-3.95)	(-3.93)	(-2.72)	(-2.85)	(-2.83)	(-2.14)	(-0.65)	(-0.63)	(0.38)
Turn	-0.005**	-0.004**	-0.008**	-0.003	-0.003	-0.006	-0.004	-0.004	-0.010**
	(-2.05)	(-1.97)	(-2.57)	(-0.76)	(-0.70)	(-1.00)	(-1.41)	(-1.29)	(-2.37)
Top1	-0.018***	-0.019***	-0.019***	-0.013**	-0.013**	-0.015	-0.011**	-0.011**	-0.009
	(-5.39)	(-5.43)	(-3.84)	(-2.17)	(-2.21)	(-1.63)	(-2.43)	(-2.50)	(-1.41)
Constant	0.135***	0.137***	0.126***	0.214***	0.216***	0.205***	0.028	0.031	0.015
	(9.20)	(9.32)	(5.88)	(8.33)	(8.40)	(5.35)	(1.45)	(1.57)	(0.53)
INDUSTRY	控制	控制	控制	控制	控制	控制	控制	控制	控制
N	7 915	7 915	3 948	3 071	3 071	1 518	4 667	4 667	2 309
Adjusted R^2	0.152	0.152	0.156	0.135	0.135	0.151	0.148	0.149	0.158
F	55.47***	51.65***	27.08***	20.12***	18.70***	10.97***	32.20***	30.09***	16.46***

注：因变量为资本成本$COST_{OJN}$；***、**、*分别表示在1%、5%和10%水平上显著；括号中为T值。

表1-13　会计准则变革、会计信息相关性与资本成本（$COST_{OJN}$）回归结果

变量	(1) Post	(2) Post	(3) $Post_1$	(4) $Post_1$	(5) $Post_2$	(6) $Post_2$
$Post_j$	-0.011***	-0.008*	-0.011***	-0.002	-0.005**	-0.010**
	(-6.51)	(-1.84)	(-4.87)	(-0.39)	(-2.29)	(-2.04)
E_Score	-0.005***	-0.003	-0.004***	0.001	-0.005***	-0.007***
	(-10.64)	(-1.51)	(-6.60)	(0.22)	(-5.81)	(-3.15)
E_Score×$Post_j$		-0.002		-0.005**		0.003
		(-1.06)		(-2.07)		(1.18)
Vol	0.053***	0.053***	0.067***	0.068***	0.049***	0.048***
	(9.72)	(9.75)	(7.01)	(7.09)	(5.76)	(5.71)
Beta	0.007***	0.007***	0.008**	0.009***	-0.001	-0.001
	(4.89)	(4.96)	(2.39)	(2.71)	(-0.64)	(-0.80)
Size	0.004***	0.004***	0.002*	0.001	0.006***	0.007***
	(7.20)	(6.81)	(1.92)	(1.05)	(7.57)	(7.67)
Lev	0.006*	0.006*	0.017***	0.020***	0.011**	0.012**
	(1.66)	(1.76)	(2.65)	(3.03)	(2.06)	(2.12)
Liq	-0.006***	-0.006***	-0.009***	-0.010***	0.001	0.001
	(-6.87)	(-6.95)	(-4.68)	(-5.07)	(0.62)	(0.84)
Grow	-0.007***	-0.007***	-0.008**	-0.008**	-0.007**	-0.007**
	(-3.55)	(-3.56)	(-2.49)	(-2.52)	(-2.25)	(-2.24)
Ocf	-0.002***	-0.002***	-0.003**	-0.003**	-0.000	-0.000
	(-3.13)	(-3.13)	(-2.58)	(-2.57)	(-0.30)	(-0.25)
Turn	-0.004*	-0.004*	-0.002	-0.002	-0.005	-0.005
	(-1.81)	(-1.84)	(-0.45)	(-0.53)	(-1.63)	(-1.55)
Top1	-0.016***	-0.016***	-0.013**	-0.012**	-0.009*	-0.008*
	(-4.54)	(-4.55)	(-2.00)	(-1.98)	(-1.83)	(-1.79)
Constant	0.083***	0.083***	0.127***	0.142***	0.007	0.004
	(5.23)	(5.22)	(4.42)	(4.79)	(0.33)	(0.18)
INDUSTRY	控制	控制	控制	控制	控制	控制
N	7 203	7 203	2 712	2 712	4 266	4 266
Adjusted R^2	0.168	0.168	0.141	0.142	0.159	0.159
F	56.94***	54.88***	18.17***	17.68***	31.12***	30.18***

注：因变量为资本成本$COST_{OJN}$；***、**、*分别表示在1%、5%和10%水平上显著；括号中为T值。

表 1-14　会计准则变革、会计信息可靠性与资本成本（$COST_{OJN}$）回归结果

变量	(1) Post	(2) Post	(3) $Post_1$	(4) $Post_1$	(5) $Post_2$	(6) $Post_2$
Pos_j	-0.015***	-0.016***	-0.013***	-0.015***	-0.007***	-0.008***
	(-8.04)	(-6.56)	(-5.63)	(-4.73)	(-3.36)	(-3.22)
DA	0.011**	-0.009	0.000	-0.016	0.012*	-0.009
	(2.05)	(-0.41)	(0.02)	(-0.65)	(1.78)	(-0.40)
$DA \times Post_j$		0.022		0.020		0.023
		(0.97)		(0.74)		(1.01)
Vol	0.053***	0.053***	0.073***	0.073***	0.046***	0.046***
	(10.07)	(10.05)	(7.92)	(7.91)	(6.57)	(6.55)
Beta	0.011***	0.011***	0.016***	0.016***	-0.000	0.000
	(7.54)	(7.56)	(5.52)	(5.54)	(-0.01)	(0.00)
Size	0.003***	0.003***	-0.002	-0.002	0.006***	0.006***
	(4.16)	(4.16)	(-1.46)	(-1.46)	(7.05)	(7.06)
Lev	0.026***	0.026***	0.039***	0.039***	0.026***	0.026***
	(7.72)	(7.74)	(6.26)	(6.28)	(6.01)	(6.03)
Liq	-0.009***	-0.009***	-0.013***	-0.013***	-0.001	-0.001
	(-11.18)	(-11.17)	(-7.66)	(-7.66)	(-0.99)	(-0.98)
Grow	-0.010***	-0.010***	-0.013***	-0.013***	-0.009***	-0.009***
	(-5.71)	(-5.71)	(-4.29)	(-4.31)	(-3.90)	(-3.89)
Ocf	-0.003***	-0.003***	-0.004***	-0.004***	-0.001	-0.001
	(-3.99)	(-3.95)	(-3.08)	(-3.04)	(-0.72)	(-0.65)
Turn	-0.005**	-0.005**	-0.003	-0.003	-0.005	-0.005
	(-2.18)	(-2.16)	(-0.85)	(-0.85)	(-1.62)	(-1.60)
Top1	-0.019***	-0.019***	-0.012*	-0.012*	-0.010**	-0.010**
	(-5.10)	(-5.11)	(-1.79)	(-1.80)	(-2.23)	(-2.24)
Constant	0.107***	0.109***	0.220***	0.221***	-0.005	-0.004
	(6.73)	(6.79)	(7.73)	(7.76)	(-0.26)	(-0.19)
INDUSTRY	控制	控制	控制	控制	控制	控制
N	7 142	7 142	2 712	2 712	4 222	4 222
Adjusted R^2	0.151	0.151	0.127	0.127	0.152	0.152
F	58.74***	56.22***	20.71***	19.75***	35.30***	33.81***

注：因变量为资本成本 $COST_{OJN}$；***、**、*分别表示在 1%、5% 和 10% 水平上显著；括号中为 T 值。

1.5 小结

作为一种基本规范和制度安排，会计准则在维护社会经济秩序中发挥了重要作用。会计准则具有经济后果和外部效应，会计准则变革不仅对财务报告和资本市场产生预期影响，而且对企业契约、经营方式与投资行为、宏观经济与社会等均产生重要影响。本部分回顾了中国会计准则和国际会计准则变革历史，同时，对会计准则变革对财务报告、资本市场、企业财务行为、企业非财务行为、宏观经济等方面的影响效应进行了综述。在此基础上，根据会计准则变革的目标和相关经验证据，界定了会计准则变革的预期效应与非预期效应，构建了会计准则变革的非预期效应系统框架。会计准则通过会计观念转变和具体准则变革产生预期效应和非预期效应，预期效应主要包括一般预期的财务报告效应和资本市场效应，以及对会计信息契约有用性与证券投资估值有用性的直接影响；除此之外，为会计准则变革的非预期效应，主要包括未实现的预期效应、后续间接效应、超出效应及事前效应，分为微观非预期效应和宏观非预期效应两个层面。

我国自2007年起开始实施与IFRS趋同的新会计准则，并在此后继续坚持走与IFRS的趋同、等效的道路。会计准则变革旨在提高会计信息质量，进而对资本成本产生影响。以资本成本为例，结合我国会计准则变革的背景，本部分以我国A股上市公司为样本，基于会计准则变革的时间效应，检验了会计准则变革对资本成本的非预期效应。研究发现：第一，在我国执行新会计准则后，上市公司的资本成本在总体上得到显著降低，并且资本成本在准则变革后初期降低得相对明显，而在准则变革后稳定期资本成本又有所回升。第二，会计准则变革不仅通过改变会计信息质量对资本成本具有直接效应，还通过企业投资变化对资本成本产生间接的反转效应，这种反转效应对于会计敏感性较高和经济敏感性较低的公司更加明显，并且主要存在于我国会计准则变革后稳定期。第三，在我国会计准则变革后初期，随着会计信息相关性的提高，资本成本进一步得到降低，而在会计准则变革后稳定期，资本成本并未因会计信息相关性的变化而显著改变；但是，在我国会计准则变革后会计信息可靠性降低，资本成本因此而提升，并且资本成本的回升在准则变革后稳定期更加明显。

参考文献

[1] 陈信元，何贤杰，田野. 新会计准则研究：分析框架与综述 [J]. 中国会计评论，2011（2）：141-158.

[2] 陈旻，曲晓辉. 会计准则国际趋同对会计信息质量影响的系统检验 [J].

当代会计评论，2014（1）：1-27.

［3］高芳，傅仁辉．会计准则改革、股票流动性与权益资本成本——来自中国A股上市公司的经验证据［J］．中国管理科学，2012（4）：27-36.

［4］郭道扬．会计制度全球性变革研究［J］．中国社会科学，2013（6）：72-90.

［5］何贤杰，肖土盛，田野，等．新会计准则对资本市场信息环境的影响研究［J］．中国会计与财务研究，2012，14（1）：118-165.

［6］金智．新会计准则、会计信息质量与股价同步性［J］．会计研究，2010（7）：19-26.

［7］毛新述，叶康涛，张頔．上市公司权益资本成本的测度与评价——基于我国证券市场的经验检验［J］．会计研究，2012（11）：12-22.

［8］刘永泽，孙嚣．我国上市公司公允价值信息的价值相关性——基于企业会计准则国际趋同背景的经验研究［J］．会计研究，2011（2）：16-22.

［9］刘玉廷．中国企业会计准则体系：架构、趋同与等效［J］．会计研究，2007（3）：2-8.

［10］娄芳，李玉博，原红旗．新会计准则对现金股利和会计盈余关系影响的研究［J］．管理世界，2010（1）：122-132.

［11］陆正飞，张会丽．会计准则变革与子公司盈余信息的决策有用性——来自中国资本市场的经验证据［J］．会计研究，2009（5）：20-28.

［12］潘妙丽，肖泽忠，蒋义宏．强制执行IFRS之实证研究综述［J］．中国会计评论，2008（4）：351-368.

［13］曲晓辉，邱月华．强制性制度变迁与盈余稳健性——来自深沪证券市场的经验证据［J］．会计研究，2007（7）：20-28.

［14］沈红波．市场分割、跨境上市与预期资金成本——来自Ohlson-Juettner模型的经验证据［J］．金融研究，2007（2）：146-155.

［15］孙枭飞，晏超．会计准则变革对股权资本成本的影响研究——基于会计敏感性和经济敏感性视角的实证检验［J］．财经问题研究，2015（2）：102-109.

［16］孙铮，刘浩．国际财务报告准则带来了什么：全球发现［J］．会计研究，2013（1）：13-19.

［17］汪祥耀，叶正虹．执行新会计准则是否降低了股权资本成本——基于我国资本市场的经验证据［J］．中国工业经济，2011（3）：119-128.

［18］汪祥耀，邵毅平．美国会计准则研究：从经济大萧条到全球金融危机［M］．上海：立信会计出版社，2010.

［19］薛爽，赵立新，肖泽忠，等．会计准则国际趋同是否提高了会计信息

的价值相关性？——基于新老会计准则的比较研究［J］. 财贸经济，2008（9）：62-67.

［20］闫华红，张明. 准则变更、盈余质量与资本成本关系研究［J］. 财政研究，2012（9）：78-81.

［21］杨忠海，张丽萍，李瑛玫. 财务报告可比性与股权资本成本关系研究——来自中国A股市场的经验证据［J］. 当代会计评论，2015（2）：83-103.

［22］姚立杰，程小可. 国际财务报告准则研究的回顾和展望［J］. 会计研究，2011（6）：25-31.

［23］叶康涛，陆正飞. 中国上市公司股权融资成本影响因素分析［J］. 管理世界，2004（5）：127-131.

［24］叶建芳，周兰，李丹蒙，等. 管理层动机、会计政策选择与盈余管理——基于新会计准则下上市公司金融资产分类的实证研究［J］. 会计研究，2009（3）：25-30.

［25］原红旗，李玉博，娄芳，等. 新会计准则与会计盈余的债务合约有用性［J］. 中国会计与财务研究，2013，15（1）：80-135.

［26］曾颖，陆正飞. 信息披露质量与股权融资成本［J］. 经济研究，2006（2）：69-79.

［27］张先治，晏超. 会计准则变革的非预期效应理论框架构建［J］. 会计研究，2015（2）：3-12.

［28］张先治，傅荣，贾兴飞，等. 会计准则变革对企业理念与行为影响的多视角分析［J］. 会计研究，2014（6）：31-39.

［29］张先治，于悦. 会计准则变革、企业财务行为与经济发展的传导效应和循环机理［J］. 会计研究，2013（10）：3-12.

［30］周华，戴德明，刘俊海. 会计准则的价值导向与财务会计的目标定位［J］. 经济管理，2009（7）：110-114.

［31］朱凯，赵旭颖，孙红. 会计准则改革、信息准确度与价值相关性——基于中国会计准则改革的经验证据［J］. 管理世界，2009（4）：47-54.

［32］AHMED A S，NEEL M，WANG D. Does Mandatory Adoption of IFRS Improve Accounting Quality? Preliminary Evidence［J］. Contemporary Accounting Research，2013，30（4）：1344-1372.

［33］BARTH M E，LANDSMAN W R，LANG M H. International Accounting Standards and Accounting Quality［J］. Journal of Accounting Research，2008，46（3）：467-498.

［34］BOTOSAN C A. Disclosure Level and the Cost of Equity Capital［J］. The Accounting Review，1997，72（3）：323-349.

[35] BOTOSAN C A, PLUMLEE M A.A Re-examination of Disclosure Level and the Expected Cost of Equity Capital [J]. Journal of Accounting Research, 2002, 40 (1): 21-40.

[36] BOTOSAN C A, PLUMLEE M A. Assessing Alternative Proxies for the Expected Risk Premium [J]. The Accounting Review, 2005, 80 (1): 21-53.

[37] BRÜGGEMANN U, HITZ J, SELLHORN T. Intended and Unintended Consequences of Mandatory IFRS Adoption: A Review of Extant Evidence and Suggestions for Future Research [J]. European Accounting Review, 2013, 22 (1): 1-37.

[38] BYARD D, LI Y, YU Y. The Effect of Mandatory IFRS Adoption on Financial Analysts' Information Environment [J]. Journal of Accounting Research, 2011, 49 (1): 69-96.

[39] CHRISTENSEN H B, HAIL L, LEUZ C.Mandatory IFRS Reporting and Changes in Enforcement [J]. Journal of Accounting and Economics, 2013, 56 (2): 147-177.

[40] CHRISTENSEN H B, LEE E, WALKER M. Do IFRS Reconciliations Convey Information? The Effect of Debt Contracting [J]. Journal of Accounting Research, 2009, 47 (5): 1167-1199.

[41] CLAUS J, THOMAS J.Equity Premia as Low as Three Percent? Evidence from Analysts' Earnings Forecasts for Domestic and International Stock Markets [J]. Journal of Finance, 2001, 56 (5): 1629-1666.

[42] COVRING V M, DEFOND M L, HUNG M.Home Bias, Foreign Mutual Fund Holdings, and the Voluntary Adoption of International Accounting Standards [J]. Journal of Accounting Research, 2007, 45 (1): 41-70.

[43] DASKE H, HAIL L, LEUZ C, VERDI R. Adopting a Label: Heterogeneity in the Economic Consequences Around IAS / IFRS Adoptions [J]. Journal of Accounting Research, 2013, 51 (3): 495-547.

[44] DASKE H, HAIL L, LEUZ C, VERDI R. Mandatory IFRS Reporting Around the World: Early Evidence On the Economic Consequences [J]. Journal of Accounting Research, 2008, 46 (5): 1085-1142.

[45] DECHOW P M, SLOAN R G, SWEENEY A P. Detecting Earnings Management [J]. The Accounting Review, 1995, 70 (2): 193-225.

[46] DEFOND M, HU X, HUNG M, LI S. The Impact of Mandatory IFRS Adoption on Foreign Mutual Fund Ownership: The Role of Comparability [J]. Journal of Accounting and Economics, 2011, 51 (3): 240-258.

［47］ EASTON P D. PE Ratios， PEG Ratios， and Estimating the Implied Expected Rate of Return on Equity Capital ［J］. The Accounting Review， 2004， 79（1）： 73-95.

［48］ FLOROU A， KOSI U. Does Mandatory IFRS Adoption Facilitate Debt Financing? ［J］. Review of Accounting Studies， 2015， 20 （4）： 1407-1456.

［49］ GAO P. Disclosure Quality， Cost of Capital， and Investor Welfare ［J］. The Accounting Review， 2010， 85 （1）： 1-29.

［50］ GEBHARDT W R， LEE C M C， SWAMINATHAN B. Toward an Implied Cost of Capital ［J］. Journal of Accounting Research， 2001， 39 （1）： 135-176.

［51］ GORDON J R， GORDON M J. The Finite Horizon Expected Return Model ［J］. Financial Analysts Journal， 1997 （May/June）： 52-61.

［52］ HAIL L， LEUZ C， WYSOCKI P. Global Accounting Convergence and the Potential Adoption of IFRS by the US （Part I）： Conceptual Underpinnings and Economic Analysis ［J］. Accounting Horizons， 2010， 24 （3）： 355-394.

［53］ KHAN M， WATTS R L. Estimation and Empirical Properties of a Firm-year Measure of Accounting Conservatism ［J］. Journal of Accounting and Economics， 2009， 48 （2-3）： 132-150.

［54］ LAMBERT R， LEUZ C， VERRECCHIA R E. Accounting Information， Disclosure， and the Cost of Capital ［J］. Journal of Accounting Research， 2007， 45（2）： 385-420.

［55］ LI S. Does Mandatory Adoption of International Financial Reporting Standards in the European Union Reduce the Cost of Equity Capital? ［J］. The Accounting Review， 2010， 85 （2）： 607-636.

［56］ OHLSON J A， JUETTNER-NAUROTH B E. Expected EPS and EPS Growth as Determinantsof Value ［J］. Review of Accounting Studies， 2005， 10 （2-3）： 349-365.

［57］ OZKAN N， SINGER Z， YOU H. Mandatory IFRS Adoption and the Contractual Usefulness of Accounting Information in Executive Compensation ［J］. Journal of Accounting Research， 2012， 50 （4）： 1077-1107.

［58］ RAMANNA K， SLETTEN E. Network Effects in Countries' Adoption of IFRS ［J］. The Accounting Review， 2014， 89 （4）： 1517-1543.

［59］ SODERSTROM N S， SUN K J. IFRS Adoption and Accounting Quality： A Review ［J］. European Accounting Review， 2007， 16 （4）： 675-702.

［60］ WU J S， ZHANG I X. The Voluntary Adoption of Internationally Recognized Accounting Standards and Firm Internal Performance Evaluation ［J］. The Accounting

Review，2009，84（4）：1281-1309.

［61］YIP R W Y，YOUNG D.Does Mandatory IFRS Adoption Improve Information Comparability?［J］. The Accounting Review，2012，87（5）：1767-1789.

［62］YU G，WAHID A S. Accounting Standards and International Portfolio Holdings［J］. The Accounting Review，2014，89（5）：1895-1930.

［63］ZHANG G.Accounting Standards，Cost of Capital，Resource Allocation，and Welfare in a Large Economy［J］. The Accounting Review，2013，88（4）：1459-1488.

2 会计准则变革对企业经营方式转变的影响研究

2.1 会计准则变革与企业经营方式转变的历史分析

中华人民共和国成立以来，会计标准的变迁与企业经营方式的转变存在互动关系，重要的是，不同阶段两者在其互动关系中的角色发生着变化。在计划经济时期，产品经营方式引导了会计制度的变革，以更好地适应产品经营的发展；到了有计划的商品经济时期，商品经营和资产经营与会计制度变革的关系从之前的引导转向互动；到了市场经济时期，会计准则的变革则在一定程度上促进资本经营理念的深化和渗透。

2.1.1 计划经济体制下的会计制度变革与产品经营（1949—1977年）

中华人民共和国成立之前，中国经济可谓满目疮痍、发展滞后。会计制度也如一盘散沙，西式簿记、中式簿记、改良中式簿记均有采用，极不统一；即使是同一行业，会计制度也是各行其是。中华人民共和国成立以后，为满足统一管理的需要，国家实行高度集中的计划经济体制，会计制度也逐步走向统一。在计划经济下，企业属于单纯生产型的经营方式（产品经营），生产计划均由政府行政命令决定，企业并不拥有生产决策的自主权，不负盈亏责任。从管理角度来看，产品经营下的经营目标是产量最大化，关注数量指标，而非财务指标。Lardy（1978）指出，在1953—1957年的中国第一个五年计划时期，多数工业企业的目标为工业产量总产值、商品产值、总产量等产量指标。同时，企业的业绩以其产量而非盈利性来衡量（杜荣瑞等，2009），企业会基于国家计划的完成情况对经营者进行绩效评价，激励经营者本着完成计划产量的经营理念从事生产活动，主要激励方式是道德、政治等精神奖励，而非物质奖励。例如，工人和管理者被授予劳动模范和优秀干部等称号，而非资本、物质奖励（专家组，1995）；从经营角度来看，在产品经营下，企业不注重价值规律，只管生产，不管供应与销售。因为损失由国家承担，管理者并不受太大影响，利润全部上交国家并由国家进行分配（项怀诚，1999）；不注重经济效益，只关注产出，不重视投入，更不管筹资、投资、分配等财务活动。此时，全社会像一个大工厂，而各个企业只是其中一个车间或工段，企业财务管理的目标是降低成本，成本管理也成为企业财务管理的唯一内容。在产品经营下，对成本的关注引导了会计制度的一系列变革，使得成本表成为企业最重要的会计报表。许家林（2011）指出，会计报表中包含成本计算表，可以说是1949年以后我国企业会计制度演进中的一贯特色。从1965年国营工业企业会计报表分析表中可以看出，关于成本计算的报表（财务成本主要指标表（甲式）、财务成本主要指标表（乙式）、成本表）成为当时会计报表的主体，见表2-1。特别值得注意的一点是，1965年颁布的会计制度所规定的六种报表中甚至没有资金平衡表或资产负债表，这在世界会计史上都是少见的（杨时展，1998）。这也进一步突出了产品经营方式下对于成本表的重视。

表2-1 **1965年国营工业企业会计报表分析表**

顺序号	会计报表名称
1	财务成本主要指标表（甲式：为基层企业用）
2	财务成本主要指标表（乙式：为部门汇编用）
3	利润表
4	成本表
5	流动资金表
6	专用基金表
7	固定资产表

资料来源：许家林. 中国会计发展与改革研究［M］. 武汉：华中科技大学出版社，2011.

“文化大革命”期间会计工作的混乱和经济发展的停滞，使人们再次认识到“办经济离不开会计”。1973年12月，财政部发布了《国营企业会计工作规则（试行草案）》《国营工业企业会计科目》《国营工业企业会计报表》《国营工业企业成本核算办法》等，主要恢复了资金平衡表，增加了两种产品成本表，即商品产品成本表和主要产品单位成本表。表2-2是当年国营工业企业会计报表分析表。这一时期的成本表依然是财务报表的关注重心。可见，产品经营引导了会计制度的变革，会计制度变革的预期效应就是作为管理工具，加强成本控制，完成计划产量，进而服务于宏观经济控制。

表 2-2　　1973年国营工业企业会计报表分析表

顺序号	会计报表名称	编报期		
		月份	季度	年度
1	资金平衡表	√	√	√
2	利润表	√	√	√
3	商品产品成本表		√	√
4	主要产品单位成本表		√	√
5	国家资金表			√
6	专用资金表			√

资料来源：许家林. 中国会计发展与改革研究［M］. 武汉：华中科技大学出版社，2011.

2.1.2　有计划商品经济初期的会计制度变革与商品经营方式（1978—1984年）

1978年，党的十一届三中全会确立了改革开放的基本国策，将政府的工作重心转移到经济建设上。1984年10月20日，党的十二届三中全会通过了《中共中央关于经济体制改革的决定》，第一次明确提出社会主义经济“是在公有制基础上的有计划的商品经济”，要求在国家的宏观经济决策和企业的微观经济活动中都尊重价值规律的作用。随着经济体制由计划经济向有计划的商品经济的转变，企业由单纯的生产单位转为商品生产经营单位，其经营方式也从产品经营向商品经营转变。从管理角度来看，商品经营方式下的经营目标是利润最大化，基于利润的实现情况对管理者进行薪酬结构的调整，管理者本着追求收入与利润的理念围绕产品生产进行经营管理；从经营角度来看，企业开始按照价值规律进行生产经营，不再只强调产品生产及产量，而是重视产、供、销的衔接，追求盈利；开始以市场为导向，在成本一定的情况下生产和销售尽可能多的满足社会需要的产品，提升产出的有效性。商品经营方式下的财务管理目标是利润最大化，管理内容从产品经营方式下的成本管理扩展到收入管理、利润管理、采购管理及一定程度的分配管理（张先治，2007）。因此，商品经营下对于利润的关注引发了会计制度的进一步变革，使得利润表成为这一经营方式下企业最重要的会计报表。具体来看，财政部于1980年9月颁布《国营工业企业会计制度——会计科目和会计报表》，并要求从1981年1月1日起实施，表2-3是当年国营工业企业会计报表分析表。与1973年的会计制度相比，该会计制度中会计报表由6种增加到10种，主要变化是原规定月报2种、季报4种、年报6种；新规定3种月报表，即“资金平衡表”“利润表”“商品产品成本表”（由季报改为月报），季报表增加

"主要产品单位成本表""专用基金及专用拨款表",年报表增加"产品销售利润明细表""生产费用表""基建借款及专用借款表""企业基金计算表""利润留成计算表"。从这一时期会计报表的变化可以看出,关于成本和收益的报表不断增加并受到更多的重视。这表明企业经营方式由产品经营向商品经营的转变促进了会计制度的变革,使得会计制度更有效地服务于商品经营,进而促进有计划的商品经济的发展。

表2-3　　1981年国营工业企业会计报表分析表

<table>
<tr><th colspan="2">项　目</th><th>编　号</th><th>名　称</th><th>月份</th><th>季度</th><th>年度</th></tr>
<tr><td rowspan="10">会计报表种类</td><td rowspan="5">资金及利润类</td><td>会工01</td><td>资金平衡表</td><td>√</td><td>√</td><td>√</td></tr>
<tr><td>会工02</td><td>利润表</td><td>√</td><td>√</td><td>√</td></tr>
<tr><td>会工03</td><td>产品销售利润明细表</td><td></td><td></td><td>√</td></tr>
<tr><td>会工04</td><td>企业基金计算表</td><td></td><td></td><td>√</td></tr>
<tr><td>会工05</td><td>利润留成计算表</td><td></td><td></td><td>√</td></tr>
<tr><td rowspan="3">成本及费用类</td><td>会工11</td><td>商品产品成本表</td><td>√</td><td>√</td><td>√</td></tr>
<tr><td>会工12</td><td>主要产品单位成本表</td><td></td><td>√</td><td></td></tr>
<tr><td>会工13</td><td>生产费用表</td><td></td><td></td><td>√</td></tr>
<tr><td rowspan="2">专用及专项类</td><td>会工21</td><td>专用基金及专用拨款表</td><td></td><td>√</td><td></td></tr>
<tr><td>会工22</td><td>基建借款及专用借款表</td><td></td><td></td><td>√</td></tr>
</table>

资料来源:许家林. 中国会计发展与改革研究[M]. 武汉:华中科技大学出版社,2011.

2.1.3　有计划的商品经济后期的会计制度变革与资产经营方式(1985—1991年)

在1987—1992年间,多数小型国有企业被出售或出租;同时,承包经营责任制被引入大型国企中(专家组,1995)。这一制度使得国有企业的经济责任不仅涉及完成利润指标,同时要关注投入产出问题。这一制度存在多种形式,但是都具有如下特征:第一,企业与其政府主管部门构建契约关系,企业的经营权力下放;第二,企业管理者的利益与企业经营绩效相关联;第三,公开选拔企业管理者;第四,为了防止管理者的短期行为,多数制度都建立了长期目标和激励机制。

这一时期企业的经营权下放,经营者对企业资产的占用、使用、处置等权力增大,同时对资产的责任也加大。1983—1986年间,国有企业在以下十个方面拥有了更为广泛的自主权:计划、销售、定价、采购、资本使用、生产决策、组织安排、劳动人事管理、薪金以及协作等;不能维持的国有企业则可以宣布破产

（Chow 等，2009）。这一时期，企业目标已不单单是收入或利润，而是将利润等指标与资产的占用相联系。因此，企业经营方式由商品经营向资产经营转变。从管理角度来看，资产经营方式下企业的经营目标是追求资产的增值和资产盈利能力的最大化，企业的契约设计由基于利润指标向基于资产收益指标转变，管理者注重资产的投入，并围绕资产的配置、重组、使用进行管理；从经营角度来看，企业不仅仅停留在生产、供应和销售的产出视角，而是将视野拓展至资产投入，重视既定资产投入下的产出。资产经营方式下的企业财务管理目标不是单纯追求利润最大化，而是追求资产的增值和资产盈利能力最大化。因此，资产经营下对于资产的关注引发了会计制度的变革，使得企业不仅关心利润表，而且也重视资产负债表中的资产部分。具体来看，随着改革开放的推进，外资不断涌入，中外合资企业逐渐发展起来。由于经营方式不同，其会计核算的要求与国营企业的会计核算要求存在很大差异。为了满足合资企业的核算要求，财政部于1985年3月正式发布了《中外合资经营企业会计制度》，同年4月发布了《中外合资经营企业会计科目和会计报表》，于1985年7月1日起正式实施，表2-4是当年中外合资经营企业会计报表分析表。

表2-4　**中外合资经营企业会计报表分析表**

<table>
<tr><th colspan="3" rowspan="3">项　目</th><th colspan="4">内　容</th></tr>
<tr><th rowspan="2">报表名称</th><th colspan="3">编报期</th></tr>
<tr><th>月份</th><th>季度</th><th>年度</th></tr>
<tr><td rowspan="16">会计报表种类</td><td colspan="2" rowspan="3">主表</td><td>资产负债表</td><td>√</td><td>√</td><td>√</td></tr>
<tr><td>利润表</td><td>√</td><td>√</td><td>√</td></tr>
<tr><td>财务状况变动表</td><td></td><td></td><td>√</td></tr>
<tr><td rowspan="13">附表</td><td rowspan="5">资产负债表附表</td><td>存货表</td><td></td><td></td><td>√</td></tr>
<tr><td>固定资产及累计折旧表</td><td></td><td></td><td>√</td></tr>
<tr><td>在建工程表</td><td></td><td></td><td>√</td></tr>
<tr><td>无形资产及其他资产表</td><td></td><td></td><td>√</td></tr>
<tr><td>外币资金情况表</td><td></td><td>√</td><td>√</td></tr>
<tr><td rowspan="8">利润表附表</td><td>利润分配表</td><td></td><td></td><td>√</td></tr>
<tr><td>产品生产成本及销售成本表</td><td></td><td></td><td>√</td></tr>
<tr><td>主要产品生产成本、销售收入及销售成本表</td><td></td><td>√</td><td>√</td></tr>
<tr><td>制造费用明细表</td><td></td><td></td><td>√</td></tr>
<tr><td>销售费用明细表</td><td></td><td></td><td>√</td></tr>
<tr><td>管理费用明细表</td><td></td><td></td><td>√</td></tr>
<tr><td>营业外收支明细表</td><td></td><td></td><td>√</td></tr>
</table>

资料来源：许家林．中国会计发展与改革研究［M］．武汉：华中科技大学出版社，2011．

《中外合资经营企业会计制度》与同期国营企业会计制度相比，其主要差别表现在以下几个方面：一是改变了会计科目按照资金占用、资金来源分类的方法，借鉴国际惯例，明确按照会计要素将会计科目分为资产、负债、资本、成本、损益等五类。二是设置了“实收资本”科目，进行投入资本的核算，引入资本保全概念。这是我国1949年以后所制定的会计制度中第一次出现“资本”字样。三是设置了“专有技术及专利权”“其他无形资产”科目，首次引入了无形资产的概念。四是在存货和固定资产核算中，适当引入了稳健性原则。五是资产负债表采用“资产=负债+权益”的平衡公式，资产依照其变现能力进行排序，改变了国营企业资金平衡表的名称，从根本上打破了“三段平衡”的旧模式。从以上变化可以看出，无论是资本保全概念的引入还是固定资产、无形资产对于稳健性原则的注重等都体现了对资产越来越多的重视。资产经营方式下，企业更加关注利润与资产投入的衔接，提高资产的收益质量，促进企业资产经营的发展。

1985年出台的《中华人民共和国会计法》提出了会计管理活动论的概念，而1991年的会计制度改革则以此为指导原则（财政部，1991）。由此可见，会计在资产经营管理中的作用日益突出。

2.1.4 社会主义市场经济时期的会计准则变革与资本经营方式（1992年至今）

1993年，党的十四届三中全会通过《中共中央关于建立社会主义市场经济体制若干问题的决定》，该决定确立了社会主义市场经济体制，并要求转换国有企业经营机制，建立适应市场经济要求的现代企业制度。随着市场经济体制的确立以及现代企业制度的提出，企业经营方式由资产经营进一步向资本经营转变。从管理角度来看，资本经营方式下企业的经营目标是资本盈利能力最大化，股东会基于资本的收益情况对管理者进行契约设计，促使管理者在资本流动、收购、重组、参股和控股等能实现资本增值的领域，围绕资本保值增值进行经营管理；从经营角度来看，产权的进一步明确，使得企业对投入的关注延伸至资本，从而有效将筹资、投资、分配等资源投入活动和产、供、销等资源产出活动相衔接，关注既定资本投入水平下的收益。资本经营对于股东资本保值增值的关注促进了会计制度和会计准则的一系列变革，使得资产负债表成为资本经营方式下最重要的财务报表。具体来看，1992年11月30日，经国务院批准，财政部以财政部长令的形式发布了《企业会计准则》，同时，还发布了《企业财务通则》。本次会计制度改革的典型特点是改革了传统会计制度中所使用的会计平衡公式，采用了国际通行的“资产=负债+所有者权益”等式，并将资金来源明确划分为负债和所有者权益，界定了企业的产权关系；遵照国际会计惯例，将资产负债表、损益表和财务状况变动表等作为主要报表。

1994年以来，我国实施了财政、税收、金融、外汇、外贸等体制的改革，由资本经营引发的新经济业务大量涌现，如期货企业破产、兼并与清算等。为进一步规范股份有限公司的会计核算工作，维护投资者和债权人的合法权益，财政部于1998年1月27日发布了《股份有限公司会计制度——会计科目和会计报表》。李玉平（2003）指出，传统的会计核算理论体系是围绕核算和监督"商品"的价值而建立的，其核心在于确认和计量"商品"的费用与收入，而资本经营的关键在于"资本"而非"商品"，其计算方法与计量属性也与商品经营大不相同。资本经营在我国起步较晚，但在市场经济发达国家已有超过百年的历史，已形成较为完善的会计体系，在国际会计准则中也有企业合并、金融工具等相关具体准则对资本经营活动予以规范和指导。因此，我国的会计准则亟需与国际会计准则趋同以充分利用会计这个价值管理工具对资本经营实践进行科学管理。2006年，财政部发布了包含1项基本准则、38项具体准则和应用指南在内的企业会计准则，标志着与国际惯例趋同并适应我国市场经济发展要求的企业会计准则体系正式确立。国内外会计准则的趋同有利于我们借鉴国外先进的会计理论，促进我国资本经营理念的深化和渗透，更好地规范和指导资本经营实践，实现股东资本的保值增值。

综上所述，从经济体制变革的角度来看，会计的变化与企业经营方式的变化存在着互动关系，而两者在互动关系中的角色也发生着变化。计划经济时期，会计作为服务于政府统一管理的工具，这一时期产品经营方式引导会计制度的变革，并使得成本表成为关注的重点；到了有计划的商品经济初期，会计不再仅仅作为服务政府统一管理的工具，其在微观企业管理中的作用日益突出，这一时期商品经营方式与会计制度变革的互动性增强；到了有计划的商品经济后期，资产经营与会计制度变革的互动性进一步加深，资产经营推动了会计制度的变革，会计制度的不断完善促进了资产经营的发展；到了市场经济时期，会计准则与国际财务报告准则的趋同实现了准则的强制性变迁，使得理论逐步走在实践的前面，这一时期会计准则对资本经营的主导作用加强，深化和渗透了企业的资本经营理念。

2.2 会计准则变革与企业经营方式转变的文献综述

2.2.1 企业经营方式研究综述

（1）企业经营方式

相关学者对于企业经营方式的理解是多样的，因而对企业经营方式的定义也有所不同。生产资料所有制与既定生产资料所有制下的生产经营形式是生产的社会关系的两个不同方面，对于这两方面认知的差异赋予了经营方式不同的内涵。一种观点认为企业生产资料的所有制形式就是经营方式。韩岫岚（1984）指出，所有制决定经营方式的性质，经营方式是所有制的表现形式，影响着所有制的巩固和发展。周绍朋（1987）认为，企业的经营方式涉及企业性质并影响企业的经营活力。实行灵活多样的经营方式是按照社会主义原则搞活全民所有制企业的根本途径。另一种观点认为，企业的生产经营形式就是经营方式。陈家骥等（1988）指出，经营方式是企业经营的方法与形式的总和。经营的形式是通过把经营的纵向活动贯穿在供、产、销等几方面的经营过程中体现出来的，不同企业都有自己的经营特点；经营方法一般是由调查、预测、分析和决策构成的，任何企业的经营都不同程度地运用着这些方法。还有一种观点是生产资料所有制与生产经营形式的结合构成了经营方式。刘恒飞、梁振廷（1985）认为，生产资料与劳动力如何结合、生产对象如何选定、生产过程的组织管理、产品的分配交换等综合起来就是生产的经营方式。章新芽（2007）认为，企业经营方式指在一定生产资料所有制形式下，生产和经营的具体形式，它是企业的组织形式、生产管理形式以及生产成果分配形式等的综合。

总的来看，我国对经营方式的讨论集中在有计划的商品经济时期，主要探讨国有企业所有权与经营权的分离问题，研究如何通过产权结构的调整，更有效地激励企业的管理者，更大限度地提高企业的经济效益。这些研究主要基于公司治理角度，分析了经营方式的影响因素，而几乎没有从会计角度对经营方式进行探索。

（2）企业经营方式的类型

企业经营方式界定的不同决定了其分类的差异。基于以上三种观点，经营方式也有三种不同的分类方法。

一是不同所有制形式下的经营方式。余惕君、阮青（1987）认为，通过经营方式的改革以彻底实现所有权与经营权的分离，是目前调动企业与职工积极性的最有效途径。其认为租赁制、承包制、股份制、资产经营责任制等多种经营形式的试行是调动企业活力的积极探索。这一时期更多地将所有制形式视为经营方式以提升企业活力。章新芽（2007）指出，按经营管理的不同方式，可分为自营、联营、代理或委托经营等。袁玉岫（1994）认为，随着经济体制改革的深入和经济的不断发展，企业规模越来越大，出现了企业集团、股份经营、合作经营、合资经营、跨国经营等新的经营方式。方曙（1987）认为，企业经营方式的“灵活多样”，不仅表现在企业可以实行承包经营、租赁经营和股份经营，而且表现在已实行承包经营、租赁经营或股份经营的企业，在经济活动过程中还可以采取一些更具体的经营方式。陈才庚（1992）指出，国有大中型企业在选择经营方式时，根据实际情况，应着重选择股份制经营方式和不同所有制之间的联合经营方式。

二是不同生产形式下的经营方式。一种分类是粗放型和集约型。粗放经营是通过生产要素的大量投入带来经济效益，集约经营则是借助要素生产率的提高促进经济增长（汤建影等，2001）。战书彬（1996）指出企业经营方式有粗放式与集约式之分。二者的根本区别在于有无技术进步（无形资产）和管理优化（企业管理）。从理论上看，以集约式经营为主更有助于企业价值的最大化。钱子健（1996）指出，粗放型的增长方式通过资源的大量消耗带动经济增长，是传统的计划经济体制的产物；集约型的增长方式是以资源的高效利用促进经济增长，企业实行集约化经营是市场经济体制的客观要求。另一种分类是单一型和多角型。章新芽（2007）指出，按经营业务的种类，可分为单一经营与多种经营等。申尊焕（1999）基于企业的经营领域将经营方式分为专业化经营和多角化经营。企业经营方式必须服从企业的发展方向和战略目标，同时受制于企业的经营实力和市场环境。

三是所有制形式与生产形式结合下的经营方式。张先治（2011）结合所有制的明晰程度以及生产形式的差异，基于历史视角将经营方式分为资本经营、资产经营、商品经营和产品经营。在发达国家的经济发展过程中，企业的经营方式经历过三种类型：生产型、经销型、经营型。历史上首先出现的经营方式是“生产型”，经营原则是“以能定产”，基本指导思想是企业能生产什么就卖什么；经销型的经营原则是“以产定销”，基本指导思想是企业卖什么顾客就会购买什么；经营型的经营原则是“以销定产”，其基本指导思想是顾客需要什么企业就生产什么。吴晓云（1986）认为，企业经营方式必须实现根本转变，即从生产型、经销型尽快转变为经营型。实现经营方式转型有利于克服企业“经营近视症”，促进企业长远持续发展。浙江省会计学会课题组（1998）指出，企业经营应向资本经营转变，以更好地适应企业和市场的需求，利用资本的流动性和逐利性活化企业资源，进而最大限度地实现资本增值。

可见，相关学者对于企业经营方式有着不同的分类，但是不同的分类之间又存在共性。无论经营方式如何分类，都是关乎企业资源的投入和产出问题，差异在于对投入和产出的关注点不同。所有权和经营权分离下的多种经营方式则主要关注企业产出的归属问题；粗放型和集约型的关注点主要停留在投入的质和量方面，单一型和多角型主要关注产出的有效性；产品经营、商品经营、资产经营和资本经营则侧重于不同投入属性与产出的衔接。因此，各种类型的经营方式的讨论都可以归结在产品经营、商品经营、资产经营和资本经营分类上。

（3）资本经营相关研究综述

本部分主要集中讨论会计准则变革对企业向资本经营方式转变的影响，因而，本部分对于资本经营的相关研究进行了详细的统计和分析。具体筛选过程如下：利用中国知网数据库，选择主题、关键词和摘要中都包含“资本经营”的CSSCI期刊中的文献，再经过手工初步筛除不相关的，最终得出60篇文献。在收集到的60篇期刊文献中，从涉及主题看：资本经营基础理论12篇；资本经营的环境3篇；资本经营方式7篇；不同行业的资本经营6篇；资本经营指标评价3篇；不同类型资本经营4篇；资本经营战略2篇；匡有资本经营7篇；其他（问题，关系等）12篇。相关研究主题具体分布见表2-5。

表2-5　**资本经营相关研究主题分布表**

研究主题		相关文献
资本经营基础理论	资本经营的概念	程国定，1995；程兴华、干春晖，1997；陈元燮，1998；张俊瑞，1997；王国平，2003
	资本经营的作用	刘恩禄，1998；陈学荣，1998；沈奕，1998；方竹正，1999
	资本经营的原则	易博文，1998；杨梅、陈洪斌，2000；卓敏，2002
资本经营环境		吴林祥，1997；高勇、马佳，1998；杨波等，2005
资本经营方式	企业重组	（1）企业资产重组：唐宗、刘世锦、周厚健、徐超丽，1997 （2）企业负债重组：周亚娜、王琴1999 （3）企业产权重组：洪银兴，1998
	资本扩张经营	孙敏、吴志军，1998；刘远，2002
	资本裂变及收缩经营	郑海航、刘新权、李海舰、陈永志，1995；郭均盈，1998
不同行业的资本经营	钢铁企业	胡俊南、何宜庆，2012
	外贸企业	王子先，1997
	金融控股公司	舒志军，1998
	铁路运输企业	覃蓉芳、黄庆，1999
	国有商业银行	方晓燕，1999
	国有外经贸企业	宋合义、刘鸣放，1999
资本经营指标评价		刘开瑞，2004；张先治，2001；薛誉华，2000
不同类型资本经营	旅游资本经营	王坚，2001
	企业人力资本经营	高艳，2011
	中小科技企业的风险资本经营	秦海敏，2007
	企业的无形资本经营	刘艳龙，2002
资本经营战略		肖瑜，2000；王子先，1997
国有资本经营		黄新初、周兴河，1998；王烜，2007；方竹正，1999；唐宗、刘世锦、周厚健、徐超丽，1997；孙敏、吴志军，1998；方祖一，1999；洪银兴，2000

从表2-5资本经营相关主题的具体分布来看，资本经营相关研究主题较为丰

富，研究视角也呈现多样性。资本经营涉及对资本的经营管理，其与企业的财务活动密不可分，而会计又是对企业财务活动的计量和呈现，然而少有研究将资本经营与会计相互联结。无论是基于会计角度看资本经营，还是基于资本经营角度谈会计均较为少见。因此，将会计准则与资本经营相互融合进行研究具有重要意义。

2.2.2 会计准则变革对企业经营方式转变影响的研究综述

企业经营方式不仅包括企业从投入到产出全过程的生产活动，还包括蕴含在生产过程中的管理活动。本部分也基于投入产出（筹资、投资、分配）和企业管理（公司治理、管理控制）角度来考察准则变革对企业经营方式转变的影响。

（1）会计准则变革对投入产出的影响

从筹资角度来看，会计准则变革一方面影响股权融资成本，另一方面主要影响债务契约。从股权融资成本角度来看，S.Li（2010）研究发现，平均而言，IFRS的强制采用使得企业股权资本成本显著降低，影响程度取决于国家法律效力的实施情况。Lambert（2007）发现，会计信息会通过两种途径影响资本成本：一是直接效应，即高质量的会计信息会直接影响市场参与者对公司未来现金流量分布的评估，从而影响公司的资本成本；二是间接效应，即高质量的会计信息会影响公司的实际经营决策，进而影响公司未来现金流的预期价值与方差，从而影响公司的资本成本。从债务契约角度来看，Christensen等（2009）指出，当英国由GAAP改为IFRS时，会对报表上的净收益项目产生影响，因而会影响债务合同。有的学者研究得出，准则变革提升了债务契约的有效性。燕玲（2013）基于R&D投入会计处理变化研究了新会计准则对企业债务期限结构的影响，研究得出，长期债务在债务总额中所占的比重增加。Kim等（2011）研究了自愿采用IFRS对国际信贷市场中贷款合同条款和贷款所有权结构的影响，发现自愿采用IFRS的公司贷款利率降低，有利的非价格条款增加，限制条款减少，且国外贷款者的比例增加。也有学者得出了相反结论，认为准则变革降低了债务契约有效性。Chen等（2013）研究发现，与没有采用IFRS的国家相比，强制采用IFRS的国家的债务合同使用较少的会计为基础的财务收益，抵押条款增多了，借款期缩短了，说明当债权人意识到债务人的会计信息质量较低时，会提高借款价格和较少依赖会计收益。原红旗等（2013）研究发现会计准则变革降低了会计信息的债务契约有用性。

从投资角度来看，相关研究主要基于信息质量视角关注会计准则变革对投资效率的影响，但研究结论不一。有的学者得出，会计准则变革能够提升投资效率。Chen等（2013）选取了欧洲17个国家的上市公司为样本，采用本国与外国同行的ROA的差异来衡量国外同行的投资绩效，研究了会计准则变革的“外部性”。研究发现，采用IFRS后公司的投资效率增加。Schleicher等（2010）研究得出，IFRS采用之前内向型经济公司比外向型经济公司的投资现金流敏感性要高，而IFRS采用之后对于内向型经济公司投资现金流敏感性的降低程度大于外向型经济公司。姜英兵（2013）以会计稳健性为切入点，研究新会计制度改革后中国资本市场的资本配置效率问题。研究结果表明，企业在实施新会计准则后，会计稳健性原则的运用能够抑制过度投资并改善投资不足问题，从而在一定程度上提高了企业的资本配置效率。Zhang（2013）将会计准则变革嵌入资本资产定价模型（CAPM），用分析式的方法研究了会计准则变革对资本成本、资源配置和社会福利的影响，发现会计准则质量的提升能够带来总投资的增加以及资本的优化配置，并进一步提升社会福利。Gordon等（2012）、Beneish等（2012）、Chen等（2014）、Covring等（2007）等研究发现，IFRS能够吸引境外直接投资。然而，也有学者发现，准则变革可能给投资带来不利影响。Beneish和Yohn（2008）认为，IFRS的执行并不能影响股权投资的本土偏好（在投资组合中，相比国外股票投资者会赋予国内股票更高的权重）。Beatty等（2013）指出，一个公司的信息披露可能会对同行业内其他公司产生溢出效应。同行业公司报出高的边际利润可能会向同行业公司传递加大投资的信号。在行业领导者丑闻期间，丑闻公司向同行业公司传递了错误的投资信号，导致同行业公司增加投资。财务信息不仅对自身投资有重要作用，还影响其他公司的投资。

从分配角度来看，企业分配行为主要体现为薪酬或者股利，而无论是薪酬还是股利均以会计收益为参照，会计准则变革能够通过影响财务报告中的盈余数据，进而影响分配行为。Terrance（2012）指出，无论是SFAS 123的自愿采用还是强制执行，期权费用化的处理均会带来CEO薪酬的变化。Detzen和Zülch（2012）研究了采用IFRS后管理者的现金股利与商誉确认的关系，研究得出，管理者发放现金股利的力度越大，确认的商誉越高。特别地，这种关系仅仅发生在并购前管理者的现金股利在其基本工资150%～200%的情况。研究表明，股利限制应该引用到管理者的薪酬制度中，这样可以使得股东与管理者的利益趋于一致，减少未来的减值损失。

可见，相关研究大都基于会计信息角度探讨准则变革对企业筹资、投资和分配的影响，较少基于会计理念变革和具体变革来展开研究；会计准则变革对筹资、投资、分配的影响研究侧重于资本流动，而对蕴含其中的资本经营理念、资本经营管理的探讨较少。

（2）会计准则变革对企业管理的影响

从公司治理的角度来看，会计准则变革与公司治理密切相关。会计准则变革主要通过影响股权结构和高管薪酬来影响公司治理。从股权结构角度来看，机构投资者是会计准则变革作用于股权结构的重要路径。机构投资者不同于分散的小股东，由于其持股比例大、持股时间长而成为优化股权结构、提升公司治理的重要力量。DeFond等（2011）研究了欧洲公司在采用IFRS后股权结构的变化，发现IFRS带来会计信息可比性的提高吸引了更多的跨境投资，导致欧洲公司的国外共同基金持股比例显著增加。Florou和Pope（2012）选取2003—2006年来自世界45个国家的10 852个投资机构作为样本，通过按年度、季度公司层次的分析和按季度国家层次的分析实证检验了强制性采用IFRS能否增加机构投资者的股票持有量。研究发现，在强制性采用IFRS后，机构投资者的股票持有量增加显著；强制性采用IFRS对那些很有可能因财务报告质量提高而获利的机构投资者（包括活动型投资者、价值型投资者和成长型投资者）增加股票持有量有着积极的影响。从高管薪酬角度来看，Carter等（2007）通过对2002年和2003年股票期权开始费用化之后的管理层薪酬的变化的研究发现，期权费用化之后这些公司减少了股票期权的使用，并增加了限制性股票的使用，印证了费用化之前有利的会计处理影响期权选择的结论。费用化处理后股票期权使用的下降以及限制性股票使用的增加，强化了对长期绩效的刺激，表明会计准则变革影响薪酬契约的设计。徐经长和曾雪云（2010）、刘浩等（2010）均考察了公允价值计量对管理层薪酬契约的影响。研究发现，公允价值收益带来更多的薪酬，而公允价值损失则并不显著影响薪酬。表明样本公司存在着对公允价值收益非理性激励而对公允价值损失惩罚乏力的“重奖轻罚”的不对称性。可见，相关研究主要从会计信息质量的角度探讨准则变革对公司治理的影响，而从会计理念、具体准则变革角度对公司治理研究的较少；公司治理是影响企业经营方式的重要因素，而会计准则变革对公司治理的影响研究没有进一步延伸至资本经营，将会计准则变革、公司治理与资本经营三者有效结合的研究较少。

从管理控制的程序来看，管理控制包括战略目标分解、控制标准制定、管理控制报告、经营业绩评价、管理者报酬。相关研究主要关注了会计准则变革对企业业绩评价的影响。Wu和Zhang（2010）以欧洲公司为样本，研究了在国内外同行强制性采用IFRS后公司CEO流动率对会计绩效的敏感性，力图证明会计可比性的提升有助于基于会计信息的相对绩效评价。研究发现，CEO的流动率与国外同行的会计绩效表现正相关，在世界范围内普遍采用IFRS之后相关性更强；在其他条件不变的情况下，更高的财务报告可比性意味着更广泛地使用基于会计信息的相对绩效评价。研究表明，执行IFRS后会计盈余在内部业绩评价中扮演了更重要的角色。Ozkan等（2012）以2002—2008年欧洲15个强制采用IFRS国家的上市公司为样本，研究了强制执行IFRS后会计信息在高管薪酬契约中的有用性。实证结果表明，采用IFRS后，会计盈余在高管薪酬契约中的利用程度增加，并且在IFRS与原始会计标准差异大的国家增加得更明显。同时，高管薪酬契约对国外同行公司以会计为基础的相对业绩评价利用程度也明显增加，并且有较多国外经营业务的公司增加得更明显，在国内更难获得同行可比公司的企业增加得更明显。这说明，强制性采用IFRS使得会计信息质量得到改善，且会计盈余的可比性增加，进而高管薪酬契约的效率得到提高。可见，会计准则变革对管理控制的影响研究，一方面缺乏基于会计理念和具体准则方面的探讨，另一方面，相关研究主要集中在管理控制中的业绩评价因素中，而对其他因素，如战略目标、管理者激励等的研究较少。

2.2.3 文献述评

从经营方式的相关研究来看，研究视角主要集中在企业投入产出的价值运动过程以及蕴含在投入产出中的价值管理过程，而基于会计视角关注近年来经营方式转变的研究少之又少。现有的会计准则变革对企业经营方式转变的影响研究，研究视角分散在企业筹资、投资和分配等资本经营角度，没有形成对企业经营方式影响的完整理论框架和分析体系；研究路径大多基于会计信息质量来展开，较少从会计理念变革、具体准则变革角度开展相关研究；机理研究主要停留在公司治理以及业绩评价等管理控制层面，而较少延伸至经营方式，将会计准则变革、治理与控制以及经营方式有效结合的研究较少。因此，会计准则变革对企业经营方式的影响研究一方面需要形成完整的理论框架并进行全面的分析，另一方面需要基于公司治理和管理控制将研究内容延伸至经营方式。基于公司治理和管理控制全面、系统分析会计准则变革对企业经营方式转变的影响研究能够进一步丰富现有的文献研究。

总的来看，以会计理念变革和具体准则变革为研究路径，基于公司治理和管理控制视角，研究会计准则变革对企业经营方式转变的影响是一个尚待深入研究与具有较高研究价值的课题。这也是本部分的研究目标与出发点。

2.3 会计准则变革对企业经营方式转变影响的理论研究

2.3.1 会计准则变革对企业经营方式转变影响的分析框架

会计准则变革具有经济后果（Zeff，1978；Holthausen和Leftwich，1983），基于会计准则变革预期目标的实现情况，可以将经济后果分为预期效应和非预期效应。依据时间顺序及准则变革影响的深度，会计准则变革的非预期效应可以分为未实现的预期效应、后续间接效应和超出效应，如图2-1所示。会计准则变革对企业经营方式转变的影响研究属于会计准则变革的后续间接效应范畴，会计准则变革对企业经营方式转变的影响研究是基于会计理念变革和具体准则变革来展开的。从会计理念变革来看，会计目标由受托责任观向决策有用观的转变以及计量属性由历史成本观向公允价值观的转变会深化和促进企业由利润目标向价值目标的转变。股东要求的经营目标需要借助契约设计内化于管理者的经营理念，通过管理者的良效经营来实现。收益确认由利润表观向资产负债表观的转变会强化企业的资本经营理念，引导经营者立足股东利益促进企业长远发展。经营目标和经营理念的转变最终都会体现在经营活动的转变上，通过经营活动的协调发展更好地实现价值的增值。从具体准则变革角度来看，存货准则取消后进先出法和收入准则对于收入确认时点的调整等影响企业的供产销等经营活动，借款费用准则关于借款费用资本化范围的扩大、无形资产准则关于研发费用资本化的处理、股份支付准则关于股权激励费用化的处理都会影响企业的筹资、投资和分配活动，总的来说，具体准则的变革使得企业供应、生产、销售与筹资、投资、分配等经营活动更好地协调统一，促进了商品经营活动与资本经营活动的融合发展，以更大限度地促进企业价值创造。

总的来看，会计理念变革和具体准则变革引导企业的经营目标更加面向资本市场进行价值创造，推动企业的经营理念更加关注股东权益，实现资本保值增值，促进企业的经营活动更加注重协调统一，服务企业长远发展。

2.3.2 会计准则变革对企业经营方式转变影响的理论基础

在厘清了会计准则变革的预期效应与非预期效应，以及非预期效应与经营方式转变的关系之后，我们应该明确会计准则变革对企业经营方式转变影响的理论基础。本部分以经济后果理论、价值创造理论、契约理论以及制度变迁的影响理论作为理论基础，原因如下：第一，从广义角度来看，无论是会计准则变革的预期效应还是非预期效应，都属于会计准则的经济后果范畴，经济后果理论为后文的具体分析提供基础的理论支撑；第二，具体来看，之所以涉及价值创造理论，是因为会计准则变革对企业经营目标的影响，归结为一点就是会计准则变革如何促进企业价值创造；第三，会计准则变革对契约关系的影响，既是准则变革对经营理念转变影响的具象呈现，也是非预期效应研究的重要组成部分，因此契约理论必不可少；第四，会计准则变革对企业经营活动转变的影响可抽象为制度之于行为的影响，因此制度变迁的影响理论必然成为本部分的理论基础。

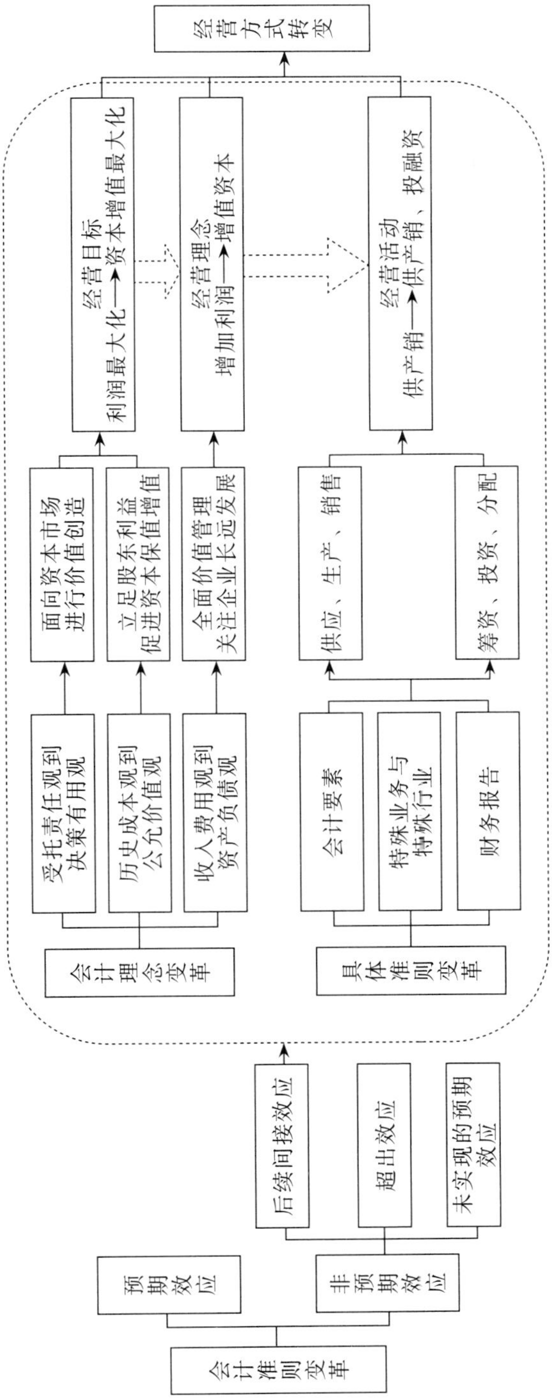

图2-1 会计准则变革对企业经营方式转变影响的分析框架

（1）经济后果理论与会计准则变革的非预期效应

自19世纪60年代以来，美国会计界就逐渐意识到外部力量在准则制定过程中的影响日益增加。具体来看，一是以往对会计准则制定并不感兴趣的个人或团体开始积极有力的介入；二是相关群体的介入并不是传统意义上简单的讨论，而是对准则制定展开争论。“经济后果”一词开始出现以用来描述这种新的争论。

Zeff（1978）进一步诠释了“经济后果”的内涵，认为“经济后果”是指会计报告对企业、政府、投资者和债权人等利益相关者的经济决策的影响。从本质上来看，经济后果观认为会计报告并非仅仅反映决策结果，而是会影响到管理者的实际决策。从实践角度来看，会计准则制定者和公司的管理者通常认为，在会计报表主体中出现的数字，特别是净收益和每股收益将可能影响广大投资者的行为，并因此可能对相关利益主体产生影响。从会计理论角度来看，以往会计政策的制定均假设会计的影响是中立的，或者说即使不中立，会计也不需要对公众的影响负责任。而经济后果理论的提出动摇了这一会计假设，认为会计准则的变革会对利益相关者产生差异化的影响，这意味着会计理论的革新，也使得会计准则变革的社会和经济影响成为当今的核心话题。

关于“经济后果”的一个突出事例是关于铁路会计的，这可以追溯到19世纪的美国。1986年10月，SEC的首席会计师向SEC提议只允许石油、天然气公司对于不成功的勘探活动的会计处理采用“成功法”，而不是自由选择“成功法”或者“完全成本法”。在“成功法”下，公司必须将没有勘探成功的油井的成本费用化；而在“完全成本法”下，其费用可以资本化，并从勘探成功的油井今后的收入中逐年摊销。从短期来看，其建议将降低主要从事勘探的公司会计报告的当期利润；从长期来看，由于钻井活动的成功率逐年波动，这个建议将导致这类公司的收益波动性大大增加。国会、能源及内务部、以勘探为主的石油、天然气公司的执行官等各方立即向SEC施加压力，各利益相关主体的游说活动十分激烈。他们的论点是这项建议将对勘探活动的进程产生负面影响，由于利润的不稳定性，这些公司对资本的筹集将会面临更大的困难。最后，SEC委员投票表决，以4：1的投票否决了首席会计师的建议。

从上述例子可以看出，“经济后果”在两个层次上起作用：一是会计政策及其变化所带来的直接影响，即对财务报表数据的影响。例如，“成功法”的采用短期会降低当期利润，长期会增加利润波动。二是会计政策及其变化所带来的后续间接影响。以会计数据的契约有用性为例，一方面由财务报表变化所带来的某些财务比率的恶化会激活贷款协议中的惩罚性条款，另一方面当期收益的变化也会影响建立在净收益基础上的管理人员薪酬合约。可见，经济后果理论为会计准则变革的预期与非预期效应提供了直接证据和基础。

（2）企业价值创造理论与会计准则变革的价值创造效应

价值创造是企业生存和发展的基础和关键，企业的价值创造能力也是企业与外界沟通交流的主要信号。因此，如何促进企业价值创造、实现企业长远发展成为学术界一个历久弥新的话题。长期以来，国内外学者基于经济学、管理学、财务学等不同学科视角对价值创造进行了解读，并从不同角度探讨了价值创造的方法。从根本上来看，财务目标与企业的目标是一致的，都在于价值增值，因而本部分主要从会计学角度来研究价值创造。

张先治（2009）认为，企业价值创造基于会计角度主要体现于资产价值增加和资本增值，关键在于资本增值。实质上，资本增值最大化与企业股东价值最大化、企业价值最大化目标是一致的，原因在于：第一，从会计角度看资本是企业股东的价值表现，资本增值实质上是股东价值的增加，因而资本增值最大化与企业股东价值最大化是一致的。第二，股东价值与企业价值是紧密相关的，追求股东价值与追求企业价值从长远看是一致的。因为股东对企业的求偿权排在最后，当股东价值实现最大化时，其他利益相关者的利益肯定也已经得到了实现[①]。第三，资本增值最大化与企业股东价值最大化相一致，而企业股东价值最大化又与企业价值最大化是一致的，因此资本增值最大化、股东价值最大化和企业价值最大化三者在本质上是一致的。企业要想实现股东价值最大化、企业价值可持续增值就必须提供关于资本增值情况的精确信息。如若企业无法呈递资本增值信息，股东会因无法获知其所投入资本的收益情况而拒绝出资，企业的价值创造也就无从谈起。因此，在研究企业价值创造时准确计量资本增值就成了关键。

资本增值的准确计算离不开会计，会计数据为资本增值的计量提供了可能。张先治在其所著的《高级财务管理》中提出：

在不考虑投资资本变动、物价变动及利润分配的情况下，资本保全、保值、增值与利润的关系可用下式表示：

期末资本=期初资本+会计利润

资本变动值=期末资本-期初资本=会计利润

当会计利润为零时，即：

资本保全=期末资本-期初资本=0

当会计利润大于零，经济利润为零时，即：

资本保值=期末资本-期初资本×（1+正常利润率）=0

① Tom Copelang、Tim Koller 和 Jack Murrin（2000）在介绍麦肯锡公司的价值评估精髓时，用大量的数据和案例证明了这个观点：以股东价值为核心不但对股东有好处，而且对其他利益关系人也都有好处。那些工作环境恶劣、克扣员工工资、吝啬福利开支的企业，是很难吸引和留住优秀员工的；那些不顾债权人利益、随意破坏债务合同的企业，是很难再取得债权人信任把资金投入企业的；那些产品质量差、服务不到位、顾客满意度低的企业，是很难维持或扩大既有销售水平的；那些与供应商关系差的企业，是很难以较低成本获得原材料供应的；那些偷税漏税、不注重环境保护和能源节约的企业，是很难实现可持续发展的等，以上这些损害了其他利益相关者利益的企业都不可能实现股东价值最大化，也不可能实现企业价值的可持续增长。

当经济利润大于零时，即：

资本增值=期末资本-期初资本*（1+正常利润率）>0

可见，资本保值增值的关键在于利润，特别是经济利润。

由上式可以看出，资本保值增值额与会计利润密不可分，当然也必然与会计报告密切相关。因此，会计准则变革所带来的当期利润的变化势必影响到资本保值增值额的计算，也就会影响到企业价值创造目标的实现。会计报告对企业价值创造的影响还可以通过信息和契约两个途径来实现：从信息角度来看，会计报告能够为现实的以及潜在的投资者提供决策有用的信息，帮助投资者减少对企业未来现金流的预测偏差和噪音，进而增加公司价值；从契约角度来看，公司与股东之间的契约常常基于会计数字来确定，实证会计理论强调会计报告（特别是会计选择）影响契约结果（Watts和Zimmermann，1986；Holthausen和Leftwich，1983），而契约结果影响股东的决策，股东决策又会影响公司价值。

（3）契约理论与会计准则变革的契约效应

契约理论是近30年来迅速发展的经济学理论分支之一，契约理论是研究在特定交易环境下不同合同人之间的经济行为与结果的理论。按照Glachant（2002）的观点，契约理论应包括：激励理论（incentive theory）、不完全契约理论（incomplete contract theory）和新制度交易成本理论（the new institutional transaction costs theory），其中激励理论又是在委托代理理论（完全契约理论）基础上发展起来的。因此，契约理论主要包括委托代理理论、不完全契约理论以及交易成本理论三个理论分支，它们之间相互补充，相互支撑，不可相互取代。无论是委托代理理论、不完全契约理论还是交易成本理论均与会计准则密切相关。因此，会计准则的变革也必然对契约结构产生影响。

从委托代理理论来看，契约的订立能够帮助委托人确保受托人完成委托受托责任。而契约常常基于会计数字来确定，这些契约的设立可能在单个公司层面也可能在多个公司层面。单个公司层面的契约包括基于绩效的管理层薪酬计划（用来弱化股东与管理层之间的代理问题，Jensen和Meckling，1976；Healy，1985）以及债务契约（用以减轻股东与债权人之间的代理问题，Smith和Warner，1979；Leftwich，1983）。集体或者多重契约包括基于会计收益的股利分配限制（用以减轻大小股东之间的代理问题，Leuz等，1998）以及基于财务报表的税收收益（用以减轻政府与企业之间的代理问题，Shackelford和Shevlin，2001）。企业为利益相关者缔结契约网络，而会计作为商业语言的一个重要功能就是为企业各种契约的订立与执行提供相应的数据，界定契约关系，以便认定和解除受托经济责任。因此，会计准则的变革必然引起企业契约结构的变化。Holthausen 和 Leftwich（1983）则是基于契约角度来界定会计准则变革的经济后果，指出用来计算会计数据的准则的变化能够影响契约各方以及决策制定者之间的财富分布。

从不完全契约理论来看，大多数契约是不完全的，由于不可预见和不可证实性的存在，事前契约的激励设计也就无法达到最优，必须通过事后的治理来减少有限理性带来的不确定性（威廉姆森，1985）。由于知识的有限性、人的有限理性和环境的不确定性，会计准则也具有不完全契约的属性，主要体现在准则疏漏、笼统，政策不确定等方面。会计准则是不完全的契约，其未对在任何可预知的环境下所要遵从的规则和程序在每个细节上都进行详细的说明，而是遗留了许多空间需要在未来具体事件中进行判断和决定。因此，会计准则变革实质上是对会计准则这一不完全契约的优化和补充，一方面通过对现有准则的优化来降低盈余管理空间，提升会计信息的相关性和可靠性，另一方面通过颁布新的会计准则来指导和规范新环境下新产生的实践活动，进而提升会计准则的完备性。

从交易成本理论角度来看，“科斯第一定理”指出，若交易费用是零，无论权利如何界定，都可通过市场交易达到资源的最佳配置。但在实际经济生活中，交易费用不可能为零，即交易是有成本的，由此而产生了“科斯第二定理”：在交易费用为正的情况下，不同的权利界定，会带来不同效率的资源配置。刘峰（2000）指出，会计准则是一种有助于降低交易费用的制度。作为会计行为的规范与制度，会计准则是以产权理论为基础的，一方面通过规范各会计事项的确认、计量与报告，以协调与报告主体具有利害关系的有关各方的利益，进而保护利益关系人的相关利益产权，另一方面通过规范报告主体之外有关各方的信息要求，如信息的内容、传递方式等，以保护利益关系人的信息获取产权。Coase（1989）在“Accounting and the Theory of the Firm”一文中强调在进行经济学研究时要善于利用会计数据，因为企业在作决策时需要计算资源的使用成本，以此来比较相关收益。在有计划的社会中，公司内部的成本并不直接来自于市场的经营，而是源于公司内部的会计系统，这样的内部系统代替了市场中的价格机制，因而成本计量的准确界定取决于会计系统的效率，会计将成为观察和引导公司行为有价值的数据资源。

可见，会计准则变革能够降低企业内外的委托代理问题，优化和完备不完全契约，降低交易成本。企业是一系列契约的联结体，而契约又是经营理念的具象表现，会计准则在契约中的作用为分析会计准则变革对经营理念转变以及企业内部的经营管理的影响奠定了基础。

（4）制度变迁的影响理论与会计准则变革的行为引导效应

20世纪70年代，由于制度因素被纳入对经济增长的解释中而推动了制度变迁理论的快速发展。诺斯和康芒斯等新制度经济学家对这一理论做出了重大贡献。诺斯在其所著的《制度、制度变迁与经济绩效》一书中指出："制度是人类设计出来调解人类相互关系的一些约束条件。"按照约翰.R·康芒斯（John R.Commons）的解释，制度是指"集体行动控制个人行动"。格雷夫（2008）认为，制度是由相互联系但又互不相同的各个要素（尤其是规则、信念和规范）构成的复合体，这些制度要素影响着人们的行为，给人们的行为提供了认知、协调、规范、信息等方面的微观基础。可见，相关学者对于制度的定义均与行为联系在了一起。简单来说，制度可视为行为的引导系统。那么会计准则作为一种制度，自然也会引导企业的行为。

所谓制度变迁就是新制度产生、替代或改变旧制度的动态过程。诺斯指出，制度变迁源于人们对制度的需求与制度的供给出现的偏差，当供给与需求达到均衡时将完成制度变迁，制度会趋于稳定。哈耶克（Hayek）认为制度变迁是冲突协调的结果。它是由个体社会成员之间互动和特定组织间互动演化出来的，冲突和协调是构成制度变迁的主线。青木昌彦（Masahi Ko Aoki）认为制度变迁是优势策略胜出导致的博弈规则的变化，环境变化带来了新的获利机会，成员需要调整策略以求得最大化利益，通过反复博弈，形成一个新的纳什均衡。可见，制度变迁可以协调个体或组织之间的行为冲突，以实现个体成员之间或者组织之间的协调发展。具体来看，第一，制度变迁导致行为的范畴发生变化。制度基于两个层面约束行为人，一是制度规定了行为人的行为范围，行为人只得在规定的范围内进行，超过范围便会受到相应的惩罚和约束；二是制度规定了行为人的行为方式，行为人必须以制度规定的方式进行，而不得采取其他的方式，运用其他方式则会受到惩罚。第二，制度变迁引起行为结构变化。制度变迁会带来机会集的变化，机会集的变化意味着利益的重新配置，利益的重新分配会引导经济人改变行为结构或模式以适应新的制度环境。第三，制度变迁引导人的心智与理念变化。制度执行和规范的主体归根到底是对人的约束和规范，而人又具有主观能动性，能够感知和学习制度的变化，进而调整自身的行为。当制度所决定的决策依据或者标准发生变更时，就会改变人的心智以及相应的行为（顾水彬，2013）。

制度变迁引导行为变化，那么会计准则作为制度范畴的一员，其变革势必引导企业行为的变化。首先，会计准则变革改变了企业行为的边界。一方面，新增会计准则拓展了企业经营活动的范围，使得以往缺乏会计规范的经济业务得以有效地引导和规范，进而促进相应经济业务的发展；另一方面，原有会计准则的调整与变化，改变了企业经营活动运行的方式，使得以往可以采用的方式现在可能不再适用，或者以往不可采用的方式现在成为可行。其次，会计准则变革带来了企业经营活动的协调。会计准则变革改变了企业经营活动的范围和空间，使得企业所面临的机会集有所改变。企业在机会集中的不同选择，代表了交易成本的不同，也意味着资源配置的差异，进而会影响企业的战略、筹资、投资、销售等。最后，会计准则变革带来企业经营理念的变化。一是会计目标的改变影响企业经营目标的导向，二是会计计量属性的变化影响企业经营目标实现与否的计量差异，进而影响企业的业绩评价，三是会计收益的变化会影响企业内部的机会主义行为。

综上所述，经济后果理论、企业价值创造理论、契约理论以及制度变迁的影响理论为会计准则变革对企业经营方式转变的影响研究提供了理论支撑，对会计准则变革的“价值效应”、“契约效应”和“行为效应”提供了依据。

2.3.3　会计准则变革对企业经营方式转变影响的具体分析

要分析会计准则变革对企业经营方式转变的具体影响，首先要了解会计准则变革具体产生了哪些变化和调整。会计准则不仅在准则内容上进行了补充和完善，还在准则理念上实现了更新。会计准则理念的变革包括会计目标由受托责任观向决策有用观的转变、会计计量属性由历史成本观向公允价值观的转变、会计收益确认由收入费用观向资产负债观的转变（在下文分析过程中会对上述转变进行具体阐述，在此不做详细介绍）。对于具体准则变革，可以从会计要素、特殊业务与特殊行业以及财务报告三大方面去理解，见表2-6。首先，从会计要素角度来看，与资产要素相关的发生变革的具体准则包括存货、投资、金融资产、投资性房地产、固定资产、生物资产、无形资产、商誉、非货币性资产交换、资产减值等，与负债要素相关的发生变革的具体准则包括应付职工薪酬、股份支付、债务重组、或有事项等，与收入、利得要素相关的发生变革的具体准则包括收入、政府补助等，与费用要素相关的发生变革的具体准则包括借款费用、所得税等；与特殊业务与特殊行业相关的发生变革的具体准则包括外币折算、企业合并、租赁、金融工具、套期保值、保险合同、油气开采等；与财务报告相关的发生变革的具体准则包括会计调整、财务报表、合并财务报表、每股收益报告、关联方披露、金融工具列报等。

（1）会计理念变革对企业经营目标转变的影响

企业经营目标是指在既定的所有制关系下，在一定时期内企业生产经营活动预期要达到的成果，是企业生产经营活动目的性的反映与体现。产品经营方式下企业的经营目标是产量最大化，商品经营方式下企业的经营目标是利润最大化，资产经营方式下企业的经营目标是资产增值最大化，资本经营方式下企业的经营目标是资本保值增值最大化。会计准则变革使得企业的经营目标由商品经营目标向资本经营目标转变，更加关注企业长远发展，注重资本保值增值，减少由单一利润指标所带来的短视行为。

表 2-6　　　　**会计准则变革的具体内容**

项目	会计理念变革	具体准则类别	具体准则变革
会计准则变革	会计目标：受托责任观→决策有用观 计量属性：历史成本观→公允价值观 收益确认：收入费用观→资产负债观	资产	存货 投资、金融资产 投资性房地产 固定资产 生物资产 无形资产、商誉 非货币性资产交换 资产减值
		负债	应付职工薪酬 股份支付 债务重组 或有事项
		收入、利得	收入 政府补助
		费用	借款费用 所得税
		特殊业务与特殊行业	外币折算 企业合并 租赁 金融工具、套期保值 保险合同 油气开采
		财务报告	会计调整 财务报表 合并财务报表 每股收益报告 关联方披露 金融工具列报

① 受托责任观向决策有用观的转变对企业经营目标转变的影响。

在 1992 年的企业会计准则中，对于会计基本目标的表述为："会计信息应当符合国家宏观经济管理的要求；满足有关各方了解企业财务状况和经营成果的需要；满足企业加强内部经营管理的需要。"在 2006 年新企业会计准则中，会计的基本目标是："向财务会计报告使用者提供与企业财务状况、经营成果和现金流量等有关的会计信息，反映企业管理层受托责任履行情况，有助于财务会计报告使用者做出经济决策。"可以看出，会计目标由受托责任观向决策有用观转变，要求财务报告在反映管理层受托责任履行情况的同时，还要按照法定要求向潜在的信息使用者提供决策有用信息。

会计目标的变化引导企业由商品经营目标向资本经营目标转变，即更加注重企业资本保值增值目标的实现，避免由短期利润目标所带来的短视行为。在受托责任观下，会计报告目标在于向资源所有者（股东）如实反映资源的受托者（经营者）对受托资源的管理和使用情况。此时，会计信息着眼于过去，即强调会计信息的可靠性；只能对真正发生的交易进行会计确认，资产就会被定位为在过去的交易中取得的经济资源。而在决策有用观下，会计报告目标在于向会计信息的使用者提供对其决策有用的信息。此时，会计信息放眼于未来，即强调会计信息的相关性，资产就会被解释为未来会给企业带来经济利益的资源，而不是投资的成本。与受托责任观相比，决策有用观更注重资产的价值创造而不仅是价值实现；会计信息的服务对象扩展至资本市场的潜在信息使用者而不仅是既定的资源所有者；会计主体的信息延伸至关乎企业未来风险与价值在内的预测信息以及关乎企业长远发展的资产、负债的真实价值的信息而不仅是关于企业过去经营业绩的计量及结果信息。可见，“决策有用观”承担起高于“受托责任观”的使命，是对财务会计目标的深度定位——财务会计信息应更加面向资本市场。

“决策有用观”更加面向资本市场的目标定位有利于促进企业由商品经营目标向资本经营目标的转变，即由注重短期利润向注重长期资本增值转变。首先，从经营对象来看，商品经营的对象是商品，通过供产销的有效衔接实现利润最大化，而资本经营的对象是资本，通过盘活资本存量、加快资本流量、优化资本配置等实现资本增值最大化。商品经营主要以商品市场为交易场所，而资本经营则重点在金融市场特别是资本市场进行。其次，从经营范围来看，商品经营主要在企业内部进行生产资料的循环和周转，注重企业内部的生产要素配置管理，而资本经营面对的则是整个世界市场，借助资本的流动性和逐利性更快捷地实现资本在不同国家、不同地区、不同行业的周转，注重企业内外部资源的优化衔接，以获得更大的价值增值。最后，从经营流程来看，商品经营主要是沿着“采购-生产-销售”的过程获取经营利润的，而资本经营则可以跃过“采购-生产-销售”这样一个漫长的过程而直接获取资本利得。因此，可以看出资本经营比商品经营更加面向资本市场。李玉平（2003）指出，以商品经营方式为主要核算内容的会计模式必然受到全面冲击，由以商品经营为主的传统会计核算模式转变为资本经营和商品经营并举的会计核算模式是社会经济发展的客观要求。周守华和张敬峰（2006）指出，新会计准则实施后，企业跨国经营和海外投资与融资的会计制度障碍减少、资本成本降低，可能转向外向型发展战略。这样一来，企业财务战略可倾向于采用相对稳健的筹资战略、适度分权的投资战略和低股利分配战略，注重发挥资本运营的作用等。可见，会计目标由受托责任观向决策有用观的转变使得会计信息更加服务于资本市场的定位推动了企业目标由商品经营向资本经营的转变，引导企业更加注重长远发展，实现资本增值最大化。

② 历史成本观向公允价值观的转变对企业经营目标转变的影响。

受托责任观的计量理论基础是历史成本观，决策有用观的计量理论基础是公允价值观，因此会计目标从受托责任观转向决策有用观也决定了计量属性由历史成本观向公允价值观的转变。历史成本是以取得资产时实际发生的成本作为资产的入账价值，随着时间变化账面价值不作调整，这些信息对于未来收益的预测是非常粗略的。Lev和Zarowin（1999）指出，历史成本下资产负债表以及利润表为投资者做出决策提供相关信息的能力日趋下降。公允价值是根据市场情况，买卖双方在公平交易和自愿的情况下所确定的价格，能够反映资产、负债以及权益的公允价值以及相关变化，有利于股东及时了解和获知其股权价值的变化，有利于反映管理者经营业绩的优劣。可见，“公允价值观”相比“历史成本观”能更有效地反映价值变动的信息，使得会计信息更能贴近和满足股东的信息需求。

公允价值观对股东权益价值信息及相关变化的呈报有利于企业资本保值增值目标的实现。首先，历史成本观向公允价值观的转变有利于资本保全的实现。要想获得资本增值，首先要做到资本保全。而在历史成本计量模式下，只能实现财务资本名义货币保全。在通货膨胀和生产力不断进步的条件下，财务资本名义货币保全并非真正意义上的资本保全，只实现财务资本名义货币保全的企业不能维持原有的生产能力。例如，当物价上涨时，如果按公允价值计量资产和费用盈亏平衡时，按历史成本核算则因低估资产少计费用而虚增利润，按照虚增的利润分配股利和缴纳所得税会在一定程度上侵蚀资本，导致企业生产能力的缩减。正如汉弗莱 H. 纳什（Humphrey H · Narsh）在其《未来会计》一书中所评价的那样，传统会计时常带有偏见，它偏爱保守、偏爱过去，对不能反映真实价值它“安之若素”，对违背股东利益它也“毫不在意”。其次，历史成本观向公允价值观的转变有利于弱化股东和管理者之间的代理问题，引导管理者致力于实现资本保值增值目标。资本经营的目标与股东的目标是一致的，都是实现资本保值增值的最大化。而公允价值观下资产负债表对权益价值及其变化的全面披露，利润表对商业活动的真实经济价值的反映，迎合了股东对价值信息的需求。Barlev和Haddad（2003）指出，基于公允价值的财务报告将股东的权益视为关注的焦点，因此，实现资本保值增值便成了一个不言而喻的目标。公允价值使得股东能够及时有效地获得资产价值的变动信息，相关信息的呈报又为监督和评价管理者的业绩提供了更为真实可靠的基础，进而促使管理者致力于保值增值目标的达成，这就要求管理者不仅仅关注短期利润，更要对净资产的变化负责任。因此，管理者会寻求一种有效的风险管控机制来保全资本，考虑以包括套期保值在内的全面性的投资策略来安排投资活动就变得十分必要；管理者还会将证券的潜在波动考虑到其管理策略的选择中。公允价值对经营目标的影响还体现在具体的经营管理过程中，公允价值下对于资本保值增值以及风险管控目标的深化，需要管理者学会基于不同视角审视其工作安排，需要全面考虑公司所在国家以及全球经济环境的发展态势，需要领会衍生品、期权定价模型、利率结构及其对未来现金流的影响等（Barlev和Haddad，2003）。因而，历史成本观向公允价值观的转变，能够促进管理者致力于资本保值增值目标的实现，锐化管理者对于公司各项运作所处的开放的经济环境的全面认识。

（2）会计理念变革对企业经营理念转变的影响

随着会计目标以及计量属性的变革，会计收益确认也从收入费用观转向资产负债观。收入费用观专门定义利润表要素，把重点放在利润、收入的确认原则和收入的计量规则上，而将资产和负债作为收入和费用的副产品来定义、确认和计量。而资产负债表观则与收入费用观正好相反，它强调资产和负债的定义、确认和计量，而把收益作为资产和负债计量的副产品进行定义、确认和计量。资产负债观下确定的收益是一种综合收益，指企业除与其所有者之间的交易以外的所有交易或事项导致的净资产增加额，由会计主体一定期间内确认的所有收入、费用、利得和损失构成。综合收益的报告，一方面，要求兼顾对企业日常活动的损益（收入减去费用）与非日常活动的损益（利得减去损失）的报告，其结果揭示了收益来源的多样性；另一方面，要求兼顾对已实现损益和未实现损益的报告，其结果体现了对不确定的未来风险和收益的关注。可见，无论是资产或负债已经实现的价值变动，还是预期将要发生的价值变动，只要符合确认条件都予以确认，这就实现了对现有净资产创造未来经济利益的能力的期待，而这个能力实际上代表了企业长远发展的动力。对企业净资产的真实价值及其增长情况的关注，将人们对企业收益的审视焦点从传统的净利润扩展至综合性收益，人们对会计信息的着眼点也因此从利润表转向资产负债表。

资产负债观注重企业净资产真实价值的收益确定观点有利于渗透和深化企业的全面价值管理和长远发展的经营理念。首先，收入费用观向资产负债观的转变有利于深化企业全面价值管理的经营理念。在收入费用观下，配比原则成为收益确定的核心，那些不符合配比原则要求、但又会对企业的收入或费用产生影响的项目，就只能跨期摊配而暂时记到资产负债表中去，等到以后各会计期间再将其逐步转入利润表，如递延借项、递延贷项等，这就使得资产负债表中出现很多不符合资产、负债定义的项目，无法准确提供股东所关注的价值变动信息。在收入费用观下，企业管理者甚至可能通过出卖企业资产以谋求“良好”的经营业绩，在利润表的“利好”表面下却蕴藏着对股东利益的损害和侵蚀。而新会计准则下收益确认转向资产负债观，有助于企业更多地考虑未来所面临的环境变化，充分揭示企业的风险，注重资产的保值增值，全面反映和计量企业的收益和真实价值。Wolk 等（2010）指出，资产负债观主要关注净资产的计量，这种方法明显地优于收入费用观，这一点经得起论证，因为资产和负债是真实的，收益引起了净资产价值的增加，但反过来就不一定了。然而，收入费用观却是另一种思维方式，认为净资产的变动是收益计量的结果。盖地和杨华（2008）指出，从长远看，重视资产负债表，重视企业财务状况和长期营利能力，应是企业未来发展的必然之路。其次，收入费用观向资产负债观的转变与企业注重长远发展的经营理念相得益彰。企业要实现可持续发展，需要深入分析资产负债表的综合收益信息，而不能仅聚焦于利润表的短期盈余；需要充分关注未来现金流量现值、公允价值等其他计量属性度量的资产现时价值，而不能受限于现有资产的有据可溯的历史成本信息；需要重点分析资产的价值增值与运转效率，而不能简单强调资产的数额与规模；需要全面了解企业的不可辨认资产（如商誉）和企业整体价值评估方面的情况，而不能只关注账面上已有资产、负债的余额资料。可见，资产负债观关注收益来源的多样性、关注企业净资产未来风险与收益的不确定性、关注企业净资产的真实价值、关注企业的长远发展动力，资产负债观的这些内在要求，与会计主体的全面价值管理方略和可持续发展愿景是一致的。正如周守华和张敬峰（2006）所指，新会计准则突出企业真实价值的透明反映，重视企业现金流量信息，这将对财务决策理念产生直接影响：立足企业价值创造和持续成长，着眼企业资产质量和良好的现金流量。

（3）具体准则变革对企业经营活动转变的影响

企业的生存离不开供产销等商品经营活动，同样地，企业的发展也离不开筹资、投资、分配等资本经营活动。新会计准则更多地对资本经营所内涵的筹资、投资和分配活动进行规范和引导，以推动企业大力开展资本经营，促进商品经营活动与资本经营活动的协调发展。

①具体准则变革对企业生产活动的影响。

存货准则的变革影响企业的生产成本。新企业会计准则取消了存货成本计量的后进先出法，对于存货较多、周转率较低的公司，其毛利率和利润将出现波动（贺志东，2008）。采用“后进先出法”的公司，在会计准则变革后，发出存货将变为“先进先出法”等，如果存货价格持续攀升，这将使其产品成本大幅下降，毛利率迅速上升，当期利润增加；反之，如果存货价格不断下跌，会计准则变革将使企业当期利润下降。以采用“后进先出法”的家电上市公司为例，在显像管价格不断下跌的过程中，一旦变革为“先进先出法”，后果将是成本大幅上升，毛利率快速下滑，当期利润下降。存货准则的变化通过对产品生产成本的影响，带来了当期利润的波动，这可能会刺激企业使用套期保值工具以维持利润的稳定，使得企业的商品经营活动与资本经营活动相融合，更大限度地增加企业价值。

②具体准则变革对企业销售活动的影响。

收入准则的变革影响企业的销售活动。对于收入的定义，新会计准则突出了“会导致所有者权益增加”是收入的基本特征。收入确认的最主要变化是改变了收入确认的时点，由过去的按合同或协议约定的收款日期分期确认收入，改为符合规定的收入确认条件时确认收入。具体来看，“企业应当按照从购货方已收或应收的合同或协议价款确定销售商品收入金额，但已收或应收的合同或协议价款不公允的除外”。这种对“合同或协议价款不公允”情况的排除，会影响企业商品销售的结算方式和销售策略的制定，能够对一些较为隐蔽的手法进行矫正，从而使得企业经营进入诚信、公正的良好轨道。

③具体准则变革对企业筹资活动的影响。

借款费用准则、债务重组准则的变革影响企业的筹资活动。对于借款费用，一方面扩大了借款费用资本化的资产范围，由原来纳入借款费用资本化的资产仅为固定资产，增加了需要相当长时间才能达到可使用或可销售状态的存货、投资性房地产等；另一方面扩大了允许资本化的借款范围，由原来的允许资本化的借款仅为专门借款，增加了一般借款。新会计准则的出台有利于缓解高额借款费用对当期利润的冲击，改善企业财务状况和经营成果，企业筹资以支持生产的动力增强，筹资规模或将扩大。对于债务重组，新会计准则规定以非现金资产抵偿债务时引入公允价值计量，重组损益计入当期损益。基于上述调整，控股股东有动机借助债务重组，通过注入优质资产，实现向上市公司的利益输送。尽管从长远来看，此举措不会提升企业实际盈利能力、发展能力，但出现亏损或面临“ST”的公司，出于维持公司业绩或保住“壳资源”的考虑，通过此举可有效缓解当前矛盾。

④具体准则变革对企业投资活动的影响。

从投资对象角度来看，投资包括证券投资和实体投资，而证券投资包括国内证券投资和国外证券投资，实体投资包括固定资产投资、无形资产投资、投资性房地产投资等。本部分基于上述分类，具体分析会计准则变革对企业投资活动的影响。

第一，具体准则变革对国内证券投资的影响。一是新会计准则修改了投资的分类，将短期投资、长期股权性投资、长期债权性投资改为由《长期股权投资》和《金融工具确认和计量》两个具体准则予以规范，并明确了长期股权投资成本法与权益法的适用范围；将金融资产分为以公允价值计量且其变动计入当期损益、以公允价值计量且其变动计入其他综合收益、以摊余成本计量的金融资产三类，规定金融资产可采用公允价值、摊余成本两种后续计量模式。新会计准则对于股权投资和金融工具的规范，能够引导和促进市场上的资本运作。二是新会计准则将原来作为表外披露的衍生工具信息，纳入资产负债表内进行列报。这使得上市公司进行的一些高风险金融投资可以及时地在财务报表中得到反映，有助于投资者更直接、有效地评估投资风险，也能够促使管理者强化对衍生工具投资的风险管控。

第二，具体准则变革对国际证券投资的影响。准则变革所带来的可比性的增加，能够促进国际资本流动，吸引证券投资。欧盟委员会（European Commissioner）明确指出IFRS的采用应该促进资本的有效配置、增加跨国投资；澳大利亚财务报告委员会（Australian Financial Reporting Council）也提出高质量的会计准则应该能够有利于投资者的国别比较，吸引境外投资。增加投资是引入IFRS的一个主要目标，经验研究结果也证实了准则变革对证券投资的影响。Yu和Wahid（2014）的研究发现，不管是投资者还是被投资者采用了IFRS，都导致了证券投资增加。强制执行IFRS后，无论是机构投资者整体持股比例还是国外共同基金个体持股比例均明显增加（Florou和Pope，2012；Defond等，2011）。

第三，具体准则变革对固定资产投资的影响。新会计准则规定特殊行业的特定固定资产在初始确认时应考虑其预计弃置费用，固定资产预计弃置费用的确认与计量新规对企业的固定资产投资意愿具有正面的推动力；资产减值准则规定，固定资产、无形资产、长期股权投资、持有至到期投资等长期资产，一旦计提减值准备，不得转回。张然等（2007）发现，上市公司在会计准则颁布以后实施以前（2006年2月15日—2007年1月1日），并没有因准则变革而集中转回大量长期资产减值准备。但由于以后将不允许转回，上市公司对长期资产减值准备的计提明显更加谨慎，数额有所减少。可见，资产减值准则的变革会影响新会计准则实施前企业资产减值损失的计提，进而影响企业更新资产设备的进度以及处置废旧资产的程度。

第四，具体准则变革对无形资产投资的影响。新会计准则将商誉从无形资产类中分离出来单独核算，促使企业重视潜在的经济价值；无形资产研发支出的会计处理由原来单一的费用化方法，改为研究费用计入当期损益，符合资本化条件的开发费用确认为资产，避免了当期利润的大幅下降，这无疑会提升企业进行技术创新的热情，增加无形资产投资的积极性，推动企业致力于长期发展，使得企业从顾及眼前利益而做出逆向选择的短期化行为向注重研发活动的面向企业未来生存和发展的长期化行为转变。此外，无形资产资本化和费用化的明确规定会使企业相关人员转变过去“拍脑袋”的简单思维，从技术、市场、资源配置等方面全面考量自身的研究开发活动，进而提高企业研究开发活动各个阶段的管理水平；企业财会人员基于会计工作所需，会针对开发支出资本化的条件与企业相关技术与管理层进行有效沟通，从而改变一些企业存在的部门间各自为政的现状，进而以开发支出资本化问题为纽带，将企业各部门进行优化，从而提高效率，产生合力与协同作用。

第五，具体准则变革对投资性房地产投资的影响。新会计准则增加了投资性房地产具体准则，投资性房地产是指为赚取租金或资本增值，或两者兼有而持有的房地产，属于资本经营的一种方式；投资性房地产公允价值的变动分情况计入当期损益或直接计入所有者权益；投资性房地产的后续计量模式可在公允价值模式和成本模式之间进行选择。张奇峰等（2011）的研究发现，由于与成本模式相比，投资性房地产公允价值计量大幅提高了账面价值、加剧了企业当期净利润的波动，企业会在两种模式之间进行选择以最大化其利益。企业在将非投资性房地产转换为投资性房地产时，如果选择公允价值计量模式，则转换利得计入当期收益，转换损失却计入其他综合收益，在房地产景气时这一模式选择能够显著提升公司业绩；如果具有相关利润减税豁免政策，会吸引有意愿的企业将投资目光转向房地产。可见，会计准则变革会影响企业房地产使用策略的选择。

⑤具体准则变革对企业分配活动的影响。

职工薪酬、股份支付、政府补助等具体准则的变革影响企业的分配活动。具体分析如下：

第一，新会计准则界定了完整的职工薪酬的范围，职工薪酬的确认更加体现成本补偿原则，有助于完善企业薪酬管理制度和保护雇员利益。

第二，新会计准则增加了股份支付具体准则，区分以权益结算的股份支付和以现金结算的股份支付，在确认相关成本费用的同时，分别增加权益和负债，会降低当期利润。吕长江和巩娜（2009）研究了股份支付准则的经济后果，发现股权激励费用化的会计处理有可能导致上市公司修改其股权激励的方案，要么大幅提高行权价格，要么减少股权激励的数量，甚至取消股权激励的方案，以降低股权激励的费用对公司未来业绩的负面影响。

第三，新会计准则统一了政府补助的会计处理方法为收益法中的总额法，将政府补助全额计入收益（“营业外收入”或“递延收益”）。政府补助计入收益以将企业担负的社会责任引入到会计系统中，其目的是更加科学、合理地反映成本信息，确保成本补偿，避免釜底抽薪，超前分配。

2.4 会计准则变革对企业经营方式转变影响的实证检验

2.4.1 理论分析与研究假设

（1）会计理念变革与企业经营目标转变

新会计准则体系的建立，不仅实现了与国际财务报告准则的实质性趋同，更重要的是实现了会计理念的更新（刘永泽，2009）。具体来讲，会计目标由受托责任观转向决策有用观，计量属性由历史成本观转向公允价值观。这些会计理念变革对会计主体的经营目标产生了重要影响。

会计理念变革促进企业更加注重资本经营目标，追求资本增值。首先，会计目标由受托责任观向决策有用观的转变一方面要求会计信息不仅要满足现实的资源所有者，还要服务于资本市场上潜在的投资者，这就使得企业不仅要提供短期的经营收益，还要提供包括企业未来风险与价值信息在内的具有一定预测价值的信息以及关乎企业长远发展的资产、负债的真实价值的信息，使得企业不仅关注企业的价值实现，更要注重资产的价值创造能力；另一方面要求企业的会计信息更加面向资本市场，而不局限于反映企业内部的受托责任的履行情况，这就要求企业的经营视野不应囿于企业内部生产资料的循环周转和资源配置，而要放眼整个世界市场，借助资本的流动性和逐利性，实现企业内外部资源的融合，更大限度地提升企业价值。

其次，计量属性由历史成本观向公允价值观的转变一方面要求会计信息不再偏爱过去和保守，而是应该反映企业的现实信息、真实价值，这有利于企业资本保全的实现。因为公允价值观的引入能够有效避免在通货膨胀下因使用历史成本而导致的利润虚增，进而不会因为按照虚增的利润分配股利和缴纳所得税而造成股东资本的侵蚀和生产能力的缩减。另一方面，要求会计信息及时呈报有关股东权益价值及其变化的相关信息，这有利于弱化股东和管理者之间的代理问题，引导管理者致力于实现资本保值增值目标。公允价值使得股东能够及时有效获得资产价值的变动信息，相关信息的呈报又为监督和评价管理者的业绩提供了更为真实可靠的基础，进而促使管理者立足股东利益实现资本保值增值，这就要求管理者不仅仅关注短期利润，更要对净资产的变化负责任。

基于以上分析，提出假设2-1：

H2-1：会计准则变革引导企业经营目标由商品经营向资本经营转变，更加注重长期资本增值。

（2）会计理念变革与企业经营理念转变

作为企业契约的重要方面，高管薪酬契约用以解决股东与管理者之间的利益冲突，以激励管理者努力工作，实现股东的目标。Lambert（2001）指出，股东会选择一个业绩评价系统，该系统将详细规定代理人的报酬所依赖的业绩指标（信息信号）以及业绩指标与管理者报酬之间的函数形式。基于以上契约，管理者将选择行动向量，包括营运决策、筹资决策或投资决策。可见，薪酬契约能够呈递股东对管理者所要求的经营理念、引导管理者的行为，订立有效的高管薪酬契约对于合理评价高管业绩、实现企业经营目标至关重要。

Holmstrom（1979）对于如何提升高管薪酬契约的有效性给出了有益的见解。他指出，如果某一信号能够带来管理者行动的增量信息，那么这个信号就能够提升薪酬契约的有效性。大量的经验证据表明，会计盈余能够提供管理者努力程度的有用信息（Lambert和Larcker，1987；Sloan，1993；Core等，2003），因此会计盈余常被应用于高管薪酬契约。然而，Bushman和Smith（2001）指出，传统的业绩指标使得管理者关注“错误”的东西，从而激励了坏的行为。传统的利润指标使得企业管理者更为关注企业的短期收益，为了满足短期盈利目标，管理者常常粉饰报表，甚至虚构利润。而对于维持企业长远发展能力的资产收益情况和价值变化情况关注较少，难以实现资产的保值增值目标。

会计准则变革不仅实现了与国际财务报告准则的实质性趋同，更重要的是实现了会计理念的更新（刘永泽，2009）。会计收益确认理念由收入费用观向资产负债观的转变，有利于解决传统利润指标存在的缺陷。林艳等（2013）研究得出，上市公司会计信息质量越高，其高管薪酬业绩敏感性越高。Wu和Zhang（2009）的研究支持了上述观点。研究发现，采用IFRS后会计盈余与CEO变更以及公司裁员的敏感度显著增加。研究表明，采用IFRS后会计盈余呈现了更低的盈余管理程度，并且能够更为及时地反映经济损失，成为评价内部绩效以及强化公司治理的更为有效的工具。收入费用观是指在计量企业的收益时，先确认收入和费用，然后根据配比原则将收入和费用按其经济性质的一致性联系起来确定收益，其相应收益为会计收益，其基本公式为：收益=收入-费用。显然，收入费用观以利润表为重心，资产负债表成了利润表的‘附表”。资产负债观则依据资产和负债的变化来确认收益，其基本公式为：收益=（期末资产-期末负债）-（期初资产-期初负债）-业主投资+业主派得。在资产负债观下，资产（负债可以看作是负资产）计价优先于收益的确定，以资产负债表为重心，注重资产的保值增值。收入费用观向资产负债观的转变，将人们对会计信息的着眼点从利润表转向资产负债表，人们对企业收益的审视焦点也从传统的净利润转向净资产。Carter等（2007）考察了2002年和2003年股票期权开始费用化之后的管理层薪酬的变化。研究发现，期权费用化之后这些公司减少了股票期权的使用并增加了限制性股票的使用，印证了费用化之前有利的会计处理影响期权选择的结论。费用化处理后股票期权使用的下降以及限制性股票使用的增加，强化了对长期绩效的刺激，表明会计准则变革影响薪酬契约的设计，促使企业关注长期价值。此外，资产负债观一个重要的体现就是增设了所有者权益变动表，其目的是提供股东关注的信息，将所有者权益变动原因和责任划分清楚，旨在更加严格、更加合理地评价经营者的业绩，或更加充分地暴露经营者的过失。这样能够增强管理者的价值管理观念，有利于维护股东权益，促进资本经营目标的实现。可见，收入费用观向资产负债观的转变使得股东对企业收益的关注由净利润转向净资产，股东将更多地通过净资产的变化来评价管理者的业绩。Banker和Datar（1989）、Lambert（2001）均指出，一个指标在绩效评价体系中的权重会随着该指标精确度和敏感度与代理人努力程度的关联性的增加而增大。Ozkan等（2012）研究发现，在采用IFRS之后薪酬委员会发现会计盈余质量更高、更具可比性，能够提供关于管理者努力程度的增量信息，因而增加会计盈余在高管薪酬契约中的权重。

会计理念的变革使得净资产能够提供更多的关于管理者努力程度的信息，而净利润揭示管理者经营业绩信息的能力相对降低，因此在会计准则变革后，净资产与高管薪酬的敏感性显著增加，而净利润与高管薪酬的敏感性会显著下降。

基于以上分析，本部分提出假设2-2：

H2-2：会计准则变革后，净利润与高管薪酬的敏感性显著下降，净资产与高管薪酬的敏感性显著上升。

（3）会计准则变革与企业经营活动转变

一般来讲，企业的经营活动包括筹资、投资、分配、生产、供应、销售等六大活动，而不同的经营方式下其所涵盖的经营活动是不同的。产品经营方式下企业的经营活动主要是生产活动，此种方式下企业可以被看成是一个生产车间；商品经营方式下企业的经营活动不再是单一的生产活动，而是形成了供应、生产和销售的有效衔接，经营活动的目的不再只是完成生产要求，而且开始尊重价值规律，追求利润；资产经营方式下企业的经营活动除了注重产出的收益，也开始将视野延伸到创造收益的资产上，需要考虑在资产投入的基础上求得利润最大化，因为粗放式生产经营所带来的收益往往都要付出大量的成本和损耗；资本经营方式下企业的经营活动更进一步延伸到筹资活动，企业更为注重资本的来源，以保障资本保值增值目标的实现，需要考虑在资本投入的基础上求得利润最大化。

从经营目标的实现角度来看，会计准则变革使得企业的经营目标由商品经营目标向资本经营目标转变，即由短期利润最大化向长期资本增值最大化转变。资本经营的目标是资本增值，张先治（2007）在其所著的《高级财务管理》中提出：资本增值额=企业净利润-股权资本机会成本。首先，从净利润的角度来看，胡俊南（2012）指出，净利润是由商品经营活动和资本经营活动共同创造的，见表2-7。只有将商品经营活动和资本经营活动有效融合，才能更好地实现净利润的增加。会计理念由历史成本观向公允价值观的转变以及具体会计准则中借款费用、资产减值、长期股权投资等的变革和调整，具体到利润表中，就是对公允价值变动收益（损失）、财务费用、资产减值损失、投资收益这些项目背后所反映的资本经营活动的规范和引导。这表明，新会计准则的变革使得企业不仅关注商品经营利润，而且更加注重资本经营收益的实现，通过对资本经营活动的引导更好地实现商品经营与资本经营的融合发展。

表2-7 利润表的解构

项　目	核算内容	性质和特点	价值属性
主营业务收入（成本）	销售商品、提供劳务实现的收入（发生的成本）	通过销售商品或提供劳务实现资本增值	商品经营
其他业务收入（成本）	出租资产、销售材料、用材料进行非货币性资产交换或债务重组等活动产生的收入（支出）	通过优化配置资产，盘活闲置资产，提高资本运营效率和效益，实现资本增值	资本经营
税金及附加	核算与经营活动相关的税费	抵减经营活动的收益	商品经营
销售费用	销售商品、提供劳务过程中发生的各种费用	抵减销售商品或提供劳务创造的价值	商品经营
管理费用	组织和管理生产经营所发生的管理费用	抵扣生产经营的收益	商品经营
财务费用	为筹集资金所发生的筹资费用	借入资金的成本	资本经营
资产减值损失	计提各项资产减值准备所形成的损失	为真实反映资产的价值，提高资本运营效率而计提	资本经营
公允价值变动收益（损失）	交易性金融资产、交易性金融负债等公允价值变动形成的损益	投融资过程中产生的损益	资本经营
投资收益（损失）	企业对外投资产生的收益（损失）	投资创造的价值	资本经营
营业外收入（支出）	处置非流动资产、交换非货币性资产、债务重组等所产生的利得（损失）	为盘活资产、提高资本运营效率和效益而产生的损益	资本经营
所得税费用	实现利润应交的所得税	为商品经营与资本经营产生的收益应交的所得税	商品经营 资本经营
股权资本成本	股东将资本投入企业而放弃其他投资所能带来的潜在收益	企业为筹集自有资金而必须考虑的成本	资本经营

资料来源：胡俊南. 基于价值创造的我国制造企业商品经营与资本经营协调性研究［D］. 南昌：南昌大学，2012.

接着来看股权资本成本，会计准则变革能够影响企业的权益融资活动，从总体上准则变革降低了股权资本成本（Daske 等，2013；高芳和傅仁辉，2012）。具体来看，一方面准则变革扩展了融资渠道。受托责任观向决策有用观的转变使得企业更加面向市场，战略视野的提升使得企业不仅仅固守其既有的价值链，而是向全球资本市场寻求资金支持，管理者可以通过对资金提供者的对比和筛选来寻求对其最具吸引力的资金，从而获得较低的资本成本。另一方面准则变革降低了系统风险。收入费用观向资产负债观的转变强化了对未来现金流不确定性的关注与控制、提升了会计信息反映企业未来盈利能力的有效性，使得投资者对企业未来现金流的预测偏差减小，系统风险可见。会计准则变革影响了企业的股权融资活动，使得企业内外部资本更好地融合，更大限度地实现资本保值增值。

从经营活动角度来看，新会计准则更多地规定了资本经营所包涵的筹资、投资和分配活动。企业的生存离不开供应、生产、销售等商品经营活动，同样地，企业的发展也离不开筹资、投资、分配等资本经营活动。会计准则对资本经营活动的规范和引导，会促进企业大力开展资本经营，进而实现商品经营活动与资本经营活动的融合与协调。高念武、汪新波（1996）指出，从会计对短期流动资本的核算，到对企业一般开支的核算，再到对固定资本的核算，为企业从生产过程协调到产供销一体化的协调，再到分派未来资源的协调提供了可能。

基于以上分析，本部分提出假设2-3：

H2-3：会计准则变革能够提升商品经营活动与资本经营活动的协调度。

2.4.2 模型设计与变量选择

（1）研究思路设计

①会计准则变革对企业经营目标影响的研究设计。

首先，资本经营目标与资产经营目标。张先治（2001）指出，资本经营的根本目标是资本增值，直接目标是利润，核心目标是经济效益。资本经营与资产经营的直接目标是一致的，都是利润，但是核心目标不同。反映资本经营核心目标的指标是资本收益率（净资产收益率），即企业净收益与企业净资产之比。反映资产经营核心目标的指标是总资产报酬率，即企业息税前利润与企业总资产之比。资本经营目标与资产经营目标的关系可用资本收益率与总资产报酬率之间的关系来反映，即：

资本收益率=［总资产报酬率+（总资产报酬率-负债利息率）×负债总额/资本总额］×（1-所得税税率）

由上式可以看出，企业要实现资本经营目标，即提高资本收益率，一方面要搞好资产经营，提高总资产报酬率或资产盈利能力；另一方面要搞好资本运作，优化资本结构。

其次，资产经营目标与商品经营目标。资产经营与商品经营的直接目标也相同，即利润目标，区别在于核心目标。反映商品经营核心目标的指标是销售利润率。资产经营目标与商品经营目标的关系如下：

总资产报酬率=总资产周转率×销售利润率

由上式可以看出，要搞好资产经营，提高总资产报酬率，一方面要搞好商品经营，提高销售利润率或商品的盈利能力；另一方面要进行资产重构、优化资产配置，提高资产的周转速度。

最后，商品经营目标与产品经营目标。无论是商品经营、资产经营还是资本经营，它们之间的关系主要体现在反映其核心目标的指标有所不同，其直接目标均为利润。而产品经营与商品经营目标的关系却主要反映为直接目标不同。产品经营的直接目标强调产量的最大化。商品经营目标与产品经营目标之间的关系如下：

销售收入×销售利润率=产量×产品销售率×（销售价格-销售成本）

企业从商品经营角度要追求利润最大化的直接目标，一要提高销售利润率，二要扩大销售规模与水平。要实现商品经营的利润最大化，产品经营是基础，即通过产品经营增加产量；同时，要注重产销平衡及投入品与产出品的价格。以上关系分析如图2-2所示。

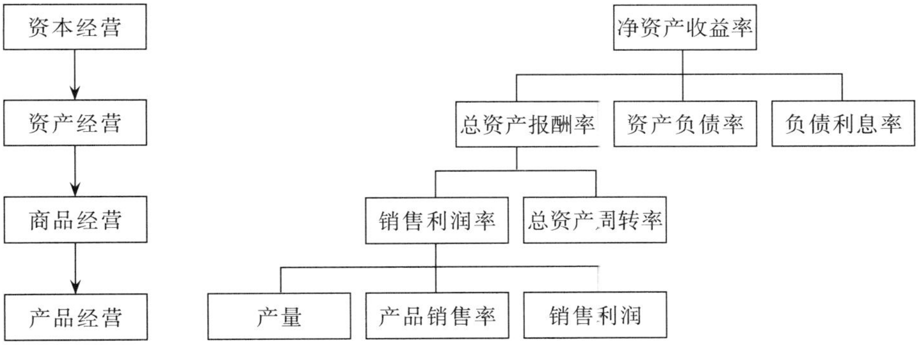

图2-2 不同经营方式下核心指标的关系解析图

通过不同经营方式的核心指标的关系解析可以看出，净资产收益率是资本经营的核心指标，净资产收益率的提高需要企业优化资本结构、加快资产周转、增加销售收益。销售利润率衡量的是在既定销售收入下企业的收益情况，而未考虑取得收益所占用的资产和资本。如果企业只关注销售利润率的变化，有可能忽视企业资本和资产的投入和占用，造成资源的闲置和浪费。只有将销售利润率与净资产收益率综合起来考察，才能真正发现企业的价值变动。因而，如果会计准则变革后销售利润率对净资产收益率变化的贡献降低，总资产周转率或者资本结构等对净资产收益率变化的贡献增加，则说明企业注重通过优化资产的配置或者资本结构的调整来促进资本增值，而不仅仅是销售，企业的经营目标由注重短期收益向注重全面价值增值转变。因此，本部分试图利用会计准则变革前后销售利润率对净资产收益率的贡献变化来说明会计准则变革对企业经营目标转变的影响。

②会计准则变革对企业经营理念影响的研究设计。

会计理念的变革会带来企业经营理念的变化，企业经营理念的变化会体现在高管薪酬契约有效性的变化中。本部分利用不同会计指标与高管薪酬敏感性的关系变化进行检验，在模型中分别采用净利润和净资产（用销售利润率和净资产收益率做进一步检验）两种业绩指标，考察会计准则变革后企业薪酬契约有效性的变化，进而说明会计准则变革对企业经营理念转变的影响。

③会计准则变革对企业经营活动影响的研究设计。

会计准则变革无论对经营目标的影响，还是对经营理念的作用，最终都会体现在经营活动的变化上。会计准则变革使得企业更为注重价值的创造与实现，而价值的创造与实现离不开产供销、投融资的协调统一，离不开商品经营活动与资本经营活动的融合发展。因此，会计准则变革会使得商品经营活动与资本经营活动的协调度提升。本章的研究思路首先是借鉴胡俊南（2012）的研究方法，构建商品经营系统与资本经营系统的评价体系，计算商品经营活动与资本经营活动的协调度。然后，引入会计准则变革虚拟变量，通过会计准则变革前后商品经营与资本经营协调度的变化以及商品经营发展水平对协调度的贡献，考察会计准则变革对企业经营活动转变的影响。

（2）模型设计

①会计准则变革与企业经营目标转变。

为检验会计准则变革对企业经营目标转变的影响，构造模型2-1，在模型中加入会计准则变革（REFORM）与销售利润率（SOI）的交乘变量（REFORM×SOI），若SOI在模型中的回归系数显著为正，REFORM×SOI在模型中的回归系数显著为负，说明会计准则变革后，商品经营利润在企业资本经营收益中所占比重下降，表明会计准则变革使得企业经营目标由商品经营向资本经营转变，企业更加注重通过优化资产的配置或者资本结构的调整来促进长期资本增值，即假设2-1成立。

$$\begin{aligned}ROE_{i,t} = {} & \beta_0 + \beta_1 REFORM + \beta_2 REFORM \times SOI_{i,t} + \beta_3 SOI_{i,t} + \beta_4 LEV_{i,t} + \beta_5 TAT_{i,t} + \\ & \beta_6 DI_{i,t} + \beta_7 SIZE_{i,t} + \beta_8 TOP10_{i,t} + \beta_9 DIR_{i,t} + \beta_{10} INDIR_{i,t} + \beta_{11} AGE_{i,t} + \\ & \beta_{12} RET_{i,t} + \sum IND + \varepsilon_{i,t}\end{aligned} \tag{2-1}$$

其中：ROE为净资产收益率；REFORM为会计准则变革虚拟变量（2006年以前取值为0，2006年以后取值为1）；SOI为销售利润率；LEV为资产负债率；TAT为总资产周转率；DI为负债利息率；SIZE为公司规模；TOP10为前十大股东持股比例；DIR为董事会规模；INDIR为独立董事比例；AGE为公司上市年限；RET为股票收益率；IND为行业虚拟变量。

②会计准则变革与企业经营理念转变。

为检验会计准则变革对企业经营理念转变的影响，构造模型2-2，在模型中加入会计准则变革与净利润、净资产的交乘变量（NPROFIT×REFORM、EQUITY×REFORM），若NPROFIT在模型中的回归系数显著为正，NPROFIT×REFORM在模型中的回归系数显著为负，EQUITY在模型中的回归系数显著为负，EQUITY×REFORM在模型中的回归系数显著为正，说明会计准则变革后，净利润与高管薪酬契约的敏感性显著降低，而净资产与高管薪酬契约的敏感性显著上升。

$$\begin{aligned} CASH_{i,t} = {} & \beta_0 + \beta_1 REFORM + \beta_2 NPROFIT_{i,t} + \beta_3 NPROFIT_{i,t} \times REFORM + \\ & \beta_4 EQUITY_{i,t} + \beta_5 EQUITY_{i,t} \times REFORM + \beta_6 SIZE_{i,t} + \beta_7 LEV_{i,t} + \\ & \beta_8 DIR_{i,t} + \beta_9 INDIR_{i,t} + \beta_{10} TOP10_{i,t} + \beta_{11} AGE_{i,t} + \sum IND + \varepsilon_{i,t} \end{aligned} \tag{2-2}$$

其中：CASH为高管薪酬，借鉴Ozkan等（2012）的研究，本部分通过现金薪酬来衡量高管薪酬，原因有以下两点：一是权益薪酬在本部分的研究中较少涉及，二是Hay（1991）、Frydman和Jenter（2010）等指出，研究基于会计业绩评价的契约有用性，更多地与现金薪酬直接相关，而不是权益薪酬；REFORM为会计准则变革虚拟变量（2006年以前取值为0，2006年以后取值为1）；NPROFIT为公司净利润；EQUITY为公司净资产；SIZE为公司规模；LEV为资产负债率；DIR为董事会规模；INDIR为独立董事比例；TOP10为前十大股东持股比例；AGE为上市年限；IND为行业控制变量。

③会计准则变革与企业经营活动转变。

为检验会计准则变革对企业经营活动转变的影响，构建模型2-3，如果会计准则变革（REFORM）的系数显著正，说明会计准则变革提升了商品经营与资本经营的协调度，即假设2-3成立。为了进一步验证假设2-3，本部分在模型中加入商品经营发展能力（COP）和会计准则变革与商品经营发展能力的交乘变量（REFORM×COP）构建模型2-4，若COP在模型中的回归系数显著为负，REFORM×COP在模型中的回归系数显著为正，说明会计准则变革后，商品经营发展能力对商品经营与资本经营协调性的抑制作用减弱，表明会计准则变革促进了商品经营与资本经营的融合发展，即假设2-3成立。

$$\begin{aligned} CCH_{i,t} = {} & \beta_0 + \beta_1 REFORM + \beta_2 SIZE_{i,t} + \beta_3 LEV_{i,t} + \beta_4 DIR_{i,t} + \beta_5 INDIR_{i,t} + \beta_6 TOP10_{i,t} + \\ & \beta_7 AGE_{i,t} + \sum IND + \varepsilon_{i,t} \end{aligned} \tag{2-3}$$

$$\begin{aligned} CCH_{i,t} = {} & \beta_0 + \beta_1 REFORM + \beta_2 COP_{i,t} + \beta_3 REFORM \times COP_{i,t} + \beta_4 SIZE_{i,t} + \beta_5 LEV_{i,t} + \\ & \beta_6 DIR_{i,t} + \beta_7 INDIR_{i,t} + \beta_8 TOP10_{i,t} + \beta_9 AGE_{i,t} + \sum IND + \varepsilon_{i,t} \end{aligned} \tag{2-4}$$

其中：CCH为协调度；REFORM为会计准则变革虚拟变量（2006年以前取值为0，2006年以后取值为1）；COP为商品经营发展能力；SIZE为公司规模；LEV为资本结构；TOP10为前十大股东持股比例；DIR为董事会规模；INDIR为独立董事比例；AGE为公司上市年限；IND为行业虚拟变量。

以上各模型中的具体变量说明见表2-8。

表2-8 **变量说明**

	变量代码	变量名称	变量定义
被解释变量	ROE	净资产收益率	净利润÷平均净资产
	CASH	高管现金薪酬	高管前三名薪酬总额的对数
	CCH	协调度	依据商品经营和资本经营评价体系，运用主成分分析法和回归分析法综合计算得出
解释变量	REFORM	会计准则变革	虚拟变量，当处于2007—2012年时取1，否则取0
	SOI	销售利润率	利润总额÷营业收入
	NPROFIT	净利润	净利润的对数
	EQUITY	净资产	净资产的对数
	COP	商品经营发展能力	依据商品经营评价体系利用主成分分析法计算得出
控制变量	LEV	财务杠杆	总负债÷总资产
	TAT	总资产周转率	销售收入÷平均资产总额
	DI	负债利息率	财务费用÷总负债
	SIZE	公司规模	总资产的对数
	TOP10	前十大股东持股比例	前十大股东持股数量÷总的股本数
	DIR	董事会规模	董事会成员数量
	INDIR	独立董事比例	独立董事数量÷董事会成员数量
	AGE	上市年限	公司上市的年数
	RET	股票收益率	（年末股价-年初股价）÷年初股价
	IND	行业	行业虚拟变量

2.4.3 实证结果分析

（1）会计准则变革对于经营目标转变影响的实证结果与分析

①变量描述性统计。

表2-9报告了各变量在会计准则变革前后的描述性统计结果。由表2-9可以看出，净资产收益率（ROE）在会计准则变革前的均值为0.0190，在会计准则变

革后的均值为0.0767。独立样本T检验结果显示会计准则变革后ROE有明显的提升，说明企业的资本经营收益显著增加。销售利润率（SOI）在会计准则变革前后的均值分别为0.2353、0.2509，由独立样本T检验可以看出，SOI在会计准则变革后得到显著增加，说明企业的商品经营利润得到显著提升。

表2-9　　各变量在会计准则变革前后的描述性统计结果

年　份	2003—2006（N=4 603）			2007—2012（N=8 483）			2003—2006 Vs. 2007—2012	
项　目	最小值	最大值	均值	最小值	最大值	均值	均值差异	独立样本T检验
ROE	−26.6996	75.9096	0.0190	−54.8090	73.3672	0.0767	0.0577	2.636***
SOI	−1.8123	0.9660	0.2353	−0.6494	0.9746	0.2509	0.0156	5.244***
TAT	6	10.1100	0.7200	8	22.2400	0.7900	0.0700	6.434***
LEV	0.0207	2.5554	0.5027	0.0071	1.2735	0.4848	−0.0178	−4.952***
DI	−59.8414	38.2301	0.1604	−16.4734	114.2648	0.1343	−0.0261	−1.001
SIZE	15.5563	28.2821	21.4765	16.6943	28.1356	21.5570	0.0804	3.605***
TOP10	0.1028	0.9701	0.5984	0.0359	0.9810	0.5542	−0.0443	−16.940***
DIR	1.0986	2.9444	2.2418	1.0986	2.8904	2.1900	−0.0518	−13.597***
INDIR	0.0714	0.6000	0.3432	0.0909	0.8000	0.3661	0.0229	24.454***
AGE	10	170	7.5192	10	230	10.2860	2.7668	35.765***
RET	−0.9091	4.9855	−0.0201	−0.9373	8.5265	0.2017	0.2218	17.191***

注：*、**、***分别表示在10%、5%、1%的水平上显著。

总资产周转率（TAT）在会计准则变革前后的均值分别为0.7200、0.7900，由独立样本T检验同样可以看出，TAT在会计准则变革后的增加是显著的。而资产负债率（LEV）、负债利息率（DI）的均值则在会计准则变革后均有所降低：LEV由0.5027降到0.4848，下降显著；DI由0.1604降到0.1343，但并不显著。LEV、DI的下降在一定程度上说明会计准则变革后企业更加注重对财务风险的控制。作为资本经营核心指标的净资产收益率得到显著增加，那么其增加是源于销售利润率、总资产周转率的增加，还是资产负债率、负债利息率的降低，需要进一步研究。此外，由表2-9还可以看出公司规模（SIZE）的均值由21.4765上升为21.5570，增加显著；前十大股东持股比例（TOP10）的均值由0.5984下降至0.5542，由独立样本T检验可以看出，TOP10在会计准则变革后显著降低，虽然降低后仍然高于50%，但是对于股权较为集中的我国上市公司来讲，股权集中度的降低在一定程度上表明我国上市公司股权结构的调整和优化。董事会规模（DIR）在会计准则变革前的均值为2.2418，在会计准则变革后为2.1900，降低了-0.0518，并且在1%的水平上显著。独立董事比例（INDIR）的均值在会计准则变革后由0.3432增加了0.0229，增加为0.3661，并且在1%的水平上显著。可以看出，我国上市公司独立董事比例大都遵循《关于在上市公司建立独立董事制度的指导意见》的规定，独立董事比例要超过三分之一，独立董事比例的增加也说明我国上市公司董事会独立性的提升，意味着会计准则变革后公司治理水平增强。

②多元回归分析。

表2-10报告了会计准则变革对企业经营目标转变影响的实证结果。由表2-10可以看出，会计准则变革（REFORM）的系数为0.092，在5%的水平上显著。实证结果表明，会计准则变革后净资产收益率显著提高，会计准则变革提高了资本经营收益，促进了资本增值。销售利润率（SOI）的系数为0.657，在1%的水平上显著，而且会计准则变革与销售利润率的交乘项（REFORM×SOI）的系数为-0.302，在5%的水平上显著，说明商品经营的核心指标——销售利润率的增加能够促进净资产收益率的提升，但在会计准则变革后销售利润率对净资产收益率的贡献相对降低。销售利润率衡量的是在既定销售收入下企业的收益情况，而未考虑取得收益所占用的资产和资本。如果企业只关注销售利润率的变化，有可能忽视企业资本和资产的投入和占用，造成资源的闲置和浪费。销售利润率对于净资产收益率的贡献的下降，表明会计准则变革后，企业可能更加注重通过资产经营或者资本结构的优化和调整来提升资本经营收益。即假设2-1成立。总资产周转率（TAT）的系数为0.108，在1%的水平上显著，表明资产周转越快，净资产收益率越高。资产负债率（LEV）的系数为-0.452，在1%的水平上显著，表明负债越高，净资产收益率越低。负债利息率（DI）的系数为-0.008，但统计上不显著。从变量的多重共线性角度来看，会计准则变革（REFORM）、销售利润率（SOI）、会计准则变革与销售利润率的交乘项（REFORM×SOI）的容差较低，方差膨胀因子（VIF）较高，之所以出现上述多重共线性，是因为基于研究需要，在模型中加入了会计准则变革与销售利润率的交乘项（REFORM×SOI），进而导致了这三个变量相对较高的共线性。除了这三个变量外，其余变量的容差较高，方差膨胀因子均较低，说明模型的变量选择不具有严重的多重共线性。

表 2-10 会计准则变革对企业经营目标转变影响的实证结果

	模型 2-1（2003—2012）	容差	VIF	模型 2-1（2006—2007）	容差	VIF
REFORM	0.092** (2.311)	0.296	3.382	0.076 (0.513)	0.252	3.973
SOI	0.657*** (5.772)	0.300	3.331	0.834** (2.266)	0.442	2.265
REFORM×SOI	-0.302** (-2.258)	0.183	5.479	-0.984** (-1.995)	0.222	4.495
TAT	0.108*** (6.215)	0.860	1.163	0.078 (1.263)	0.832	1.202
LEV	-0.452*** (-7.866)	0.800	1.249	-0.737*** (-3.342)	0.843	1.187
DI	-0.008 (-1.031)	0.951	1.052	-0.035 (-0.712)	0.868	1.152
SIZE	0.010 (1.072)	0.884	1.131	0.022 (0.644)	0.848	1.179
TOP10	0.068 (0.900)	0.777	1.288	-0.026 (-0.091)	0.813	1.230
DIR	0.133** (2.485)	0.875	1.142	0.219 (1.150)	0.913	1.095
INDIR	0.008 (0.039)	0.859	1.164	-0.235 (-0.276)	0.921	1.086
AGE	0.005* (1.878)	0.705	1.418	0.002 (0.161)	0.799	1.252
RET	0.033*** (2.693)	0.972	1.029	0.088** (2.159)	0.674	1.485
CONSTANT	-0.591** (-2.181)			-0.692 (-0.670)		
IND	控制	—	—	控制	—	—
Adjusted R^2	1.5%	—	—	2.8%	—	—
F	8.323***	—	—	3.534***	—	—

注：*、**、***分别表示在10%、5%、1%的水平上显著。

为了消除年份对实证结果的影响，进一步提升实证结果的稳健性，本部分将2006—2007年作为样本期间对模型2-1再次进行检验，结果见表2-10。由表2-10可以看出，会计准则变革（REFORM）的系数为0.076，但统计上不显著。之所以不显著，原因可能是因为样本时间窗口太窄，还未能发现净资产收益率的明显变化。销售利润率（SOI）与净资产收益率（ROE）在5%的统计水平上显著正相关，会计准则变革与销售利润率的交乘项（REFORM×SOI）与净资产收益率（ROE）依旧在5%的统计水平上显著负相关。结果说明，会计准则变革后，销售利润率对净资产收益率的贡献相对降低，表明了企业可能注重通过资产经营或者资本结构的优化和调整来提高资本的配置效率，以全面进行价值创造。假设2-1得到进一步验证。

（2）会计准则变革对企业经营理念影响的实证结果与分析

①变量描述性统计。

表2-11报告了各变量在会计准则变革前后的描述性统计结果。由表2-11可以看出，高管薪酬（CASH）在会计准则变革前的均值为13.0599，中位数为13.0815；在会计准则变革后的均值为13.8357，中位数为13.8547。独立样本T检验结果显示准则变革后高管薪酬得到显著提升。净利润（NPROFIT）、净资产（EQUITY）在会计准则变革前的均值分别为17.5639、20.5145，在会计准则变革后的均值分别为18.4050、21.0709，由独立样本T检验结果可以看出，净利润、净资产均在准则变革后得到显著提升。然而，高管薪酬的变化究竟源于何种因素的影响还需要进一步验证。独立董事比例（INDIR）、前十大股东持股比例（TOP10）在会计准则变革前的均值分别为0.3435、60.7394，在会计准则变革后的均值分别为0.3652、56.6490，由独立样本T检验结果可以看出，准则变革后独立董事比例显著增加、前十大股东持股比例显著降低，表明准则变革后董事会的独立性逐渐增强，股权结构更加分散、趋于合理，初步表明准则变革后公司治理水平不断提高。此外，公司规模（SIZE）在准则变革后显著增加，财务杠杆（LEV）和董事会规模（DIR）则明显下降。

②多元回归分析。

表2-12报告了模型2-2的回归结果。由表2-12可以看出，净利润（NPROFIT）的系数为0.206，在1%的水平上显著；而净资产（EQUITY）的系数为-0.107，并在5%的水平上显著。结果表明，准则变革前净利润与高管薪酬的敏感性显著为正，净资产与高管薪酬的敏感性显著为负，即净利润是高管薪酬契约中的重要指标，而净资产则没有得到应有的关注。净利润与会计准则变革交乘项（NPROFIT×REFORM）的系数为-0.033，并在5%的水平上显著；而净资产与会计准则变革交乘项（EQUITY×REFORM）的系数为0.077，并在1%的水平上显

表2-11　　　　　　　　**各变量在会计准则变革前后的描述性统计结果**

年　份	2003—2006（N=3 837）			2007—2012（N=7 893）			2003—2006 Vs. 2007—2012	
项　目	均　值	中位数	标准差	均　值	中位数	标准差	均值差异	独立样本T检验
CASH	13.0599	13.0815	0.7908	13.8357	13.8547	0.7606	0.7758	50.473***
NPROFIT	17.5639	17.5516	1.5043	18.4050	18.3606	1.6358	0.8411	27.599***
EQUITY	20.5145	20.4258	0.9632	21.0709	20.9244	1.1822	0.5564	27.185***
RET	0.0025	−0.1302	0.4990	0.2644	−0.0629	0.9817	0.2619	19.153***
SIZE	21.3034	21.1972	0.9765	21.7665	21.5895	1.2740	0.4631	21.728***
LEV	47.3216	48.6877	17.4436	45.8197	46.6842	20.1141	−1.5019	−4.157***
DIR	9.7282	90	2.0971	9.1854	90	1.8770	−0.5428	−13.602***
INDIR	0.3435	0.3333	0.0484	0.3652	0.3333	0.0537	0.0217	22.039***
TOP10	60.7394	62.3700	13.0623	56.6490	57.5400	16.2337	−4.0904	−14.652***
AGE	6.1796	60	3.5634	8.6877	90	5.3099	2.5081	30.235***

注：*、**、***分别表示在10%、5%、1%的水平上显著。

著。结果表明，准则变革后净利润与高管薪酬的敏感性显著为负，而净资产与高管薪酬的敏感性显著为正。通过准则变革前后净利润、净资产与高管薪酬敏感性的变化可以看出，准则变革使得净利润与高管薪酬的敏感性下降，而净资产与高管薪酬的敏感性上升，净资产成为评价高管业绩的重要指标，会计理念由收入费用观向资产负债观的转变影响了高管薪酬的契约结构，即假设2-1成立。Bushman和Smith（2001）、Lambert（2001）、Voulgaris等（2011）等均认为股票收益率（RET）是影响高管薪酬契约的重要变量，本部分也加入股票收益率（RET）这一控制变量以提升研究结果的稳健性。结果发现，加入股票收益率（RET）后，Adjusted R^2由0.407增加至0.417，方程的拟合程度提升，表明股票收益率的加入提升了方程对于高管薪酬的解释力。此时，净利润与会计准则变革交乘项（NPROFIT×REFORM）的系数为-0.015，但并不显著，而净资产与会计准则变革交乘项（EQUITY×REFORM）的系数为0.054，并在1%的水平上显著。结果表明，加入股票收益率（RET）后，假设2-2依然得到验证。

表 2-12 **会计准则变革对高管薪酬契约影响的实证结果**

项　目	模型 2-2	模型 2-2（加入 RET）
REFORM	-0.466* (-1.694)	-0.270 (-0.984)
NPROFIT	0.206*** (19.401)	0.198*** (18.370)
NPROFIT×REFORM	-0.033** (-2.520)	-0.015 (-1.163)
EQUITY	-0.107** (-2.466)	-0.082* (-1.916)
EQUITY×REFORM	0.077*** (3.910)	0.054*** (2.7)
RET		0.084*** (3.830)
RET×REFORM		-0.187*** (-8.096)
SIZE	0.146*** (3.429)	0.125*** (2.960)
LEV	-0.003*** (-2.717)	-0.002* (-1.913)
DIR	0.020*** (5.723)	0.021*** (6.187)
INDIR	0.538*** (4.405)	0.502*** (4.141)
TOP10	-0.001 (-1.004)	-0.001 (-1.390)
AGE	0.010*** (6.419)	0.009*** (6.291)
CONSTANT	8.412*** (34.433)	8.475*** (34.904)
IND	控制	控制
Adjusted R^2	0.407	0.417
F	424.919***	400.556***

注：*、**、***分别表示在 10%、5%、1% 的水平上显著。

（3）会计准则变革对企业经营活动影响的实证结果与分析

①变量描述性统计。

表2-13报告了变量的描述性统计结果。由表2-13可以看出，商品经营对资本经营的适应度（CCH）最小值为2，最大值为10，说明从总体来看，商品经营对资本经营的适应度差异幅度较大。商品经营发展能力（COP）最小值为-3.7651，最大值为18.8292，可见不同企业的商品经营发展能力有较大差异。其余变量在上述章节已做过具体介绍，本章不再赘述。

表2-13　变量的描述性统计结果

项　目	N	最小值	最大值	标准差
CCH	13 086	2	10	0.0409
COP	13 086	-3.7651	18.8292	0.6380
SIZE	13 086	15.5563	28.2821	1.2197
LEV	13 086	0.0071	2.5554	0.2015
TOP10	13 086	0.0359	0.9810	0.1545
DIR	13 086	1.0986	2.9444	0.2071
INDIR	13 086	0.0714	0.8000	0.0535
AGE	13 086	10	230	4.9134
RET	13 086	-0.9373	8.5265	0.8456

②多元回归分析。

表2-14报告了模型2-3的回归结果。由表2-14可以看出，会计准则变革（REFORM）的系数为0.004，并在1%的水平上显著。回归结果说明，会计准则变革后商品经营对资本经营的适应度增大，表明会计准则变革提升了商品经营活动与资本经营活动的协调度，即假设2-3成立。资本经营与资本市场关系紧密，为了控制股票收益率（RET）对商品经营与资本经营协调度的影响，本部分加入股票收益率（RET）这一控制变量进一步检验。结果发现，会计准则变革（REFORM）的系数依然在1%的水平上显著为正，假设2-3得到进一步验证。

表2-15报告了模型2-4的回归结果。由表2-15可以看出，会计准则变革（REFORM）的系数为0.004，在1%的水平上显著。研究发现，会计准则变革提高了商品经营对资本经营的适应度。商品经营发展能力（COP）的系数为-0.031，在1%的水平上显著。说明在会计准则变革前，商品经营发展能力的提升

表 2-14　　**会计准则变革对企业经营活动转变影响的实证结果**

项　目	模型 2-3	容差	VIF	模型 2-3（加入 RET）	容差	VIF
REFORM	0.004*** (4.473)	0.883	1.132	0.004*** (4.489)	0.873	1.146
SIZE	-0.001*** (-2.710)	0.837	1.194	-0.001*** (-2.902)	0.835	1.197
LEV	0.001 (0.693)	0.829	1.206	0.001 (0.509)	0.829	1.207
TOP10	-0.015*** (-5.749)	0.803	1.246	-0.015*** (-5.772)	0.802	1.247
DIR	-0.003 (-1.537)	0.882	1.134	-0.003 (-1.621)	0.881	1.134
INDIR	0.008 (1.069)	0.860	1.162	0.007 (1.025)	0.860	1.162
AGE	-1.609E-005 (-0.192)	0.753	1.328	3.703E-007 (0.004)	0.753	1.328
RET				0.0003 (0.785)	0.978	1.022
Constant	1.025*** (110.342)			1.027*** (111.496)		
IND		—	—	控制	—	—
Adjusted R^2	0.6%	—	—	0.6%	—	—
F	4.383***	—	—	4.519***	—	—

注：*、**、***分别表示10%、5%、1%显著性水平

会降低商品经营与资本经营的适应度。会计准则变革与商品经营发展能力的交乘项（REFORM*COP）的系数为0.010，并在1%的水平上显著。说明会计准则变革后，商品经营发展能力对商品经营与资本经营适应度的抑制作用得到缓解。研究表明，会计准则变革使得商品经营与资本经营的协调度提升，进一步验证了假设2-3。股票收益率（RET）与资本经营的关系紧密，为了控制股票收益率对适应度的影响，在模型2-4中加入股票收益率（RET）作为控制变量。加入股票收益率（RET）后，会计准则变革（REFORM）、商品经营发展能力（COP）及其交乘项（REFORM×COP）的系数分别为0.004、-0.031、0.011，均在1%的水平上显著，实证结果依然稳健，进一步验证了假设2-3。

表2-15 会计准则变革对企业经营活动转变影响进一步检验的实证结果

项 目	模型2-4	容差	VIF	模型2-4（加入RET）	容差	VIF
REFORM	0.004*** (5.339)	0.883	1.132	0.004*** (5.248)	0.873	1.146
COP	-0.031*** (-34.134)	0.328	3.052	-0.031*** (-34.419)	0.331	3.021
REFORM×COP	0.010*** (9.012)	0.328	3.046	0.011*** (9.776)	0.332	3.015
SIZE	-0.001* (-1.921)	0.837	1.195	-0.001** (-2.057)	0.835	1.198
LEV	0.001 (0.730)	0.829	1.206	0.001 (0.590)	0.829	1.207
TOP10	-0.005** (-2.256)	0.797	1.255	-0.005** (-2.302)	0.796	1.256
DIR	-0.002 (-1.208)	0.881	1.134	-0.002 (-1.318)	0.881	1.135
INDIR	0.012* (1.802)	0.860	1.163	0.012* (1.763)	0.860	1.163
AGE	-4.878E-005 (-0.631)	0.753	1.328	-3.437E-005 (-0.447)	0.753	1.329
RET				0.001 (1.459)	0.977	1.023
Constant	1.008*** (117.244)			1.009*** (118.234)		
IND	控制	—	—	控制	—	—
Adjusted R^2	15.1%	—	—	14.9%	—	—
F	94.340***	—	—	88.766***	—	—

注：*、**、***分别表示在10%、5%、1%的水平上显著。

2.5 小结

会计准则不仅给会计信息带来了优化和改善，还在会计理念上实现了深层转变，在具体准则上进行了大幅调整与完善，这些会计理念和具体准则的变化不仅仅影响资本市场的决策相关性，还作用于企业的经营方式，使得企业更加面向资本市场进行价值创造，更加关注股东利益促进企业资本增值，更加注重全面价值管理以保障企业长远发展。会计准则变革对于企业经营方式等微观组织管理的影响，属于会计准则变革的后续间接效应，这部分研究没有受到应有的重视。因此，本部分以会计理念变革和具体准则变革为分析路径，以经营目标、经营理念和经营活动为切入点，研究会计准则变革对企业经营方式转变的影响，以拓展会计准则变革的影响范畴、深化会计准则变革的非预期效应研究。

本部分以我国A股上市公司为样本，基于经营目标、经营理念和经营活动三个角度检验了会计准则变革对企业经营方式转变的影响。研究发现：第一，会计准则变革能够引导企业经营目标的调整。会计准则变革后，销售利润率对净资产收益率的贡献降低，即商品经营利润对资本经营收益的贡献降低。结果表明，在会计准则变革后，企业价值的提升更加注重通过资产经营或资本结构的调整来实现，而对商品经营的依赖度降低，减少资本的耗用与浪费，提升单位资源投入所取得的收益，意味着企业经营目标由注重短期利润向关注长期资本增值转变。第二，会计理念变革影响企业的经营理念，具体体现在基于会计盈余的高管薪酬有效性的变化上。准则变革前，净利润与高管薪酬的敏感性显著为正，而净资产与高管薪酬的敏感性显著为负；准则变革后，净利润与高管薪酬的敏感性显著为负，而净资产与高管薪酬的敏感性则显著为正。研究表明，会计理念的变革引导企业从关注短期利润向关注净资产转变，净资产的增加才是股东价值的真正增加，因此，股东对于净资产的关注引导企业的管理者更加注重资产的保值增值，股东也通过净资产来评价企业管理者的经营业绩。相比净利润，净资产提供了更多的边际信息，使其在高管薪酬契约中的权重增加。第三，会计准则变革提升了商品经营活动与资本经营活动的协调性。会计准则变革提升了商品经营活动与资本经营活动的协调度；而且准则变革后商品经营发展能力对商品经营与资本经营适应度的抑制作用得到缓解。研究表明，会计准则变革使得企业更加注重供产销与筹资、投资、分配的协调统一，促进了商品经营活动与资本经营活动的融合发展。

参考文献

［1］财政部会计司课题组．我国上市公司2008年执行企业会计准则情况分析报告［J］．会计研究，2009（7）：3-21.

［2］陈家骥．中国的企业经营方式［M］．北京：中国经济出版社，1988.

［3］科塔里．当代会计研究：综述与评论［M］．北京：中国人民大学出版

社，2009.

［4］杜荣瑞，肖泽忠，周齐武．中国管理会计研究述评［J］．会计研究，2009（9）：72-80.

［5］盖地，杜静然．会计准则变迁的自组织演化机理研究［J］．会计研究，2010（6）：77-83.

［6］胡俊南．基于价值创造的我国制造企业商品经营与资本经营协调性研究［D］．南昌：南昌大学，2012.

［7］贾兴飞，李卉．系统风险视角下会计准则变革对资本成本的影响研究——基于CAPM的嵌入与解析［J］．管理现代化，2014（5）：94-96.

［8］贾兴飞，张先治．会计观念、薪酬契约与管理层决策行为——会计准则变革非预期效应的经验证据［J］．会计研究，2016（10）：18-25.

［9］雷光勇，陈琼香．交易费用、纳什均衡与会计准则［J］．经济科学，1999（4）：113-117.

［10］李玉平．试论资本经营会计理念［J］．当代财经，2004（12）：122-124.

［11］刘永泽．论新会计准则中的资产负债观［J］．审计与经济研究，2009（1）：56-60.

［12］刘玉廷．关于中国企业会计准则与国际财务报告准则持续全面趋同问题［J］．会计研究，2009（9）：6-9.

［13］娄芳，李玉博，原红旗．新会计准则对现金股利和会计盈余关系影响的研究［J］．管理世界，2010（1）：122-132.

［14］吴晓云．再论企业经营方式转型［J］．现代财经-天津财经大学学报，1986（4）：31-34.

［15］伍中信，曾峻．会计准则国际趋同的经济后果：文献回顾与启示［J］．财经论丛，2013（3）：69-75.

［16］许家林，蔡传里．中国会计改革研究［M］．武汉：华中科技大学出版社，2010.

［17］叶建芳，周兰，李丹蒙，郭琳．管理层动机、会计政策选择与盈余管理——基于新会计准则下上市公司金融资产分类的实证研究［J］．会计研究，2009（3）：25-30.

［18］原红旗，李玉博，娄芳，等．新会计准则与会计盈余的债务合约有用性［J］．中国会计与财务研究，2013（1）：80-135.

［19］张先治．公司理财：重视会计报告与财务分析的应用［J］．财务与会计，2007（4）：11-14.

［20］张先治，傅荣，贾兴飞，晏超．会计准则变革对企业理念与行为影响的多视角分析［J］．会计研究，2014（6）：31-39.

［21］张先治，贾兴飞．基于耗散结构视角的会计标准变革动因研究［J］．会计论坛，2014（1）：3-14.

［22］张先治，晏超．我国会计准则变革研究［J］．财经问题研究，2013（2）：87-94.

［23］张先治，于悦．会计准则变革、企业财务行为与经济发展的传导效应和循环机理［J］．会计研究，2013（10）：3-12.

［24］浙江省会计学会课题组．经营方式转变与企业财务创新［J］．浙江财税与会计，1998（2）：29-30.

［25］周守华，张敬峰．新企业会计准则对财务管理的影响——兼论基于核心竞争力的财务管理变革［J］．会计研究，2006（12）：3-7.

［26］BARLEV B，HADDAD J R．Fair Value Accounting and the Management of the Firm［J］．Critical Perspectives on Accounting，2003，14（4）：383-415.

［27］BARTH M E D．Disentangling Mandatory IFRS Reporting and Changes in Enforcement［J］．Journal of Accounting and Economics，2013，56（2-3）：178-188.

［28］BYARD D，LI Y，YU Y．The Effect of Mandatory IFRS Adoption on Financial Analysts' Information Environment［J］．Journal of Accounting Research，2011，49（1）：69-96.

［29］CARTER M E，LYNCH L J，TUNA R．The Role of Accounting in the Design of CEO Equity Compensation［J］．The Accounting Review，2007，82（2）：327-357.

［30］CHEN C，D Y．Externalities of Mandatory IFRS Adoption：Evidence from Cross-Border Spillover Effects of Financial Information on Investment Efficiency［J］．The Accounting Review，2013，88（3）：881-914.

［31］CHRISTENSEN H B. Why Do Firms Rarely Adopt IFRS Voluntarily? Academics Find Significant Benefits and the Costs Appear to Be Low［J］．Review of Accounting Studies，2012，17（3）：518-525.

［32］COASE R H．Accounting and the Theory Of The Firm［J］．Journal of Accounting & Economics，1990，12（1-3）：3-13.

［33］DASKE H，et al. Adopting a Label：Heterogeneity in the Economic Consequences Around IAS/IFRS Adoptions［J］．Journal of Accounting Research，2013，51（3）：495-547.

［34］HE X，WONG T J，YOUNG D．Challenges for Implementation of Fair Value Accounting in Emerging Markets：Evidence from China［J］．Contemporary Accounting Research，2012，29（2）：538-562.

［35］HOLTHAUSEN R W，LEFTWICH R W．The Economic Consequences of

Accounting Choice Implications of Costly Contracting and Monitoring [J]. Journal of Accounting & Economics, 1983, 5 (2): 77-117.

[36] OZKAN N, SINGER Z, YOU H. Mandatory IFRS Adoption and the Contractual Usefulness of Accounting Information in Executive Compensation [J]. Journal of Accounting Research, 2012, 50 (4): 1077-1107.

[37] POPE P F, et al. Mandatory IFRS Adoption and Institutional Investment Decisions [J]. The Accounting Review, 2012, 87 (6): 1993-2025.

[38] WU J S, et al. The Voluntary Adoption of Internationally Recognized Accounting Standards and Firm Internal Performance Evaluation [J]. The Accounting Review, 2009, 84 (4): 1281-1309.

[39] ZHANG G. Accounting Standards, Cost of Capital, Resource Allocation, and Welfare in a Large Economy [J]. The Accounting Review, 2013, 88 (4): 1459-1488.

[40] ZEFF S A. Capsule Commentary [J]. American Accounting Association, 2012: 1824.

[41] ZEFF S A. The Evolution of the IASC into the IASB, and the Challenges it Faces [J]. The Accounting Review, 2012, 87 (3): 807-837.

3 会计准则变革对企业投资行为的影响研究

3.1 会计准则变革对企业投资行为影响的历史分析与文献综述

会计信息是企业进行投资决策的重要依据，会计准则变革通常都会引起会计信息质量的变化，所以会计准则变革会对企业投资行为的改变产生重要影响。本部分将首先进行会计准则变革对企业投资行为影响的历史分析，并在此基础之上对本部分研究主题进行相关的文献综述。

3.1.1 会计准则变革对企业投资行为影响的历史分析

从微观层面分析，投资是企业收益产生的基础与条件。从宏观层面看，高效率的企业投资行为是社会价值创造的保障。我国作为投资驱动型国家，投资不仅对公司资本价值具有重要影响（McConnell 和 Muscarella，1985），而且对企业长期生存产生影响，以及对整个社会经济发展具有重要影响（Harris 和 Raviv，1998）。合理而有效的投资对于国家和企业的长远发展至关重要。企业投资行为作为企业重要的管理行为，企业投资决策依赖于会计信息支持，企业投资决策受制于基于会计基础的企业内部管理与外部治理等，因此，会计准则的变革会直接和间接地影响到企业的投资行为。

（1）企业投资行为的历史发展

投资与经济增长之间具有非常紧密的关系，新古典经济学一般将经济增长看作是资本投入及技术进步的函数。美国著名的中国经济研究专家尼古拉斯·R·拉迪（Nicholas R Lardy）曾指出，中国经济是投资驱动型经济。中国经济学家张维迎（2012）也指出中国经济的增长模式是投资驱动型。中国经济是一个重度依赖资源投入的经济发展模式，投资是拉动我国经济增长的主要源动力。一方面表现在产业结构上，中国是一个制造业大国，绝大多数企业为制造业，劳动密集型和资本密集型产业是我国主导产业，而这些产业依赖于投资。另一方面，中国为了更好地迎接国际化，需要大量的基础性设施建设，创造良好的合作环境，以更好地吸引国际投资。

从2000年到2011年，我国全社会固定资产投资总额从32 917.7亿元发展到311 021.9亿元，翻了近10倍。全社会固定资产投资总额占GDP比重也由2000年的33.59%，发展到2011年的65.96%。其中设备的投资稳定占据总固定资产投资的20%左右，与固定资产投资总量同步增长（如表3-1和图3-1所示）。工业企业的固定资产投资从2000年的78 646.3亿元增加到2011年的334 590.1亿元，翻了近5倍。流动资产的投资从2000年的54 338.15亿元增加到2011年的323 398.3亿元，翻了近6倍。固定资产投资的增幅也呈现出逐年递增的趋势（如表3-2和图3-2所示）。

表3-1　**2000—2011年我国全社会固定资产投资情况表**　金额单位：亿元

年份	GDP	全社会固定资产投资总额	设备工器具购置的投资额	全社会固定资产投资总额占GDP比重	设备工器具购置的投资额占投资总额的比重	全社会固定资产投资总额增长率	设备工器具购置的投资额增长率
2000	98 001	32 917.7	7 785.6	33.59%	23.7%	10.26%	10.39%
2001	109 655	37 213.5	8 833.8	33.94%	23.7%	13.05%	13.46%
2002	120 333	43 499.9	9 884.5	36.15%	22.7%	16.89%	11.89%
2003	135 823	55 566.6	12 681.9	40.91%	22.8%	27.74%	28.30%
2004	159 878	70 477.4	16 527.0	44.08%	23.5%	26.83%	30.32%
2005	183 868	88 773.6	21 422.9	48.28%	24.1%	25.96%	29.62%
2006	210 871	109 998.2	25 563.9	52.16%	23.2%	23.91%	19.33%
2007	246 619	137 323.9	31 574.8	55.68%	23.0%	24.84%	23.51%
2008	200 670	172 828.4	40 594.1	86.13%	23.5%	25.85%	28.56%
2009	340 903	224 598.8	50 844.2	65.88%	22.6%	29.95%	25.25%
2010	401 202	278 121.9	61 681.5	69.32%	22.2%	23.83%	21.31%
2011	471 564	311 021.9	65 003.4	65.96%	20.9%	11.83%	5.39%

注：以上数据来自中经网数据库。

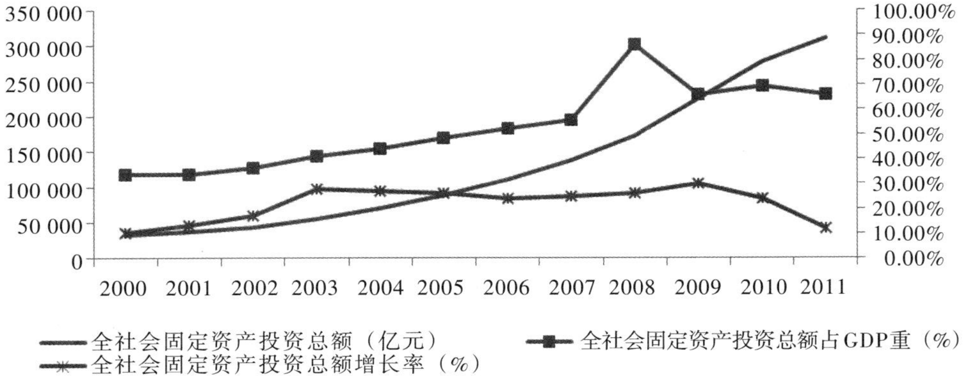

注：以上数据来自中经网数据库。

图3-1　2000—2011年我国全社会固定资产投资趋势图

表3-2　**2000-2011年我国工业投资情况表**　金额单位：亿元

年份	工业企业固定资产原价	工业企业流动资产合计	工业企业资产合计	固定资产占资产合计比重	固定资产投资增幅
2000	78 646.3	54 338.15	126 211.2	62.31%	9.46%
2001	86 293.1	57 804.97	135 402.5	63.73%	9.72%
2002	93 887.95	63 468.46	146 217.8	64.21%	8.80%
2003	105 557.1	76 163.74	168 807.7	62.53%	12.43%
2004	125 761.9	97 183.74	215 358	58.40%	19.14%
2005	143 143.6	111 031.4	244 784.3	58.48%	13.82%
2006	168 850.2	132 310.1	291 214.5	57.98%	17.96%
2007	198 739.3	163 259.6	353 037.4	56.29%	17.70%
2008	245 352.8	195 681.8	431 305.6	56.89%	23.45%
2009	278 541.1	223 038.7	493 692.9	56.42%	13.53%
2010	334 839.4	279 227.3	592 881.9	56.48%	20.21%
2011	334 590.1	323 398.3	657 988.4	50.85%	-0.07%

注：以上数据来自中经网数据库。

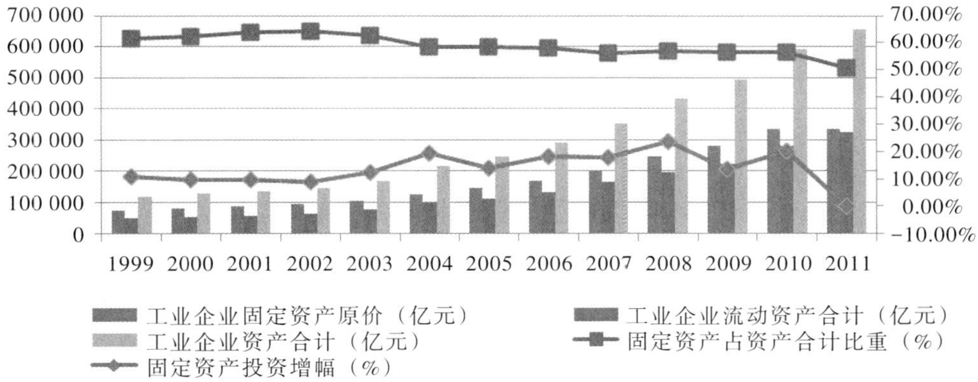

注：以上数据来自中经网数据库。

图3-2　1999—2011年我国工业投资趋势图

（2）会计准则变革对企业投资行为影响的背景分析

2002年，欧盟宣布自2005年起所有欧盟成员方的上市公司必须采用国际财务报告准则（International Financial Reporting Standards，IFRS）进行报表编制与披露。2007年，美国证券交易委员会（United States Securities and Exchange Commission，SEC）宣布在美国上市的境外公司可以使用国际财务报告准则（IFRS）进行信息披露。2008年，美国财务会计准则委员会（Financial Accounting Standards Board，FASB）开始寻求与国际会计准则理事会（International Accounting Standards Board，IASB）进行合作，尝试拟定趋同的时限。时至今日，已有100多个国家先后完成了国际财务报告准则（IFRS）的完全采用或实质趋同（Adoption and Convergence）。可以说会计准则变革并不是特定国家的个别事件，而是当前世界很多国家的共性事件。

同样，在我国，为解决国际化进程中会计所造成的制度性障碍，降低国际交易的成本和扩大交易的边界。2006年2月15日，财政部发布了国际趋同的新会计准则体系（1项基本准则和38项具体准则），要求我国上市公司于2007年年初开始执行（部分上市公司已在2006年选择执行）。2008年年初，又将实施对象扩大至中央国有企业、城市商业银行等非上市银行业金融机构、非上市保险公司，以及部分地方国有企业。2010年4月，财政部又出台《中国企业会计准则与国际财务报告准则持续趋同路线》，进一步明确了我国会计准则趋同的时间安排。

财政部副部长王军（2010）指出新会计准则（2006年颁布）与旧会计准则（1992—2005年期间陆续发布的会计准则）相比，在准则体系结构、内涵与理念上均发生了很大的变化。新会计准则不仅增加了大量的新准则，进一步对前期未规范的经济业务和事项进行了界定与规范，同时还对原部分具体准则进行了修正与调整。此外，新会计准则还动摇了历史成本法的绝对地位，引导提倡公允价值计量模式，还引导会计目标由受托责任主导转向决策有用主导，概念基础由以利润为核心的损益表观转向以资产和负债为核心的资产负债表观，准则制定模式由规则导向转向原则导向。1978年，年斯蒂芬·泽夫（Stephen Zeff）在《“经济后果”学说的兴起》一文中指出，会计准则存在经济后果，本次会计准则变革的全面性与彻底性必然会对那些以会计为基础的交易和契约及相应的行为产生经济后果。

会计的应用范畴与使用范畴决定着会计的影响范畴[①]。会计是企业内部管理交易与外部市场交易的基础，又是企业内部契约与外部契约制定与执行的基础。因此，作为会计工作指引的会计准则变革必然会对企业组织内部与组织外部的各项交易、契约以及相关的行为产生影响。具体而言，会计准则变革会改变基于会计的计划、组织、协调、控制与激励等内部管理活动，还会影响基于会计信息的资本市场与金融市场的交易行为。因而，会计准则变革影响的研究也应涵盖对企业内部、资本市场及其他领域的研究。

然而，综合国内外会计准则变革研究发现，有关会计准则变革的研究集中于会计准则变革与价值相关性、会计准则变革与资本市场流动性、会计准则变革与股价反应、会计准则变革与资本成本、会计准则变革与盈余管理，及会计准则变革与分析师预测准确性等。归纳而言，会计准则变革研究，扎堆于检验准则变革对会计信息与资本市场的影响，或者说检验会计准则变革的预期目标实现情况[②]（Voulgaris，2011）。何贤杰等（2012）指出，会计准则变化看似简单，实则不然。表面上，它只是改变了财务列报的方式，但实际上它还将通过一系列复杂的路径对经济效率产生影响，并且现实世界的复杂性还决定了其实施效果和经济后果不能被先验地加以模拟。

财政部会计司的杨海峰（2011）指出，新会计准则对企业而言是一项重要的管理制度，新会计准则变革必然对企业内部管理产生重要影响。Hall（2010）指出，会计是帮助管理者了解公司环境和把握未来决策的重要基础，当决策所依赖的会计基础变化时，管理者的行为必然会受到影响。Ernst and Young （2007）指出，采用新会计准则不仅仅意味着改变一些会计原则，影响不仅仅在于财务报表，还有可能在其他方面，如经营战略、风险管理和内部控制，特别是盈利计算方式的变化对以后的分配方式是否会产生影响。Price Waterhouse（2010）在一份研究报告中指出，新企业会计准则带来的理念和冲击必然会对公司的内部管理、决策行为和理念带来挑战。Watts（2006）指出，会计准则制定机构不仅要关注IFRS的信息作用，更应关注相关各方，特别是管理层对IFRS的反应。周守华（2006）强调新企业会计准则必将使得财务管理理论和实践也随着新会计准则的

① 应用范畴指需要应用到会计工作的领域，而使用范畴主要指以会计产品作为交易基础的领域。

② 我国会计准则体系的一次次变革提升了企业会计信息质量，促进了上市公司的可持续发展，加速了中国资本市场的完善，逐步实现了与国际财务报告准则的趋同，与那些实施国际财务报告准则的国家和地区会计准则等效，推动了中国企业走向国际（刘玉廷，2007、2011）。

实施而演化变迁。

虽然企业投资行为一直是国内外研究的热点，但 Jenice（2010）在评论 Schleicher（2010）的文章时指出，很多人研究国际财务报告准则（IFRS）的实施后果，但是却很少有人研究国际财务报告准则（IFRS）对企业投资效率的影响。Reis（2007）指出，现有研究更多地讨论会计规则的适合性，而常常忽略这些规则对公司经营管理和投资选择以及战略的影响。虽然会计准则经历了多次的变革，而本次会计准则变革最为彻底与重大，恰好为检验会计准则变革对企业投资行为的影响提供了难得的契机。会计准则变革是否会对企业投资行为产生影响，以及会计准则变革如何对企业投资行为产生影响，影响的方向、力度、原理、路径与效果等均有待挖掘与发现。

3.1.2　企业投资行为研究的文献综述

有关投资行为的文献，国内与国外均有大量研究。从文献搜集与整理情况看，研究主题主要集中于公司治理对投资行为的影响、企业融资对投资行为的影响、资本市场对投资行为的影响，以及社会环境对投资行为的影响，但从整体而言，公司治理对企业投资行为影响的研究占据绝对主体。

（1）公司治理与投资行为

良好的公司治理机制可以有效约束经理人追求私利的“败德”行为（刘昌国，2006；魏明海等，2007）。有关公司治理与投资行为关系的研究主要体现在股权结构、管理层激励、管理层自信、委托代理以及信息不对称与投资行为的关系。

股权结构作为一种重要的治理机制，对企业投资行为具有重要影响。张翼、李辰（2005）研究发现在地方政府或一般国企控制的公司，随着第一大股东持股比例的增加，投资现金流敏感性下降，说明大股东能够提高企业投资效率。汪平和孙士霞（2009）发现第一大股东的持股比例与股权集中度水平在一定程度上能够抑制企业投资过度行为。饶育蕾和汪玉英（2006）利用投资现金流敏感性模型研究时，发现我国上市公司投资现金流敏感性是由投资过度引起的，而且还发现第一大股东持股比例与投资现金流敏感性显著负相关，大股东持股比例越高，非效率投资就相应越小。然而也有学者得出不同的结论，如 La Port 等（2000）的研究发现，放松股权同质性假定后，在股权集中条件下，由于公司现金流权和控制权分离，控股大股东将会有强烈的动机使公司的投资行为与股东利益最大化目标发生偏移，借助于企业的非效率投资来获取控制权的私人收益，侵害中小股东利益。俞红海（2010）利用2004—2007年我国上市公司样本数据，却发现股权集中度、控股股东的存在会导致公司过度投资行为，而且控股股东控制权与现金流权的分离会加剧这一行为。杨清香（2010）在研究我国国有控股与民营企业投资效率问题时，发现控股股东持股比例与非效率投资呈正相关关系，在国有控股的上市公司中更为显著。

除了股权结构，董事会结构特别是独立董事的比例也对企业投资行为具有重要影响。Tirole（2006）、Becht （2003）与Chen（2011）指出，董事会人数对于管理层决策的质量具有重要影响，小董事会能够减少搭便车行为，能有效规范管理者行为，提高投资效率。董事会的独立性、外部董事增加、机构投资者及高审计质量等对于制约管理层的过度投资行为具有积极影响。然而，唐雪松、周晓苏和马如静（2007）利用我国制造行业上市公司2000—2002年的数据，发现公司治理机制在制约过度投资行为中基本有效，但是独立董事制度并没有发挥对过度投资的制约作用。同样，刘昌国（2006）研究也发现，我国上市公司治理机制中独立董事制度抑制自由现金流量引起的过度投资行为功能较弱。覃家琦（2010）以2006—2008年我国制造业上市公司为样本，发现设立战略委员会的公司过度投资水平更高。战略委员会规模、独立董事比例、平均任期，以及董事长是否担任战略委员会负责人与过度投资水平显著正相关。综合而言，相对于国外独立董事的治理作用，我国上市公司董事会结构对非效率投资的制约作用并不是很显著，特别是独立董事制度基本没有起到制约过度投资的作用，主要原因可能在于独立董事制度的运作表面化，没有真正起到实现政策要求的效果。

激励机制是提高企业投资效率的重要手段。罗富碧等（2008）研究了我国上市公司高管人员股权激励和投资决策之间的内生与交互关系，发现高管激励对投资具有显著正影响，上市公司投资也对高管股权激励具有显著正影响。吕长江（2011）以2006年《上市公司股权激励管理办法（试行）》为背景，以2006—2009年推出股权激励计划的公司为样本，利用Richardson（2006）的投资模型，研究分析了股权激励对公司投资行为的影响。发现相比于非股权激励公司，推出股权激励方案的公司投资过度行为得到了抑制，投资不足也得到了缓解。强国令（2012）在研究股权分置改革对管理层股权激励与投资行为之间关系的影响时，发现股权分置改革后，管理层股权激励降低投资过度行为的效果更加显著了。而辛清泉（2007）在研究经理薪酬的企业投资决策治理效应时，发现薪酬契约失效更多地导致了投资过度现象。同时，仅有微弱的证据表明，经理薪酬失效导致了投资不足。美国学者Lundstrum（2002）在研究经理激励与投资行为问题时，发现经理激励合同导致投资短期性的流行，美国企业并不是采用最优投资策略，而是具有近视现象。

管理者过度自信是基于行为学和心理学发展起来的，研究者发现，管理者的过度自信与过分乐观会造成企业过度投资。Heaton（2002）研究发现，当乐观的经理发现资本市场股价存在低估时，则会拒绝外部融资，放弃NPV为正的项目。

当经理对于项目评估过度乐观时，即使项目NPV可能为负，也会投资，这些投资过度或者不足并不是因为信息不对称和对于投资者不忠而引起的，而是由管理层的过度乐观所造成的。郝颖和刘星（2005）对我国上市公司高管人员过度自信的现实表现及其与企业投资决策的关系进行了研究，发现在实施股权激励的上市公司中，四分之一左右的高管人员具有过度自信行为特征。同适度自信行为相比，高管人员过度自信行为不仅与投资水平显著正相关，而且投资的现金流敏感性更高。他们认为在我国上市公司特有的股权安排和治理结构下，过度自信高管人员在公司投资决策中更有可能引发配置效率低下的过度投资行为。马润平（2009）从行为金融学视角出发，研究了我国上市公司管理者过度自信对公司过度投资行为的影响，发现我国上市公司的管理者过度自信与公司过度投资行为之间存在显著正相关关系。Malmendier等（2005）利用投资现金流敏感性来分析管理者过度自信与企业投资行为之间的关系，发现管理者的过度自信程度越大，投资和现金流之间的敏感性就越高，说明在现金流充足的情况下，管理者过度自信会造成过度投资，而且在现金流缺乏的情况下，又会造成投资不足。

大量研究表明，信息不对称会产生道德风险和逆向选择问题，进而使企业实际投资偏离最优水平。道德风险理论表明如果存在委托代理问题，管理者可能投资于净现值为负的项目，产生过度投资行为。Jensen和Meckling（1976）认为经营者努力经营的成果由股东和管理者双方分享，而成本却由管理者独自承担，这种利益的不对称必然引起管理者努力水平的降低，所以管理者会选择那些最大化个人利益，而并非最大化股东利益的投资项目，借助过度投资来扩大非生产性消费，提升自身的福利水平。Jensen（1986）指出，经理们往往有“帝国建设”（Empire Building）的冲动，管理者的私人收益来自对公司资源的控制，当公司规模越大时，处于管理者控制之下的资源就越多，管理者的私人收益就越丰厚。因此，管理层希望把所有可支配的资金都进行投资，产生投资过度。Conyon和Murphy（2001）发现经理收益是企业规模的增函数，大规模企业管理层的货币或非货币收益远高于小规模企业，经理层可通过扩大企业规模，增加个人收益。Richardson（2006）通过实证研究发现自由现金流是过度投资资金的最重要来源，是过度投资行为的催化剂。

逆向选择模型表明，相对于外部投资者而言，内部人了解更多有关公司价值的信息，内部人有可能利用时机在市场中卖出定价过高的资产，如果市场本身不能辨别这一点，那么融资市场上的逆向选择便会导致增加外部融资成本，形成企业投资不足问题（Baker，Stein和Wurgler，2003）。Fazzari、Hubbard和Petersen（1988）（简称FHP）认为企业内部与外部存在信息不对称，因此形成了外部融资的“柠檬市场”。外部投资者需要更高的回报来补偿监督成本与潜在的道德风险，导致外部资金提供者的资本成本产生溢价，外部资本成本高于内部资本成本

(Jensen和Meckling，1976)。管理层不愿意进行高成本外部融资，由此产生的融资约束便会使管理层放弃具有正净现值的项目，导致企业投资不足。

综上可见，公司治理在企业投资决策中占据重要地位，无论是股权结构、还是董事会结构、激励机制，以及信息不对称与委托代理问题，均对企业投资行为具有重要影响。

(2) 企业融资与投资行为

企业投资行为除了是投资机会的函数外，还受制于企业融资水平、融资成本、融资结构与融资期限。对融资结构与投资行为的研究始于1958年的MM理论（Modigliani和Miller，1958）。Modigliani和Miller在新古典经济学的思想下，借助于一系列严格的假设，提出公司投资与公司融资是独立的。此后，Myers (1974) 又指出现实的不完善与摩擦使得企业投资行为与融资行为之间具有相关性。Williamson (1988) 认为投资资产的性质需要与资金的性质相匹配。他认为高风险的资产投资应该由享受高收益的股东来提供，而低风险的资产应该由低收益的债权人提供。童盼（2005）认为负债融资对企业投资行为影响有两种解释。一种认为，负债融资引起了股东与债权人之间的利益冲突。在假设股东与经理利益一致的前提下，股东/经理为使股东财富最大化，在投资决策时会选择那些能够增加股权价值但会减少整个企业价值的项目，或放弃那些能够增加企业价值但会减少股权价值的项目，从而产生过度投资或投资不足，损害债权人及企业整体利益。按照这一理论，负债融资既可能导致企业投资增加（即过度投资），也可能导致企业投资减少（即投资不足）。另一种解释则认为，负债融资能够抑制股东-经理冲突，即将负债视为一种公司治理的工具。经理人员为了寻求高于市场水平的薪金和津贴，有着扩大企业规模的冲动。所以，当企业拥有过多的剩余现金流时，经理可能会将其投资到能够扩大企业规模但未必具有良好盈利性的项目，而负债融资能够减少这种股东-经理冲突所导致的过度投资行为。童盼（2005）研究发现，在我国上市公司中，负债融资影响着企业投资行为，负债比例与企业投资规模之间呈负相关关系。曾春华、杨兴全（2012）研究发现财务杠杆能够实现抑制我国上市公司的投资过度行为，具有治理效应。王鲁平、毛伟平（2010）研究发现财务杠杆与企业投资水平总体上呈负相关关系，即杠杆水平越高，投资越少，说明财务杠杆既可以抑制投资过度，同样也可能抑制投资不足。然而伍利娜和陆正飞（2005）在利用EMBA学生作为实验研究时，却发现资产负债率与投资不足及过度投资行为均呈正相关关系，而且企业盈利状况越差，越会加剧投资不足和过度投资行为。同样，徐玉德、周玮（2011）在研究不同所有权安排的上市公司中资本结构对投资效率影响时发现，在地方国有企业和非国有企业中，财务杠杆越高投资效率越低，而在中央国有企业中，这种现象则并不明显。张利兵、吴冲锋（2008）利用仿真研究发现，企业初始债务对企业投资具有较强的推动作用，而股权融资则具有抑制企业投资的作用，这两方面的共同作用会导致投资不足或投资过度。

除了融资结构对投资行为产生影响外，负债的期限结构对企业投资行为也具有影响。陈建勇（2009）从项目风险的视角研究，发现债务期限结构与投资效率之间并不是简单的线性关系，两者间的关系在很大程度上依赖于投资的项目风险水平。投资非效率"程度"与短期债务比例呈现类U形关系。我国上市公司短期债务主导型期限结构使得公司在面对较高和中等风险项目时，表现出过度投资倾向，而面对低风险项目时，则又表现出投资不足倾向。并且，短期债务比例与投资非效率程度正相关，较高的短期债务比例会引起较大的投资扭曲。朱磊、潘爱玲（2009）在采用面板数据对我国制造业上市公司研究时，发现负债期限结构并不能有效抑制企业的非效率投资，原因在于债务的"硬约束"不能很好地发挥作用。

（3）会计信息与投资行为

投资决策依赖于有效的信息支持，特别是会计信息。Bushman和Smith（2001）以及Lanbert、Leuz和Verrecchia（2007）研究发现，提高财务报告质量具有比较重要的经济意义，因为信息提供了资本分配效率的信号。Biddle和Hilary（2006）利用34个国家的数据研究发现会计信息质量与企业投资效率呈正相关关系，高信息质量降低了公司投资对内部现金的敏感性，提高了投资效率。李青原（2009）对我国上市公司研究发现，高质量会计信息能显著缓解投资不足和抑制过度投资。Healy、Palepu（2001）和Biddle等（2009）指出高质量会计信息能通过改善契约效率和监督质量，降低道德风险和逆向选择，从而提高公司的投资效率。Verdi（2006）和Biddle、Hillary、Verdi（2009）发现会计信息质量与倾向于投资不足的企业正相关，而与倾向于投资过度的企业负相关，并指出会计信息质量影响投资效率，可能是因为给予更多内部信息的外部投资者能够更有效地控制与监督管理者。张纯（2009）在对信息披露、信息中介与企业过度投资之间关系探索时，发现信息披露水平的提高和信息中介的发展将有助于减轻信息不对称程度，进而改善企业的投资效率，抑制企业的过度投资行为。研究还发现上述机制之间存在着互补关系，信息中介作用的发挥依赖于信息披露机制，而更多的信息中介参与营造了较好的信息传播环境，增强了信息披露机制的抑制效果。Lang和Lundholm（1996）指出，公司信息披露程度越高，证券分析师和投资者对公司收益预测就越精确。同样分析师作为企业外部市场的信息中介之一，在企业和市场之间扮演着非常重要的信息传递角色．其分析也对管理层起着间接的约束作用。

盈余质量是度量会计信息质量的另一重要变量，也是度量管理层机会主义空间与行为的一个重要指标。McNichols（2008）在研究公司财务报告操纵是否会使得公司进行次优投资时，检查了那些被SEC处分的公司，结果发现盈余管理会影响内部投资决策，盈余管理会导致过度投资。张琦（2007）借鉴Biddle和Hilary（2006）的投资现金流敏感性方法，发现盈余管理程度与非效率投资间存在正相关关系，随着盈余质量的提高，内部现金流与企业投资之间的关系在减弱，高质量的会计信息降低了企业投资现金流敏感度。他还指出在我国当前对投资者法律保护较弱的制度环境下，提高企业的盈余质量能够提高企业的投资决策水平，提高企业的投资效率。

3.1.3 会计准则变革对企业投资行为影响的文献综述

应该说这两个研究主题的研究文献数量与主题分布均较为丰富，但是将两个主题联系在一起的研究相对匮乏。无论是从会计准则变革视角来研究企业投资行为，还是从企业投资行为影响因素视角来发现会计准则变革的影响研究均较为缺乏。然而，从上述两个主题综述又可以发现，两个研究主题中又存在交叉点，这暗示着会计准则变革对投资行为存在影响。根据前文综述，可分别从治理环境、融资环境与经营管理三条途径来研究会计准则变革对企业投资行为的影响,。

（1）会计准则变革、治理环境与投资行为研究综述

Jensen（1986）认为经理们往往有“帝国建设”的冲动，管理者的私人收益来自于对公司资源的控制。McNichols（2008）研究发现盈余管理会影响内部投资决策，盈余管理会导致过度投资。张纯（2009）研究发现信息披露水平的提高将减轻信息不对称程度，进而提高企业的投资效率，抑制过度投资行为。李青原（2009）对我国上市公司的研究也发现高质量会计信息能显著降低上市公司过度投资。Marra（2011）研究发现在IFRS实施后，董事会的独立性和审计委员会对盈余管理约束具有重要作用，会计准则变革对两种公司治理机制的有效性具有积极而显著的贡献。

可见，现有研究关注会计准则变革与公司治理，关注公司治理与投资行为，而对会计准则变革、治理环境与投资行为间影响的研究存在脱节现象，而研究证据表明三者之间存在影响传导。

（2）会计准则变革、融资环境与投资行为研究综述

Fazzari、Hubbard和Petersen（1988）认为企业内部与外部存在着信息不对称，融资市场的逆向选择会导致外部融资成本偏高，融资约束产生企业投资不足。Daske（2008）在研究IFRS对企业资本成本的影响时，发现IFRS实施后市场流动性增加了，权益成本下降了。汪祥耀（2011）、闫华红（2012）、高芳

(2012) 等的研究也发现我国会计准则变革后，股权和债权融资成本下降了。Healy (2001) 与 Biddle (2009) 指出高质量会计信息能够减少企业外部相关利益者间的信息不对称，能提高外部资金供给方正确评估公司证券价格与项目收益，进而降低因逆向选择所造成的过高融资成本，缓解公司投资不足问题。同样，Biddle 和 Hilary (2006) 利用34个国家的数据研究，发现会计信息质量与企业投资效率正相关，高信息质量降低了公司投资对内部现金流的敏感性，提高了投资效率。李青原 (2009) 对我国上市公司的研究也发现高质量会计信息能显著减少上市公司投资不足行为。

可见，现有研究关注会计准则变革与融资成本，关注融资约束与投资行为，很少关注会计准则变革、融资环境与企业投资行为间的影响传导，以及传导的路径与机理，而研究显示这三者之间存在影响传导。

(3) 会计准则变革、经营管理与投资行为研究综述

财政部会计司的杨海峰 (2011) 指出新会计准则对企业而言是一项重要的管理制度，新会计准则变革必然对企业内部管理产生重要影响。Ernst and Young (2007) 指出新会计准则不仅仅意味着改变一些会计原则，影响也不仅仅局限于财务报表，还有可能在其他方面，如经营战略，风险管理和内部控制。Price Waterhouse (2010) 也指出新企业会计准则带来的理念和冲击必然会给公司的内部管理、决策行为以及理念带来挑战。Barlev 和 Haddad (2003) 指出与历史成本计量相比，公允价值更强化管理的效率和引起管理层对股东价值的关注，重视价值的创造，致使管理层对他们职责的概念以及管理哲学的认识产生根本性变化。经济后果观认为公司的会计政策及其变化是有影响的，由于会计政策的变化，管理者会改变公司的实际经营策略 (Scott, 2006)。会计准则是管理层激励契约的基础，会计准则变革必然对激励契约的利益结构产生调整，影响管理层行为 (Voulgaris, 2011)。Carter (2007) 研究发现会计政策调整后薪酬设计方案发生了相应的调整。罗富碧等 (2008) 研究发现高管人员股权激励对投资有显著的正影响。吕长江 (2011) 发现股权激励方案能抑制投资过度行为与缓解投资不足问题。

可见，现有研究关注会计准则变革与激励契约，关注管理层激励与投资行为，而研究表明会计准则变革影响管理层激励机制与经营理念，会计准则变革会通过经营管理影响企业投资行为。

3.2 会计准则变革对企业投资行为影响的路径与机理

如前所述，会计准则变革提高了企业进行资本经营活动的活跃性，巩固了企

业确立资本经营理念，强化企业以资本经营方式为主导，使其与其他三种经营方式相协调与统一。基于本课题的主要研究思路和借鉴已有研究，本部分将基于企业资本经营理念深化的研究视角，着重对资本经营方式下会计准则变革对企业投资行为的影响进行深入、具体的理论分析。本部分的理论分析主要包括以下两个方面：（1）会计准则变革对企业投资行为的影响路径；（2）会计准则变革对企业投资行为的影响机理。

3.2.1 会计准则变革对企业投资行为的影响路径

基于资本经营理念，我们构建会计准则（CAS，2006）变革对企业投资行为影响路径的基本思路为：会计准则变革体现的会计理念转变，会在企业资本经营和投资行为等主要影响因素的作用下，引导管理者的经营理念和投资理念发生转变，从而促进企业经营方式由以商品经营为主向以资本经营为主发生转变，并进一步影响企业投资行为发生变化。根据这一基本思路，本部分内容将从以下三个方面展开分析：（1）会计准则变革与会计理念转变；（2）会计准则变革与企业资本经营型经营方式的实现；（3）企业资本经营的实现与企业投资行为的改变。

（1）会计准则变革与会计理念转变

会计准则变革与会计理念之间存在着两次驱动与融合：一是在会计准则制定时，准则制定者的会计理念与会计准则变革之间的驱动与融合；二是在实施会计准则后，企业会计行为与新的会计理念之间的驱动与融合。

其一，准则制定者的会计理念转变驱动了准则变革事件，因此，现行会计准则（CAS，2006）中反映了制定者的新意识形态，即制定者的新会计理念被融合在准则制定之中。从我国2006年会计准则的具体变化（包括基本准则和具体准则的变化）中可以看出，会计准则主要体现了三种会计理念的转变：（1）由“受托责任观”向“决策有用观”的转变，如会计准则中的财务报告目标明确提出，要满足“信息使用者（尤其是投资者等外部利益相关者）的经济决策有用性”需求，并已将这种理念贯彻在相关的具体准则之中；（2）由“历史成本观”向“公允价值观”的转变，如会计准则对投资者投入的存货成本、长期股权投资的一些相关初始投资成本、投资性房地产、合并中涉及的有关资产、金融资产、金融负债等都引入了“公允价值”这一新计量属性；（3）由“利润表观”向“资产负债表观”的转变，会计准则规定“所得税”由采用“利润表法”改为采用“资产负债表法”，直接体现了准则向“资产负债表观”的转变，并且，在其他一些与资产负债表相关科目的具体要求中也都体现了这一变化。

其二，准则的具体变化，尤其是具体准则的变化（包括修订已有的会计准则，增加新的会计准则等）对企业的会计行为具有强制性影响力，会计准则会通过会计确认、计量和报告等程序变化，强制性要求企业会计行为必须依据会计准则的具体要求进行形式上的改变，目的是使企业的会计行为发生预期性转变。随即，在会计实务中，企业的会计行为变化和新会计理念的形成也存在着一种相互驱动与融合，即企业的会计人员和相关管理者对准则变革会有一个反应和适应过程，即由变革中的“响应式”向变革后的“自适应”调整，使企业在会计准则下尽快寻找适应路径，接受新会计理念，有效控制准则变革给企业带来的负面效应，合理利用准则变革的正面效应，促使企业经营的稳定与发展。

总之，在准则制定者的会计理念与会计准则变革之间，以及在准则变革后企业会计行为和会计理念之间的两次驱动融合下，准则变革体现的会计理念变化会被直接传递到企业经营和管理理念之中，从而为促进企业经营方式转变奠定了基础。

(2) 会计准则变革与企业经营方式的改变

在会计准则变革的影响下，会计理念和会计行为的变化最终要以会计信息改变的形式体现，会计信息是企业利益相关者（包括外部利益相关者和内部利益相关者）进行决策的重要信息基础，并且企业经营决策受利益相关者的重要影响，因此，在利益相关者的决策行为发生变化的作用下，会计准则变革会影响企业的经营方式发生改变。

Jensen和Meckling（1976）提出，企业通过一系列“契约”的形式体现着利益关系。会计准则变革的根本目的是提高会计信息质量和降低信息不对称，财务报告信息的使用者多是企业的核心利益相关者，由准则变革引起利益相关者的决策变化会以改变契约的形式影响企业行为。其中企业所有者和经营者的决策变化，对企业资本经营具有决定性影响：(1) 企业所有者，尤其是大股东的决策变化会对企业资本经营产生重要影响，所以，为了保护企业所有者利益，企业经营目标必须与企业所有者目标保持一致，即实现企业资本的保值增值，这正是企业资本经营的基本目标；(2) 企业管理者对企业经营决策具有决定权，新会计理念下的会计信息更有利于促进企业实现基于价值的管理（VBM），管理者的薪酬契约、激励契约等会根据VBM的目标重新设计与签订，这会引起管理者的管理行为和管理理念发生变化，亦即向追求企业价值最大化为核心目标进行调整，这同样与企业资本经营的根本目标相一致。可见，准则变革引起的企业核心利益相关者的行为变化，会共同促进企业向以资本经营为主导进行转变。

可见，会计准则的颁布与实施，在满足利益相关者对财务报告信息决策有用性需求的同时，更能促进企业经营理念和经营方式向资本经营转变：即以资本保值增值为基本目标，并以资本流动、收购、重组、参股和控股等为主要经营活动。在企业资本经营过程中，投资是企业实现资本增值的主要理财行为，也是衡量企业资本经营的重要显性指标，所以，企业经营方式的转变会引起企业投资行为发生重要变化。

(3) 资本经营方式的实现与企业投资行为的改变

从企业管理层次和经营过程来看，会计准则变革引起的企业经营理念和经营方式转变，要通过企业对资本经营战略、资本经营管理和资本经营运作等进行顺次调整，逐步完成。资本经营型企业的特点是围绕资本保值增值进行经营，把资本收益作为管理核心，在市场经济体制和现代产权制度下，资本经营方式更能体现基于价值管理的现代经营管理理念，可以有效协调所有者、经营者、债权人等利益相关者之间的矛盾冲突。

如表3-3所示，与商品经营方式不同，在以资本经营方式为主导的经营战略指导下，企业的根本目标是实现资本保值增值，投资行为的目标是围绕资本增值最大化，以较经济的资金投入和较低的投资风险获取投资收益①。同样，企业投资也要从战略层面开始进行调整，以提升企业价值为基础选择适当的投资方式、提高投资效率、提升企业投资和资本经营的有效性。在资本经营理念和资本经营方式的影响下，企业投资行为的变化主要表现为：(1) 调整投资战略，使其与企业的资本经营战略相协调，并保持一致性；(2) 基于企业资本经营战略模式，选择适当的投资方式，以促进企业资本经营目标的顺利实现；(3) 以实现企业价值最大化为宗旨，增加企业收益，提高投资效率，即抑制过度投资、缓解投资不足等非效率投资行为。

表3-3 **商品经营方式与资本经营方式下企业投资行为的特征比较②**

比较内容	商品经营方式主导	资本经营方式主导
经营目标	以利润最大化为基本目标	以资本保值增值为基本目标
经营理念	主要追求利润增量	主要促进资本增值
管理理念	侧重基于供需的管理	侧重基于价值的管理
投资目的	以市场占有为导向	以资本运作为主导
投资战略	以经营利润为目的调整投资规模（并购、重组、剥离等）	以企业价值为目的调整投资规模（并购、重组、剥离等）
投资管理	易形成基于短期收益的投资组合	易形成基于长期价值的投资组合
投资执行	比较重视结果控制	更重视过程控制
经济后果	容易导致盲目扩张，产能过剩	旨在实现结构调整，资源配置

① 观点引自“张先治.企业资本经营论［M］.北京：中国财政经济出版社，2001.”和“晋自力.财务战略——基于现代企业资本经营的新视野［M］.上海：上海财经大学出版社，2012.”

② 表中内容整理自：“张先治.企业资本经营论［M］.北京：中国财政经济出版社，2001.”和“晋自力.财务战略——基于现代企业资本经营的新视野［M］.上海：上海财经大学出版社，2012.”中的相关观点。

总之，如图3-3所示，基于资本经营视角的分析，准则变革对企业投资行为的影响体现在准则变革及其经济后果的后续效应之中，这种影响对企业经营来说更加深入、更为长远。在以资本经营为主要经营方式的现代企业运作中，会计准则变革将引导企业投资行为向以资本增值为核心发生转变，并且，这种影响的传导会在企业会计周期和经营周期中周而复始，循环往复，使准则变革的投资效应在企业内部被不断加深，同时进一步促进企业资本经营的顺利实现，使其相互促进，形成一种良性循环。

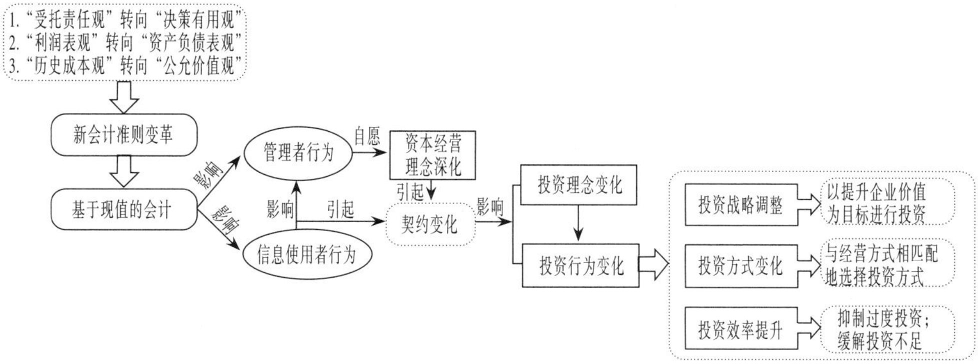

图3-3　会计准则变革对企业投资行为的影响路径：基于资本经营方式的转变

3.2.2　会计准则变革对企业投资行为的影响机理

按照制度与行为之间的基本作用机理分析，结合信息不对称与委托代理等影响投资行为的因素解析，以及综合会计本质、经营管理与影响范畴的基础理论，可以形成会计准则变革、会计信息与企业投资行为，会计准则变革、资本经营与企业投资行为等两条主要影响路径。

（1）会计准则变革、会计信息与企业投资行为

会计准则是会计工作的基础与指引，是会计语言功能的指引手册，会计准则内容的科学性、准确性与完整性将直接影响到会计信息的质量。而会计信息又是组织和社会各项交易的基础，会计信息的质量对组织与社会的各项交易的效率具有重要的影响，因此，会计准则对投资行为的影响可以从会计信息与投资交易视角研究。

①会计信息、决策支持与投资行为。

企业的各项决策依赖于信息，充分而有效的信息有助于减少决策的不确定性，会计信息在企业决策中占据重要地位，它是企业各项决策的基础。会计的决策支持功能可以直观地从会计的一个分支——管理会计的职能上予以体现。管理会计不同于财务会计（向外部相关利益者提供公司信息），管理会计主要是在企

业内部提供管理者决策支持信息。管理者的各项决策是建立在对公司现状的了解和对公司未来的预期基础之上的，而会计信息一方面帮助管理层可视化公司的环境，另一方面针对特定的项目提供有针对性的支持信息，帮助管理者鉴别投资项目的好坏与优劣，协助项目的实施安排（预算）。另外，管理会计信息像财务会计信息一样是一种企业内部管理与交流的语言，是帮助企业内部沟通的工具与途径。管理会计信息包括的信息比较广，可以为管理者提供来自其他专家、市场及行业的信息，提供通过直接观察和非正式报告等形成的信息（Hall，2010）。综合可见，会计信息是企业管理的基础，科学而准确的会计信息能够将企业清晰而准确地呈现在管理层面前，增加企业决策的准确性与科学性。

另外，企业投资决策作为企业管理决策的一个重要组成部分，它需要建立在一定的信息分析与评价基础之上，特别是会计数据的分析与评价。会计信息在减少投资决策的不确定性、协助做出合理的投资预计规划、投资决策的信息交流与沟通，以及最终的投资决定等方面都具有重要影响，但这种决策支持的有效性依赖于会计信息质量的水平。会计作为一种语言，它对企业决策支持效果体现在它的技术基础上。会计语言的技术基础决定着它能否对业务或事项进行表达，以及表达的准确性与科学性，最终决定着会计信息质量中内容质量维度的高低。只有当会计内容质量高时，才能实现有效支持企业各项管理决策，相反，当会计内容质量低甚至扭曲时，则会导致管理层决策产生失误。因此，会计信息质量对投资决策的效率具有重要影响。另外，企业在投资决策时采用的各种评价分析手段主要依赖会计指标与相关会计数据。具体影响机理如图3-4所示：

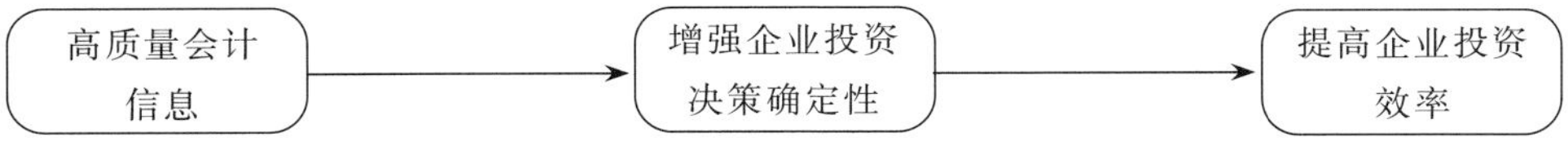

图3-4　会计信息、决策支持与投资行为影响机理图

② 会计信息、逆向选择与投资不足。

Myers等人提出企业信息不对称会引起外部资金提供者的逆向选择，导致企业外部融资成本过高，产生投资不足现象。而解决问题的关键在于减轻企业内外部信息不对称的程度，让外部资金提供者清楚了解企业状况与企业投资实情，便于他们做出正确的估价，减轻逆向选择问题。

信息经济学指出解决信息不对称有两条途径：信号发送（Signing）和信息甄别（Screening）。信号发送是指拥有私人信息的代理人通过采取某种可以被观察到的行动（即发送信号）主动向委托人显示自己的真实信息，主动解决市场的质量混同问题。信息甄别是指市场上信息劣势的一方（委托方），设计某种方案（激励机制）来诱使具有信息优势的一方（代理方）提供私人真实信息。虽然信号发送和信息甄别都具有解决信息不对称的功能，但信号发送是主动降低“逆向选择”的方式。

会计作为信息系统，它所独具的语言功能能够对经济业务和行为进行刻画，以数据形式进行恰当的反映，能将抽象的业务或事件转化成具体的数据信息，然后向相关利益者披露，它能够实现私人信息的信号发送功能。然而，会计的信息发送功能是有前提的，它要求信息是高质量的，即真实、准确与全面。具体表现为会计信息质量的信息维度与内容维度的高质量，信息维度质量要求会计信息要能够客观与公正地反映企业真实状况，内容维度质量要求会计信息能够全面准确地反映企业状况。

概言之，高质量会计信息能够实现信号发送，具有降低信息不对称与改善企业融资环境的作用，能够减轻由信息不对称所引起逆向选择程度，对缓解融资约束引起的投资不足具有重要作用。相反，低质量会计信息不仅不能消除市场的混同效应与减轻由逆向选择所引起的投资不足问题，反而可能产生误导与恶化市场配置功能。具体影响机理如图 3-5 所示。

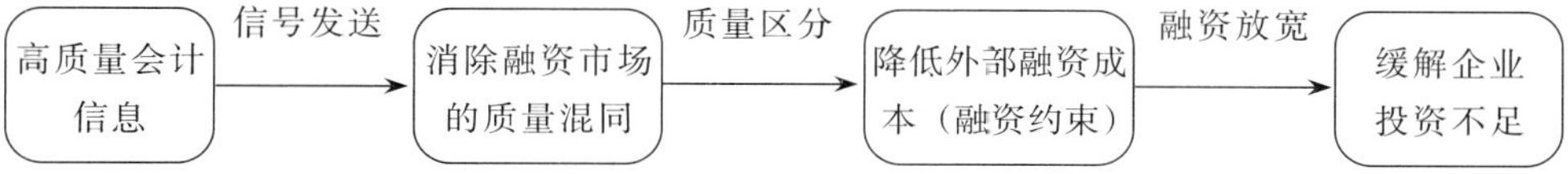

图 3-5　信息质量、逆向选择与投资行为影响机理图

③ 会计信息、道德风险与投资过度。

委托代理产生于信息不对称下的管理层道德风险，在一个缺乏有效监督和激励不足的公司中，受托人为增加自身的福利水平会产生“帝国建造”“资源控制”“专用资本投资”等投资过度行为。新制度经济学家认为解决委托代理问题的途径就两条：激励和约束（Incentive and Restraint）。所谓激励就是设计一个使代理人和委托人分享剩余的激励性报酬契约，以使代理人和委托人目标函数一致。所谓约束，实质是借助各种内外部机制来监督与约束代理人行为。通常，股东为减少代理人的机会主义行为都会借助一定的机制来进行牵制，这个权力制衡机制就是公司治理机制。李维安（2001）认为狭义的公司治理，是指所有者（主要是股东）对经营者的一种监督与制衡机制。广义的公司治理则是通过一套包括正式或非正式的内部或外部的制度或机制来协调公司与所有利益相关者（股东、债权人、供应者、雇员、政府、社区）之间的利益关系。这种制衡机制在实践中通常表现为股东与代理人签订激励契约，监督契约执行和评估契约执行结果，通过及时评估对管理层施加压力。

Holthausen 和 Watts（2001）认为，相对于会计信息实际效果而言，基于契约角度的研究可以为 IFRS 的执行后果提供更为直接、重要的证据。契约理论指出无论是管理层契约的签订还是契约后期执行的监督都依赖会计，它们需要借助于会计指标订立契约，借助于会计信息进行契约监督与控制。真实、完整、及时、有效的会计信息是治理机制发挥作用的基础。当会计信息不完备时，股东无法及时对内部管理层实施治理。另外，高质量会计信息有助于降低外部利益相关者实施监督的成本，提升外部利益相关者对企业内部管理层监督的积极性，改善外部治理的效率。

应该说除了股东与管理层之间的激励契约是建立在会计基础之上以外，管理层的选聘考核机制等也都必须建立在充分的会计信息基础之上。从这个层面看，良好、透明的会计信息环境是公司治理有效发挥作用的重要前提，是抑制管理层过度投资行为的重要基础。具体影响机理如图3-6所示。

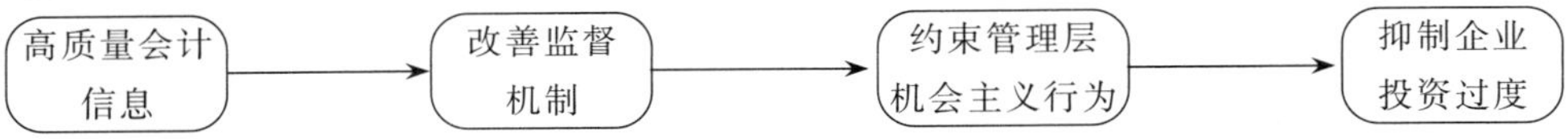

图3-6　会计信息、委托代理与投资行为影响机理图

（2）会计准则变革、资本经营与企业投资行为

从管理学角度看，企业管理具有层次性，根据管理层级的高低可以分为治理层（高层管理）、管理层（中层管理）和作业层（低层管理）。企业经营计划和投资计划的顺利进行，依靠管理者对不同层次的管理活动逐层推进，协调完成。根据企业内部管理的特征以及本研究中的逻辑关系，本部分将分以下三个层次进行影响机理分析：（1）会计准则变革、资本经营战略与企业投资战略行为；（2）会计准则变革、资本经营管理与企业投资管理行为；（3）会计准则变革、资本经营运作与企业投资执行行为。

① 会计准则变革、资本经营战略与企业投资战略行为。

会计准则变革会引起会计理念、会计行为以及会计信息等的变化，其中会计信息是利益相关者和企业高层（战略层）管理者进行战略决策的信息基础，并且，企业资本经营战略受利益相关者（包括外部监督者和内部管理者等）决策变化的影响，所以会计准则变革会通过影响资本经营战略而引导企业投资战略行为发生改变。

以一系列“契约”形式体现利益关系的企业，会受契约变化的重要影响。在企业经营中，企业战略（包括资本经营战略和投资战略）由高层管理者制定，但受公司治理层的制约，尤其是来自大股东的监督与控制。如上文分析，会计准则变革体现的会计理念转变，以及由此引发的经济后果会影响高层管理者的战略决策：如在会计准则中强调的“决策有用观”，可以使财务报告的外部使用者，尤其是大股东、债权人等，根据现行会计准则背景下的会计信息更准确地进行重新判断，并向更有利于自身利益的出资（如投资、借款等）方向调整，从而引起资本在企业之间的流动和重新配置。这将使得管理者在制定经营战略和投资战略时，必须考虑出资者，尤其是投资者的利益，促使企业经营方式进一步向“资本经营型”转变，企业资本经营战略要确定以“资本保值增值”为核心目标，并且企业投资战略中追求的“投资收益最大化”也要以“资本增值”为基础，以利于促进经营者与所有者之间的利益目标的趋同。

从财务指标看，企业资本经营核心目标的指标是资本收益率（ROE），即企业净收益与企业净资产（或资本）之比，而企业投资核心目标的指标为投资报酬率（ROI）和总资产报酬率（ROA）。ROI主要反映企业新增投资的盈利情况，ROA则可以代表企业历史投资的盈利水平，当企业净资产规模、投资总额和总资产规模既定时，提高收益水平（净收益或总收益）是增加ROE、ROI和ROA的有效途径。这进一步说明了在企业的资本经营中，企业投资战略目标必须确立为“以资本增值为根本目的的投资收益最大化”。并且，企业投资战略行为也要结合企业经营战略目标和投资战略目标进行调整，如根据企业资本经营战略的不同类型，包括扩张型资本经营、收缩型资本经营、重组型资本经营等，而采取适当的投资战略，如扩张型投资战略（包括垂直扩张型投资战略、水平扩张型投资战略等）、稳健型投资战略（如联合型投资战略等）、多元化投资战略、专业化投资战略，以及开发型投资战略等。此外，会计准则的相关政策改变（如确认、计量等）会引起ROE、ROI和ROA等数值的变化，从而影响企业对资本经营战略的制定，以及对投资战略行为的调整。

② 会计准则变革、资本经营管理与企业投资管理行为。

会计信息同样是企业中层（管理层）管理者的重要决策基础，由会计准则变革引起会计行为和会计信息的变化还会影响企业的资本经营管理和投资管理行为。

首先，财务信息是企业资本经营管理的信息基础，企业资本经营管理包括资本经营计划、资本经营组织与指挥、资本经营协调与控制和资本经营考评等管理内容，其中资本经营计划和资本经营考评两个重要环节与会计信息的关系尤为密切。而且，企业投资管理也涉及投资计划、投资组织与指挥、投资协调与控制和投资评价等多种管理活动，作为企业财务管理中的重要内容，投资管理与会计行为和会计信息更是密不可分。所以，由会计准则变化引起的会计信息变化，会在上述管理过程中影响管理者决策，并影响企业资本经营管理与投资管理行为。

其次，会计准则变革体现的会计理念转变，以及会计政策改变，会促使企业的资本经营管理和投资管理关注资本的良性循环，以及资本和资产（或投资）的结构优化。会计准则（CAS，2006）提出的“所得税”由“利润表法”改为“资产负债表法”，以及其他一些相关具体要求体现的“资产负债表观”，会使企业在制订定资本经营计划时，从以往的只关注利润表信息向注重资产负债表中的相关信息转变，企业在资本经营管理和投资管理中要兼顾资本、资产（或投资）的配置、运作，及其之间的协调，使之同保护所有者利益的目标相一致，坚持企业的可持续经营与发展。

最后，从财务指标分析，企业资本经营管理核心指标ROE与投资管理核心指标ROA直接相关，二者的关系如模型（3-a）所示，企业要实现资本经营目标——提高ROE，就既要做好投资管理，如优化资产结构，提高ROA或资产盈利能力，又要搞好资本运作，促进资本结构的优化。会计准则的相关政策改变（如确认、计量等）同样也会引起模型（3-a）中相关数值的变化，进而影响企业资本经营管理决策以及投资管理行为。

$$\text{资本收益率(ROE)} = \left[\text{总资产报酬率(ROA)} + \left(\text{ROA} - \text{负债利息率}\right) \times \frac{\text{负债总额}}{\text{资本总额}}\right] \times \left(1 - \text{所得税税率}\right) \quad (3\text{-a})$$

③ 会计准则变革、资本经营运作与企业投资执行行为。

会计信息更是基层（作业层）管理者确定程序化作业指标不可或缺的量化参考依据，会计行为的规范性，以及会计信息的准确性，对企业作业层的资本经营运作与投资执行行为更具直接影响力。

在企业中，资本经营运作和投资执行的有效性，直接关系着资本经营目标和投资目标能否顺利实现。一方面，企业资本经营运作包括了实现资本流动的全过程，即主要通过完成筹集资本和投资资本等重要环节的实际操作来完成，这决定了企业“资本保值增值”目标的可实现性。另一方面，企业投资执行行为包括签订投资合同，以及将投资款项按投资期限拨付等具体操作层面事宜，直接关系着企业未来收益和投资目标能否实现。

上述作业层的实际操作行为都要受程序化制度（或规则）的刚性约束，在刚性约束条件下会计信息更具有决定性影响，所以准则变革的影响在企业资本经营运作和投资执行中更直接，更不容忽视。尤其是，现行会计准则体现的由“历史成本观”向“公允价值观”的转变，如对投资者投入的存货成本、长期股权投资的一些相关初始投资成本、投资性房地产、合并中涉及的有关资产、金融资产、金融负债等都引入了“公允价值”的新计量属性，这使会计具体操作及相关会计信息发生了实质性的变化。基于现值会计的“公允价值观”会直接影响企业资本经营运作和投资执行行为，促进企业经营和投资由“历史观”向“未来观”转变：首先，可以基于现值会计基础更准确地计算资本成本和经济效益，使企业对资本经营运作和投资执行进行正确判断与决策；其次，能够全面地反映企业资本运作和投资执行情况，有助于综合衡量与评价历史资本（资产）的安全和未来资本（资产）的安全等；最后，帮助企业基于资本经营的方式下，进行正确决策，以促进企业的资本经营运作和投资执行行为顺利完成。

综上所述，如图3-7所示，会计准则变革对企业投资行为的影响体现在理念变化、行为变化，以及相关经济后果的综合影响中。在以资本经营为导向的现代企业经营管理中，会计准则变革会在不同管理层管理者的作用下，通过影响企业的资本经营战略、资本经营管理和资本经营运作，而对企业的投资战略行为、投资管理行为和投资执行行为产生重要影响。因此，会计准则变革会促进企业向资本经营型转变，并引导企业投资行为向“以资本增值为基本目标的投资收益最大化”转变，并且，这种影响作用的传导会在企业资本经营循环中逐渐深化，通过不断调整投资方式和提高投资效率以增加投资收益，促进企业实现资本增值，以追求企业价值的最大化和促进企业经营的可持续性。

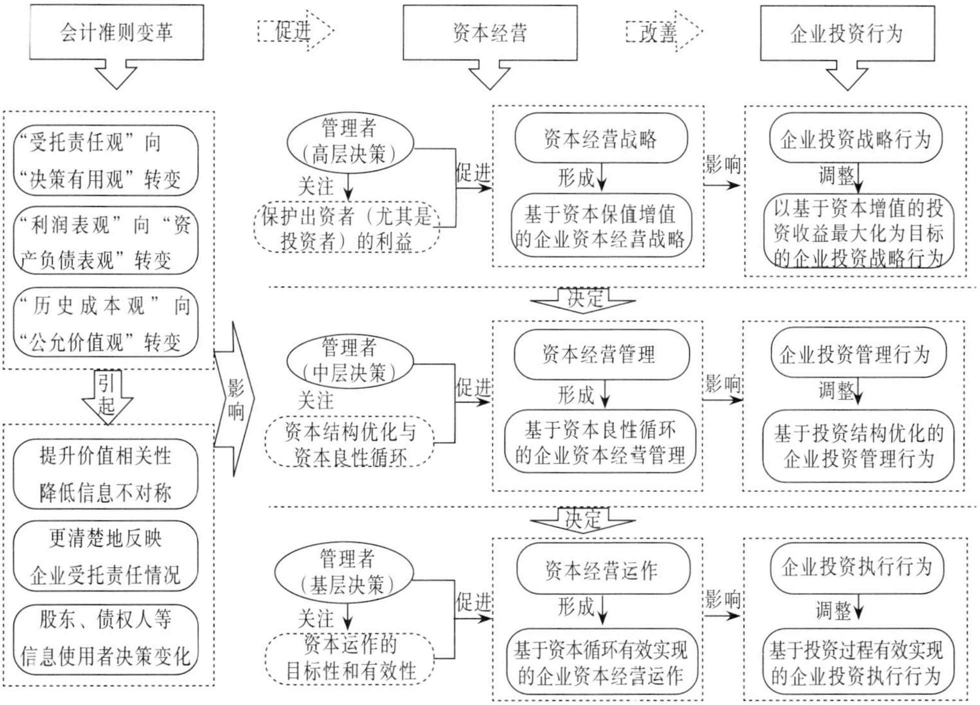

图3-7 会计准则变革对企业投资行为的具体影响路径：基于资本经营方式

3.3 会计准则变革、资本经营与企业投资行为研究

3.3.1 理论分析与研究假设

资本经营是指企业以资本为基础，通过对资源的优化配置提高资本经营效益的一种经营活动方式。投资方式是指企业实现资源配置的具体方式，以企业的资本经营战略为主导，并依靠企业选择适当的投资方式来实现。在实践中，企业进行扩张的投资方式主要有两种：一种是对内投资，主要指企业进行的自行投资；另一种是对外投资，主要指企业通过并购方式进行的资本扩张。会计信息是企业

资本经营战略和投资方式选择的重要决策依据，由会计准则变革引起的会计信息质量提高，会降低信息不对称，缓解代理冲突，从而降低交易成本，使企业在实施资本经营战略时更有动机选择对外投资的投资方式进行快速扩张。但是这种扩张行为应该是基于资本经营目标的，即促进资本保值增值的，而不应该是盲目的，以降低企业资产经营效益为代价的。所以，会计准则变革应该在促进企业选择对外投资的投资方式的同时，对企业自行投资也应具有一定的促进作用，从而能够更好地提升企业总体投资水平。

依据制度变迁理论（North，1981），会计准则变革是一种“自上而下”的强制性制度变迁，在现代产权制度下，由会计准则变革引发的会计信息质量提高对缓解代理冲突问题有促进作用。并且，会计准则变革这种制度性变迁的重大影响还会对企业的资本经营战略以及投资方式选择产生重要影响，帮助企业进行正确的经营战略决策和投资战略决策，促进企业的投资方式选择与资本经营战略能够相互协调。

企业的资本经营战略受高层管理者经营理念的影响：如Suzuki（2003）的研究发现，与财务会计相关联的经济理念和经济管理在现代社会中无处不在，在财务会计作用于经济理念与经济行为的这样一个程序中，会计观念的转变将对企业经营理念具有深层次的影响。Harlow（1991）认为基于会计信息分析的低风险框架下的资产组合会给企业带来更多的预期收益。Baber等（1991）实证检验了企业近期收益对企业研发支出（R&D Expenditure）决策的影响，研究发现，财务报告中的收益对可自由支配支出决策会产生影响。

不同会计处理，以及对实施会计准则的不同理念，会导致对企业的资本经营战略和投资方式选择产生不一样的经济后果：如周夏飞（2007）分析了不同会计处理下的经济后果，认为将资产证券化作为真实销售处理与不合并SPE对发起人、证券投资者更有吸引力，也更有助于推动资产证券化业务的发展。Voulgaris（2011）指出会计准则是管理层激励契约的基础，会计准则变革引发企业激励契约的利益结构调整，也将引导企业相关行为（包括投资行为）的变化。Guerreiro等（2012）分析了葡萄牙大型上市公司自愿采用IFRS的制度性逻辑与战略性反应，结合分析式的框架研究（Oliver，1991）和制度性逻辑概念研究新会计制度的压力反应复杂性，发现，公司采用IFRS不是盲目的制度性要求反应，而是更大程度可预见的内在特征优点和这种制度压力的重要性。Daske等（2013）研究检验了采用IAS/IFRS的非一致性经济后果，把公司分为“label”采用者和“serious”采用者，发现有很大的不同，“serious”公司资本流动性增加，资本成本降低；“label”公司并非如此，反映了会计准则带来的财务动机变化或公司向外报告战略，并不仅仅限于准则或标准本身。

我国会计准则（2006）的颁布与执行恰逢巩固企业资本经营理念的转变与深

化成果的时期，旨在从制度上更好地规范和引导企业的财务行为。会计准则的制定体现了提高会计信息价值相关性的指导思想，基于现值会计的现行会计准则实施更有利于增加信息透明度，使企业在资本经营运作信息质量提高、信息成本下降的环境下更容易完成，进一步提升了企业资本经营活动的活跃性。并且会计信息与企业价值更相关，有利于促进企业在加强资本经营运作的同时，重视企业的资本保值增值目标，使企业管理者的资本经营理念不断深化与加强，使企业进行资本经营活动更具有目标性，而非盲目性，也会有利于促进企业加强自行投资行为，以提升企业总体投资水平。因此，管理者的资本经营理念深化会通过高层管理者对资本经营战略制定产生影响，从而对企业在进行资本经营运作中对投资方式的选择产生影响。其影响原理可以通过图3-8予以说明。

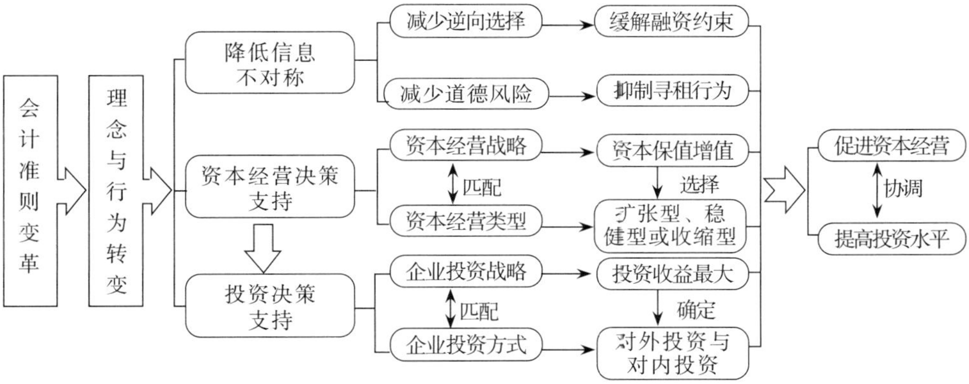

图3-8　会计准则变革与企业投资方式选择的假设机理：基于资本经营战略的选择

因此，以扩张型资本经营为例，可以建立如下假设：

H3-1：在实施扩张型资本经营战略的企业中，会计准则变革对企业加强对外投资具有促进作用；

H3-2：在实施扩张型资本经营战略的企业中，会计准则变革会在促进企业对外投资的同时提升对内投资水平。

3.3.2　研究设计

首先，根据本章节实证研究主题进行变量定义，包括被解释变量投资方式（包括并购或自行投资）的定义与度量，解释变量——会计准则事件和扩张方式的设定，构建会计准则事件与资本经营扩张方式的交乘项，以及选择适当的控制变量并对其进行定义与度量；其次，设计多元线性回归模型，借助计量经济学研究工具，构建会计准则、扩张型资本经营与企业投资方式三者之间的实证关系；最后，根据实证研究需要选择样本及其相关数据，本部分研究数据主要来源于国泰安研究数据库（CSMAR）。研究设计的目的是发现会计准则实施之后，对企业实施扩张型资本经营战略以及进行投资方式选择而产生的影响。

（1）变量定义

本章节主要考察的是针对实施资本扩张型战略的企业，会计准则变革对企业投资方式（包括对外投资方式——并购，对内投资方式——自行投资），及其相互协调的影响。因此，分别设置了被解释变量，即并购和自行投资；解释变量，即会计准则事件和扩张方式；控制变量，根据相关理论及文献，设置控制变量。

① 被解释变量。

投资方式之对外投资方式（并购）变量，用并购相对交易规模（MA）表示，定义为主并公司每年总的并购交易金额除以年初总资产，再乘以100%（姜付秀等，2008）。

投资方式之对内投资方式（自行投资）变量，用自行投资规模（NBTZ）表示，参照Richardson（2006）、姜付秀等（2008）的研究方法，定义为（购建固定资产、无形资产和其他长期资产支付的现金-处置固定资产、无形资产和其他长期资产收回的现金净额）/年初总资产×100%[①]。

此外，本章节基于扩张型资本经营战略的企业研究会计准则变革对企业投资方式影响的问题，所以剔除了上述变量中的负值。被解释变量投资方式之并购和自行投资变量都除以总资产，是一种进行标准化的处理，用百分比的形式表示。

② 解释变量。

会计准则变革，用会计准则变革事件哑变量（REFORM）表示，当会计准则变革事情发生时取值为1，当该事件未发生时，则取值为0，即以现行会计准则实施年份为分界，2007年及以后的年份取值为1，2007年以前的年份取值为0。

资本扩张型战略，用扩张方式（EXPAND）表示，也是一个事件哑变量，企业实施并购时取值为1，否则取0。EXPAND×REFORM为会计准则变革与扩张型资本经营战略实施的交乘项，当会计准则变革后企业发生并购时为1，其他情况均为0。

③ 控制变量。

控制变量的选择和设定借鉴了姜付秀等（2008）对投资方式选择的研究。我们设置了控制变量行业（IND），利用样本的所处行业作为行业控制变量，根据证监会的行业分类标准设定虚拟变量，以考虑行业固定效应。由于解释变量中的会计准则已经是按照年度设置的虚拟变量，考虑到可能存在的共线性问题，因此没有再单独设置年度（YEAR）控制变量[②]。其他控制变量定义如下：

① 由于折旧可能包含纳入合并报表的被并购方部分，所占比重虽然很小，但为了检验结论的稳健性，在后面的回归中也采用未扣除折旧额的方法验证，发现两种衡量方法的结果基本一致。

② 设计之初考虑到年度固定效应问题，出于稳健性考虑，本研究对后面的回归中分别做了包含与不包含年度（YEAR）控制变量的检验，发现两种处理方法的回归结果都是一致的。

企业实际控制人类别（CONTROL），Jensen & Meckling（1976）认为有控制权股东的持股比例与管理行为有关，比例越高，产生的管理激励越大，因此可以降低代理成本，提升企业经营管理水平，从而提高企业价值。Shleifer 等（1997），陈小悦、徐晓东（2001）等国内外学者基于不同研究对象，验证了股权结构对企业绩效的影响。欧阳凌等（2005）从股权结构问题出发，研究国有企业和民营企业在代理问题上存在的差异，及其对企业投资行为的不同影响。因此，我们控制了该因素，当实际控制人为国有股股东时取0，否则取1。

二职合一情况（DUAL），董事长与总经理是应当兼任，还是应当分离，这一直是一个颇有争议的话题。基于委托代理理论，董事长与总经理两个职务应该予以分离，这比较符合委托代理理论主张的两权分离式领导结构。这会防止出现代理人在自利行为动机下的"败德行为"，以及信息不对称中的"逆向选择"问题。所以，实现二职分离有利于董事会监督的独立性和有效性。Goyal 等（2002）研究发现，二职合一时的确会导致总经理变更的决策有效性下降。然而，Moyer 等（1996）研究发现二职合一与否与企业的相关决策，尤其是企业业绩之间只存在很小的差异。对此，我们设置了二职合一控制变量，董事长与总经理职务重合时取 1，否则取 0。类似地，我们还控制了高管持股比例（EXECUHOLD）变量，将其定义为所有高管持有的股票数/公司总股数。

董事会规模（BOARDSIZE），Lipton 和 Lorsch（1992）指出董事会规模与董事会功能相关，董事数量太多会导致董事会功能的紊乱。而 Ocasio（1994）等一些学者依据资源依赖理论则认为，较大规模的董事会有利于提高治理效率。有效的公司治理会促进企业的资本经营与投资行为，所以选择董事会人数代表董事会规模，设置了董事会规模控制变量。此外，Lipton 和 Lorsch（1992）还发现董事会会议次数与董事会功能发挥有关，对此控制了董事会活跃度（BOARDMEET）变量，将其定义为年度内董事会会议次数。

独立董事规模（INDEPENSIZE），独立董事的有效性一直是公司治理中的热议问题。Fama 和 Jensen（1983）进一步指出，"除非董事会能限制公司高管的决策处置权，否则它就不是一个有效的决策控制机制"，所以，独立董事制度的引入在控制内部人决策方面还是有必要的。其后，Klein（1998）、何卫东（2003）等国内外研究学者先后基于不同视角对独立董事功能进行了研究，认为独立董事在企业经营相关决策行为上能够发挥有效性。控制了独立董事规模变量，将其定义为独立董事人数/董事会总人数。

负债比例（DEBT），对企业来说，负债既是一种融资手段，也会起到治理的作用（Williamson，1988）。Jensen 和 Meckling（1976）较早提出了增加负债水平可以减少管理者对公司资产侵占行为的观点，并进一步基于现金流理论，再次证明了负债会抑制企业的过度投资行为（Jensen，1986）。其后的很多学者也纷纷证明了融资与投资之间的关系，并且融资作为投资的一个重要影响因素在企业投资行为研究中，已经得到广泛的认可与普遍重视。所以，控制了负债比例变量，定义为年初负债总额/年初总资产。并且还控制了现金（CASH）变量，将其定义为年初货币资金/年初总资产。

企业投资机会（Tobin's Q），投资机会既是影响企业资本经营的一个重要变量，也是影响企业投资行为的一个重要变量，企业投资机会与企业实际投资行为具有较强的相关性，并且对企业选择什么样的投资方式也同样具有很大的影响力，以Tobin's Q来代替投资机会，变量取自Tobin's Q值。

此外，在借鉴已有相关研究（姜付秀等，2008）的基础上，还根据企业投资行为的影响因素设置了企业规模、成长性和母公司的集团性质等变量，并对此进行了控制：如企业规模（SIZE）控制变量，定义为企业年初总资产的自然对数；成长性（GROW）控制变量，定义为（上年主营业务收入-前年主营业务收入）÷上年年初的总资产；母公司是否是集团公司（GROUP）控制变量，定义为上市公司的母公司是集团公司取1，否则取0。

以上具体变量定义见表3-4：

表3-4 **变量定义**

变量类型	变量符号	变量名称	变量界定
被解释变量	MA	并购相对交易规模	主并公司每年总交易金额÷年初总资产×100%
	NBTZ	自行投资规模	（购建固定资产、无形资产和其他长期资产支付的现金-处置固定资产、无形资产和其他长期资产收回的现金净额）÷年初总资产×100%
解释变量	REFORM	会计准则变革	虚拟变量，当处于2007—2013年时取1，否则取0
	EXPAND	扩张方式	哑变量，实施并购时取1，否则取0
	EXPAND×REFORM	会计准则变革与扩张方式的交乘项	扩张方式变量乘以会计准则变革变量
控制变量	Tobin's Q	企业投资机会	Tobin's Q值
	CONTROL	实际控制人类别	国有股股东取0，否则取1
	BOARDMEET	董事会活跃度	年度内董事会会议次数
	DUAL	二职合一情况	董事长与总经理职务重合取1，否则取0
	BOARDSIZE	董事会规模	董事会人数
	INDEPENSIZE	独立董事规模	独立董事人数/董事会总人数
	EXECUHOLD	高管持股比例	所有高管持有的股票数÷公司总股数
	GROW	成长性	（上年主营业务收入-前年主营业务收入）÷上年年初的总资产
	GROUP	母公司是否是集团公司	上市公司的母公司是集团公司取1，否则取0
	CASH	现金	年初货币资金÷年初总资产
	DEBT	负债比例	年初负债总额÷年初总资产
	SIZE	企业规模	企业年初总资产的自然对数
	IND	行业	行业虚拟变量，按证监会的分类标准设置

（2）模型设定

借鉴Khurana & Michas（2011）等大部分国内外学者利用的政策变革事件研究方法，将会计准则设置为哑变量，并根据相关假设需要，设置事件哑变量的交乘项来研究发现准则变革前后的影响。这样可以更清楚地分析会计准则变革后对企业资本经营战略，以及在资本经营战略的影响路径下，会计准则变革对企业投资方式选择的影响。

为验证本章中的假设3-1和假设3-2，分别设定了模型（3-1）和模型（3-2）①。

$$MA_{i,t} = \alpha_0 + \alpha_1 REFORM_t + \sum_{p=2}^{13} \alpha_p CONTROL_{i,t} + \sum_{q=14}^{30} \alpha_q IND_{i,t} + \varepsilon_{i,t} \tag{3-1}$$

模型（3-1）中的被解释变量为并购规模MA，解释变量为会计准则变革REFORM，检验在扩张型资本经营战略中，会计准则变革对企业选择对外投资方式的影响。

$$NBTZ_{i,t} = \beta_0 + \beta_1 EXPAND_{i,t} + \beta_2 REFORM_t + \beta_3 EXPAND_{i,t} \times REFORM_t + \sum_{p=4}^{15} \beta_p CONTROL_{i,t} + \sum_{q=16}^{32} \beta_q IND_{i,t} + \delta_{i,t} \tag{3-2}$$

模型（3-2）中的被解释变量为自行投资NBTZ，第一个解释变量为扩张方式EXPAND，检验在实施扩张型资本经营战略的企业中，企业的并购投资方式选择对自行投资行为的影响，第二个解释变量为会计准则变革REFORM，检验会计准则变革对企业自行投资行为的影响，第三个解释变量为扩张方式与会计准则变革的交乘项EXPAND×REFORM，主要检验会计准则变革与并购投资方式对企业自行投资行为的影响。

（3）样本选择与数据来源

① 数据来源。

使用的公司财务数据、资本经营数据（并购数据），以及相关的公司基本信息数据均来自中国香港理工大学和深圳国泰安信息技术有限公司合作的《中国股票市场研究数据库（CSMAR）》（简称“国泰安数据库”）。并参照中国证监会的上市公司行业分类标准，对企业所处行业进行分类。

②时间窗口。

现行会计准则是从2007年1月1日开始在上市公司中正式实施的，所以以2007年为参照确定时间窗口。考虑到上一次《企业会计制度》于2000年出台，

① 本部分设定的假设和模型旨在检验会计准则变革在资本经营路径作用下对企业投资行为的影响，模型（3-1）的目的是检验会计准则变革在资本经营运作中对企业对外投资行为的影响，模型（3-2）的目的是检验会计准则变革在资本经营运作中对企业对内投资行为的影响。模型的设定、交乘项的使用等在借鉴已有相关研究的基础上，更侧重基于Damodar N，Gujarati，Dawn C，Porter（2004）的计量经济学模型建立原理和Brambor T（2005）中对交乘项使用的经验总结。

其对企业的影响需要一段时间消化。并且，本部分更侧重于检验会计准则（CAS，2006）实施后对企业资本经营和投资行为的影响效果，如果会计准则实施后的时间窗口选择太窄很难发现规律。此外，本研究设计中的一些变量计算涉及前一年度的财务数据取值，因此，最终确定选择对2004—2013年的上市公司相关数据进行筛选。

本章节的主要研究目的是检验会计准则变革对企业资本经营战略和投资方式的影响，选择2003—2006年的数据，即现行会计准则实施以前的相关数据，是通过比较更好地分析会计准则变革给资本经营战略和投资方式选择带来的经济后果。

③ 样本筛选。

为了检验本章的研究假设，文章对样本进行了如下筛选：

首先，选择2003—2013年间有并购行为，即在研究年度内发生了作为主并购方的并购事件的所有上市公司作为研究样本。选取范围是全部的A股上市公司，并对样本做出如下处理：第一，剔除ST、*ST、S、SST、S*ST等非正常交易的样本；第二，剔除财务数据缺失（包括研究年度前一年数据缺失）的样本；第三，剔除并购交易不成功的样本；第四，剔除并购交易中出现缺失值或异常值的样本；第五，本章节以扩张型资本经营公司为例，研究的是企业资本经营战略中的扩张问题，而不是收缩问题，故进一步剔除了相关变量中的非正值样本；第六，在剔除了关联方交易的并购事件后，将每家公司在每年的并购事件进行了合并。在经过上述筛选和处理后，最终得到2004—2013年间共计4 537个观测值的样本数据。数据处理和统计分析采用STATA 12.0和Excel实现。具体观测值的分布参见表3-5和表3-7中的年度分布情况和行业分布情况。为了减轻离群值的影响，在回归之前对主要指标进行了Winsorize（首尾1%和99%）的缩尾处理。

3.3.3 实证研究分析

（1）变量描述性统计

表3-5、表3-7分别列示了模型（3-1）、模型（3-2）中所涉及被解释变量的描述性统计，其中表3-5为分年度被解释变量的描述性统计，表3-7为分行业被解释变量的描述性统计，同时表3-6还汇报了均值T检验和Wilcoxon秩检验。

表3-5　**分年度被解释变量的描述性统计（1）**

年度		观测值（个）	扩张型资本经营规模（%）			自行投资规模（%）		
			均值	中位数	标准差	均值	中位数	标准差
旧	2004	300	6.20	2.86	7.90	9.53	5.92	9.64
准	2005	245	4.70	2.30	6.02	8.74	5.58	9.11
则	2006	266	6.85	2.98	10.16	6.76	4.22	7.82

续表

年度		观测值（个）	扩张型资本经营规模（%）			自行投资规模（%）		
			均值	中位数	标准差	均值	中位数	标准差
现行会计准则	2007	407	8.89	3.24	14.64	8.87	5.87	10.02
	2008	449	7.49	2.94	11.49	9.18	6.42	9.62
	2009	462	7.94	2.58	14.69	7.74	5.02	8.38
	2010	501	7.03	2.71	11.97	8.54	6.37	8.53
	2011	546	6.21	2.58	10.63	9.43	6.81	9.40
	2012	679	6.43	2.59	11.14	8.52	6.30	7.94
	2013	682	9.24	3.03	15.88	7.02	5.21	6.58
总体		4 537	7.29	2.76	12.39	8.40	5.77	8.65

表 3-6　**准则变革前后MA和NBTZ变量的T检验和Wilcoxon秩检验**

变量名称	准则变革前均值（样本数：811）		准则变革后均值（样本数：3 725）		均值	中值
	均值	中值	均值	中值	T值	Z值
MA	0.060	0.027	0.076	0.028	3.396***	0.205
NBTZ	0.084	0.053	0.084	0.059	0.060	1.682**

注：***表示在1%的水平上显著，**表示在5%的水平上显著，*表示在10%的水平上显著。

如表3-5和表3-6所示，首先，从观测值年度分布上看，采用扩张型资本经营战略的上市公司在现行会计准则实施之后明显增加，说明会计准则变革对企业的资本流动有促进作用。其次，从年度趋势上看，基于扩张型资本经营战略，我国上市公司的对外投资水平呈波动性稳定增长的趋势。并且，现行会计准则实施之后的平均增长水平普遍高于会计准则实施之前，其中对外投资规模均值增幅明显（均值检验显著），由准则实施之前的5.96%（2004—2006年的加权平均数）上升到会计准则变革之后的7.58%（2007—2013年的加权平均数），自行投资规模均值增幅不大（均值检验不显著），由会计准则变革之前的8.37%（2004—2006年的加权平均数）上升至现行会计准则实施之后的8.41%（2007—2013年的加权平均数）。总体看来，会计准则变革之后，更有利于促进扩张型资本经营企业对外投资水平的提升，由于会受融资约束、自由现金流等限制，同一年度中企业的两种投资行为呈现出一种此消彼长的交替增长规律。

表 3-7　　分行业被解释变量的描述性统计（1）

行业	观测值（个）	扩张型资本经营规模（%）			自行投资规模（%）		
		均值	中位数	标准差	均值	中位数	标准差
农、林、牧、渔业	88	5.83	2.72	9.00	10.57	6.11	11.11
采矿业	139	9.14	3.48	13.62	12.97	11.36	9.03
制造业	2 671	6.03	2.49	10.62	8.90	6.52	8.22
电力、热力、燃气及水生产和供应业	204	6.58	2.48	11.87	12.58	10.25	10.13
建筑业	117	5.11	1.67	8.29	5.89	2.75	8.85
批发和零售业	292	8.04	3.86	11.57	6.47	3.49	7.75
交通运输、仓储和邮政业	178	8.74	3.20	13.70	10.84	8.06	9.98
住宿和餐饮业	19	12.20	12.44	10.31	12.53	13.36	8.47
信息传输、软件和信息技术服务业	201	10.00	4.05	14.92	8.64	6.04	9.58
金融业	39	1.34	0.22	2.46	0.77	0.28	1.33
房地产业	314	12.87	6.97	17.29	2.16	0.27	5.60
租赁和商务服务业	53	12.00	3.14	21.06	8.40	6.16	7.63
科学研究和技术服务业	14	4.54	1.62	7.11	6.58	3.43	7.13
水利、环境和公共设施管理业	42	12.35	3.74	20.13	9.62	6.14	10.57
居民服务、修理和其他服务业	13	12.02	4.63	16.97	7.47	3.94	10.63
教育、卫生和社会工作	125	10.09	4.19	16.26	5.01	2.86	6.12
文化、体育和娱乐业	28	12.85	2.95	20.50	5.90	3.11	6.33
总体	4 537	7.29	2.76	12.39	8.40	5.77	8.65

从表3-7分行业的情况来看，制造业所占观测值比例在被统计样本中占有绝对优势，占总体观测值的比例为58.87%（“制造业观测值”除以“总体观测值”）。并且，我国上市公司实施扩张型资本经营战略的水平在行业间存在差异。首先，从对外投资水平（即扩张型资本经营规模）来看，以第三产业为主（除科学研究和技术服务业外，其平均并购规模仅为4.54%）的住宿和餐饮业，房地产业，租赁和商务服务业，水利、环境和公共设施管理业，居民服务、修理和其他服务业，文化、体育和娱乐业等并购规模偏高，均在12%以上，明显高于平均水平（7.29%），而第一产业和第二产业，除采矿业（平均并购规模为9.14%）外，普遍低于平均水平。其次，从对内投资水平（即自行投资规模）来看，第一产业的农、林、牧、渔业，第二产业的采矿业，电力、热力、燃气及水生产和供应业，第三产业的交通运输、仓储和邮政业，住宿和餐饮业的自行投资规模均达到10%，明显高于平均水平（8.4%），并且第三产业中绝大多数行业的

自行投资规模普遍偏低。尤其是，金融业的行业特殊性显著，无论是从采用对外投资扩张还是对内投资扩张来看，在所有行业中都远低于其他行业，鉴于金融业也是上市公司的组成部分，考虑到无论从观测值所占比重，还是变量计算所占权重来看，都对总体影响不大，所以金融业的39个样本公司在本章节的总体检验中暂且予以保留。

(2) 变量相关性分析

表3-8报告了模型（3-1）、模型（3-2）中涉及主要变量的Spearman相关系数。

表3-8　　**主要变量相关性分析（1）**

Var.	NBTZ	MA	REFORM	EXPAND	CASH	Tobin's Q
NBTZ	1					
MA	0.021	1				
REFORM	0.047*	0.050***	1			
EXPAND	0.024**	0.053***	0.049***	1		
CASH	0.064***	0.041***	0.129***	0.023	1	
Tobin's Q	-0.022	0.080***	0.232***	-0.007	0.126***	1

注：***表示在1%的水平上显著，**表示在5%的水平上显著，*表示在10%的水平上显著。

从表3-8中的相关系数看，在以扩张型资本经营战略为主的我国上市公司中，企业的并购投资行为EXPAND和自行投资NBTZ的相关系数为0.024，在5%的统计水平上显著。会计准则变革REFORM对企业对外投资水平MA显示出显著正相关关系，相关系数为0.050，在1%的统计水平上显著，会计准则变革REFORM与并购式的投资方式EXPAND的相关系数为0.049，在1%的统计水平上显著。

此外，企业的现金流对并购或自行投资方式都存在显著的正相关关系，并且，Q值对以并购方式进行扩张的投资行为显著正相关，其相关系数为0.08（在1%水平上显著）。

(3) 回归结果分析

采用最小二乘法（OLS）的多元回归进行分析，表3-9报告了模型（3-1）、模型（3-2）的回归结果。从表3-9的回归结果看，会计准则变革REFORM与企业对外投资方式之并购投资MA在1%的统计水平上显著正相关，说明在扩张型资本经营的企业中，会计准则变革对企业选择对外投资方式的投资行为具有促进作用，促进了企业资本经营活动的增加，假设3-1得证。在企业进行自行投资方面：在实施扩张型资本经营的企业中，会计准则变革REFORM对企业的自行投资行为NBTZ的影响并不显著，而会计准则变革与企业选择对外扩张投资方式的交乘项REFORM×EXPAND对企业的自行投资方式NBTZ的促进作用则比较显著（在10%的统计水平上显著正相关），说明在实施扩张型资本经营战略的企业中，会计准则变革会通过促进企业选择对外投资的扩张方式（并购）来加强对内投资，假设3-2也得证。

表3-9　　　　　　　**模型（3-1）、模型（3-2）的回归结果**

项　目	模型（3-1）-MA		模型（3-2）-NBTZ	
	Coef.	T值	Coef.	T值
_cons	0.218***	7.20	0.114***	4.55
REFORM	0.026***	4.76	0.043	1.52
EXPAND			0.003	0.98
REFORM×EXPAND			0.006*	1.72
CASH	0.008	0.56	-0.003	-0.34
DEBT	0.001	0.13	-0.040***	-5.75
Tobin's Q	0.004**	2.07	-0.004***	-2.89
GROUP	0.006	1.36	-0.004	-1.22
SIZE	-0.019***	-9.81	-0.002	-1.31
GROW	0.001***	5.33	0.001*	1.76
CONTROL	-0.021***	-3.26	-0.020***	-4.39
BOARDMEET	0.003***	5.19	0.001***	4.15
DUAL	0.004	0.73	-0.001	-0.42
BOARDSIZE	0.001	1.15	0.003***	4.09
INDEPENSIZE	0.007	0.18	0.021	0.83
EXECUHOLD	-0.005	-0.27	0.043***	3.19
IND	控制		控制	
N	4 537		4 537	
Adj. R^2	0.087		0.110	

注：***表示在1%的水平上显著，**表示在5%的水平上显著，*表示在10%的水平上显著。

综合两个模型的回归结果来看，对采取扩张型资本经营战略的企业而言，会计准则变革对企业采用并购的投资方式具有更显著的促进作用，说明会计准则变革后由于信息质量的提高，降低了信息不对称，降低了交易成本，促进了企业资本经营运作（并购）的完成，并且对企业资本经营战略类型与投资方式选择的匹配上，起到了一种协调性的促进作用。可见，通过实证检验，再次证明资本经营是会计准则变革影响企业投资行为的一个重要路径，以扩张型资本经营为例，会计准则变革对企业资本经营和投资行为之间的促进与协调起到了积极的作用，尤其是当企业存在一定的投资机会时，会计准则变革对企业选择对外投资方式（并购）进行扩张具有更显著的促进作用。

为了确保模型回归的有效性，考察了模型中的解释变量是否存在完全共线性问题，在对方程进行回归后计算了方差膨胀因子VIF，结果显示每个变量的VIF值均远小于5，其中模型（3-1）解释变量的VIF均值为1.39，模型（3-2）解释变量的VIF均值为1.40，说明回归模型中的各个解释变量之间不存在完全共线性问题，方程回归结果可靠。

此外，为了确保实证结果更可靠，还进行了基于时间窗口调整的稳健性检验。从通过调整窗口后数据的稳健性检验回归结果来看，回归结果与原检验结果一致，说明假设3-1和假设3-2依然成立。

3.4　会计准则变革对企业投资效率的影响研究

3.4.1　理论分析与研究假设

众所周知，会计信息是企业管理层进行决策的重要信息来源和依据。会计信息可以通过项目选择、治理作用、逆向选择等途径来影响企业与市场资源的配置（Bushman和Smith，2001）。

契约理论认为企业是“一系列契约的联结”，会计数字是订立各种企业契约的基础，是评估契约履行的判断标准（SchipPer，1999）。由于企业在契约签订与契约执行过程中存在信息不对称（在契约签订之前的信息不对称被称为“逆向选择”，而在契约签订之后的信息不对称被称为“道德风险”），为保证企业各项契约的有效性，高质量的会计信息是用来帮助消除签约各方逆向选择和道德风险的主要工具。

交易经济学理论指出无论是企业内部的管理交易，还是企业外部的市场交易，均需要将会计信息作为交易的基础。会计信息是发现交易价格的依据，会计信息质量是决定交易成本与交易效率的重要因素。高质量的会计信息能够降低企业各项交易的成本，提高交易的效率。具体而言，高质量的会计信息有助于价格发现，能够有效降低企业内部与企业外部交易信息的不对称程度，减轻由逆向选择和道德风险所造成的效率损失，减少企业内部与企业外部交易的成本，提高企业内部与外部交易的效率。

综上可见，高质量会计信息能够有助于提高交易效率与契约效率，具体包括企业与外部资金提供者之间的融资交易，企业与外部股东之间的治理契约。融资交易与公司治理是影响企业投资行为的重要因素，高质量的会计信息能够改善因逆向选择而导致的企业融资约束与投资不足问题，也有助于改善因道德风险而导致的管理层机会主义行为与投资过度问题（Biddle和Hilary，2006；Bushman等，2011；Verrecchia，2001；Healy和Palepu，2001；Bushman，Piotroski和Smith，2006）。

李青原（2008）针对我国上市公司研究发现高质量会计信息能显著降低上市公司投资不足和过度投资问题。张纯（2009）研究发现信息披露水平的提高和信息中介的发展，将减轻信息不对称程度，进而提高企业的投资效率，抑制过度投资行为。张琦（2007）研究发现随着盈余质量的提高，内部现金流与企业投资之间的关系变弱，高质量的会计信息降低了企业投资现金流敏感度。

会计信息除了有助于改善“内生”信息不对称外，还有助于减少企业投资决策本身可能存在的“外生”信息不对称问题。会计准则变革改善了会计业务确认的全面性与准确性，能够为企业的投资决策提供更为全面而有效的参考，能够让企业发现投资项目的真实价值，增强投资决策的确定性与准确性，收敛过于自信与放松过于谨慎，改善企业投资决策的效率与效果。Biddle（2009）研究发现会计信息质量越高的企业偏离预期投资越小。高质量的财务报告有助于增加投资信息，提高投资效率（Bushman和Smith，2001；Healy和Palepu，2001；Lambert等，2007）。

为此，可以形成如下假设：

H3-3：会计准则变革通过改善会计信息质量能够缓解投资不足。

H3-4：会计准则变革通过改善会计信息质量能够抑制投资过度。

以上两个假设的原理可以通过图3-9予以说明。

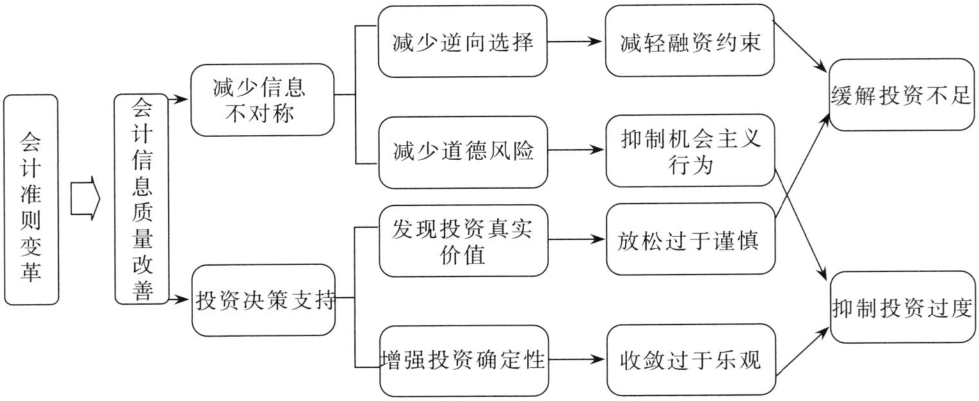

图3-9　会计准则变革、会计信息质量与企业投资行为影响的假设机理图

3.4.2　模型设计与变量选择

（1）研究思路设计

首先，度量投资过度与投资不足水平。借助于Richardson（2006）模型估算出企业最优期望资本投资水平，然后利用实际资本投资与最优期望投资之差，即模型回归的残差，作为投资过度或投资不足变量的估计值（残差为正的代表投资过度，残差为负的代表投资不足）。

其次，寻找影响投资不足与投资过度的控制变量。原理上是借助于一个基准模型（Benchmark Model）控制前期研究已发现影响投资不足与投资过度的重要因素。操作中主要借鉴了辛清泉（2007）、戴德明（2009）等其他相关文献。

再者，添加会计准则变革事件哑变量。本部分所利用的原理与Gordon（2012）研究采用IFRS对FDI影响，以及Lin（2012）研究德国企业采用GAAP到IFRS对会计信息质量影响时所使用的方法一致。以Richardson（2006）模型度量出的投资不足与投资过度作为被解释变量，将会计准则变革事件哑变量作为解释变量，在基准模型基础上构建模型。

最后，分组回归分析。将Richardson模型回归结果分成投资过度组与投资不足组，分别进行回归分析，发现会计准则变革对投资过度与投资不足的影响情况。

（2）模型设计

① Richardson模型。

Richardson（2006）模型的一个基本思想是认为实际投资与最优期望投资之差为非效率投资，实际投资超过最优期望投资被视为过度投资（用Overinvest表示），实际投资小于最优期望投资则被视为投资不足（用Underinvest表示）。非正常投资水平绝对值越大则表示投资不足或投资过度越厉害。Richardson将投资分为维持性资本投资和新增资本投资（Strong和Meyer，1990与本处分类类似）。所谓维持性资本投资就是弥补企业资产折旧与摊销等，保持企业厂房、设备和其他经营资产现有状态（原状态）所需要的必要支出。新增资本投资是指企业扩大业务规模所进行的投资，而这部分投资包括两个部分：一部分是预期投资，这部分投资与公司的增长机会、融资约束、行业特征及其他因素有关；另一部分是非预期投资，即未预期部分，非预期投资可以是正值，即投资过度，也可以为负值，即投资不足。

$$I_{total} = I_{maintenance} + I_{new}$$

$$I_{new} = I_{expect} + I_{unexpect}$$

式中：I_{total}表示总投资；$I_{maintenance}$表示维持性投资；I_{new}表示新增投资；I_{expect}表

示预期投资；$I_{unexpect}$表示非预期投资。

为了要估计预期的最优投资水平，Richardson考虑了多个能拟合期望投资总量的必要因素，并设计了如下估计模型：

$$INV_{i,t} = \alpha_0 + \alpha_1 Growth_{i,t-1} + \alpha_2 Lev_{i,t-1} + \alpha_3 Cash_{i,t-1} + \alpha_4 Age_{i,t-1} + \alpha_5 Size_{i,t-1} + \alpha_6 Ret_{i,t-1} + \alpha_7 INV_{i,t-1} + \sum Industry + \sum Year + \varepsilon \quad (3-3)$$

② 会计准则变革对投资过度和投资不足影响模型。

模型（3-4）和模型（3-5）是利用模型（3-3）所估计的投资过度数据和投资不足数据分别作为因变量，然后将会计准则变量（以NCAS表示）作为解释变量，添加了杠杆、现金流、规模，以及管理费用率、其他应收款率、总经理是否兼任董事长、独立董事比例等控制变量，分别以Lev、FCF、Size、ME、AR、DM、IDP表示。添加公司治理变量的原因是现有很多研究发现公司治理对管理者的投资行为具有重要影响（Gompers、Ishii和Metrick，2003；Brown和Caylor，2004；Larcker、Richardson和Tuna，2005；Richardson，2006）。另外，按照国内外投资行为的研究惯例，也添加了行业和年度控制变量。

$$Underinvest_{i,t} = b_0 + b_1 FCF_{i,t} + b_2 ManagementE_{i,t} + b_3 AccountR_{i,t} + b_4 NCAS + b_5 Size_{i,t-1} + b_6 Lev_{i,t-1} + b_7 DirMan_{i,t} + b_8 Inddir_{i,t} + \sum Industry + \sum Year + \varepsilon \quad (3-4)$$

$$Overinvest_{i,t} = b_0 + b_1 FCF_{i,t} + b_2 ManagementE_{i,t} + b_3 AccountR_{i,t} + b_4 NCAS + b_5 Size_{i,t-1} + b_6 Lev_{i,t-1} + b_7 DirMan_{i,t} + b_8 Inddir_{i,t} + \sum Industry + \sum Year + \varepsilon \quad (3-5)$$

（3）变量选择

① 被解释变量。

模型（3-3）的被解释变量：INV表示企业投资行为，即企业新增投资支出。对于这个变量的计算，在现有文献中存在多种方法。有的学者选择资产负债表中相关长期资产的账面价值进行计算，如“固定资产+工程物资以及在建工程”之和的年度增加额（李维安等，2007；辛清泉等，2007；陆正飞，2006）；还有学者采用现金流量表中“购建固定资产、无形资产和其他长期资产支付的现金”（张功富等，2009），“购建固定资产、无形资产和其他长期资产支付的现金”与“处置固定资产、无形资产与其他长期资产收回的现金净额”之差，以及“购建固定资产、无形资产和其他长期资产支付的现金”与“处置固定资产、无形资产与其他长期资产收回的现金净额”之差，再加上“购建和处置子公司及其他营业单位支付的现金”（魏明海等，2007）。

认为资产负债表的资产数据由于存在各项资产减值调整及折旧摊销等影响，资产账面数据的变化并不能直观反映出是由企业实际投资行为所引起的，更不能直接反映出企业投资支出情况，而且资产计量方式的转变与确认政策的调整都会影响账面价值。而现金流量表中投资活动现金流量部分，有较清晰的分项投资支出列示，该数据能够准确与直观地反映企业投资的支出行为。为此，文章将企业投资支出界定为“购建固定资产、无形资产和其他长期资产支付的现金”与“处置固定资产、无形资产与其他长期资产收回的现金净额”之差，并用企业期初账面总资产进行平减处理，以消除不同企业规模可能产生的影响。

模型（3-4）的被解释变量：投资不足为模型（3-3）中残差小于零的数据，用Underinvest表示。

模型（3-5）的被解释变量：投资过度为模型（3-3）中残差大于零的数据，用Overinvest表示。

② 解释变量。

模型（3-3）中的解释变量：企业增长机会（Growth）大部分学者采用Tobin'Q值来进行计算（（流通股市场价值+非流通股账面价值+负债账面价值）÷资产总额）（魏明海等，2007），国内还有学者也用营业收入的增长率表示（辛清泉等，2007），采用大部分学者使用的Tobin'Q值。企业财务杠杆（Lev），即采用负债账面总额除以账面总资产度量；企业所持有的现金（Cash）考虑到交易性金融资产流动性强，将其纳入货币资金一并度量；企业上市年限（Age），采用到数据采集当年年初企业已经上市的年限；企业规模（Size），考虑到规模绝对金额上的数量级差异太大，故采用学者们通常的做法，对账面总资产取自然对数；股票年度收益率（Ret），考虑到公司年度财务报告公告日期问题，故采用次年4月30日收盘价相对于当年5月1日开盘价的增长率度量。

模型（3-4）和模型（3-5）的解释变量：会计准则变革是一个事件哑变量，或者称为开关哑变量，用NCAS表示。当事情发生时取值为1，而当事情未发生时，则取值为0（即2007年以前年份取值为0，2007年以后的年份（包含2007年）取值为1）。

③ 控制变量。

模型（3-4）中的控制变量：行业（Industry）与年度（Year），利用各样本的行业和对应的年限作为模型的行业和年度控制变量，以充分考虑行业固定效应和年度固定效应。

模型（3-4）和模型（3-5）中的控制变量：自由现金流量（FCF）定义为超过维持性投资和预期新投资之外的现金流，采用企业现金流量表中的经营活动现金净流量扣除折旧与摊销及期望投资后的剩余，并采用年初总资产进行平减。管理费用率（ME）采用管理费用占主营业务收入的比例；其他应收款率（AR）采用其他应收款占总资产的比例；经理是否兼任董事长（DM）采用数值变量表示，如果董事与经理为同一人取1，不是同一人取2；独立董事比例（IDP）采用独立董事占董事会董事人数的比例；企业财务杠杆（Lev）与企业规模（Size）同模型（3-3）。

关于模型（3-3）至模型（3-5）中各变量的定义汇总如表3-10所示。

表3-10 **模型（3-3）至模型（3-5）中各变量的定义汇总**

模型（3-3）			
变量类型	变量名称	变量符号	变量界定
被解释变量	投资额	INV	（购买固定资产的现金支出-处置固定资产的现金收入）÷年初总资产
解释变量	增长率	Growth	Tobin'Q值
	财务杠杆	Lev	年末的资产负债率
	现金	Cash	（货币资金+交易性金融资产）÷总资产
	收益率	Ret	采用t年的4月30日与t-1年4月30日后股价的比计算
控制变量①	上市年限	Age	截至当年年末的公司上市年龄
	企业规模	Size	年末公司总资产的自然对数
	行业	Industry	行业虚拟变量，按证监会的分类标准（除制造业继续划分为小类外，其他行业以大类为准）
	年份	Year	年度虚拟变量，控制不同年份宏观经济因素的影响
模型（3-4）和模型（3-5）			
变量类型	变量名称	变量符号	变量界定
被解释变量	投资不足	Underinvest	等于模型（3-4）小于0的回归残差
	过度投资	Overinvest	等于模型（3-5）大于0的回归残差
解释变量	会计准则变革	NCAS	虚拟变量，当处于2007—2011年时取1，否则取0
控制变量	财务杠杆	Lev	年末的资产负债率
	企业规模	Size	年末公司总资产的自然对数
	管理费用率	ME	管理费用占主营业务收入的比例
	其他应收款率	AR	其他应收款占总资产的比例
	董事兼任	DM	董事与经理为同一人取1，不是同一人为2
	独董比例	IDP	独立董事占董事会比例
	行业	Industry	行业虚拟变量，按证监会行业分类标准（除制造业继续划分为小类外，其他行业以大类为准）
	年份	Year	按年度分设不同虚拟变量

① Richardson（2016）是一个预测模型，作者在本处主观将Richardson（2016）的上市年限和规模视为控制变量。

④样本选择与数据来源。

为了保持研究的一致性，本节样本数据与第五节研究样本相同，也对样本做了如下筛选：

首先，选择2002—2011年期间在上海和深圳主板上市的所有公司，考虑到金融、保险行业的特殊性可能会对本研究造成偏差，为此将这两个行业的上市公司从样本中予以删除；

其次，为避免新上市和这一期间退市的公司因执行准则的不同给研究造成影响，选定平衡面板数据来进行研究，对2003年及以后上市的公司进行剔除[①]；

再次，为保证非正常财务绩效的公司不对本研究产生影响，按年将ST、*ST与S*ST等公司进行剔除；

再次，考虑到B股公司的特殊性，将样本中的B股公司予以剔除；

最后，考虑到投资模型需要利用到滞后一期的数据（以及减少内生性等需要），虽然时间窗口是2003—2011，但必须考虑2002年的数据，为了保持前后章节研究的一致，对2002年数据缺失的上市企业予以剔除，最终得到718家公司样本数，6 462个公司年度数据（firm-year）。

为减轻变量指标可能存在的极端值对最小二乘法回归造成偏差，在回归之前对所有连续性变量按年度首尾1%和99%进行了Winsorize处理，即用1%和99%位置上的指标数值分别去代替0%～1%和99%～100%的数值。

所使用的公司财务数据、公司治理数据、股票数据及公司基本信息数据也来自上海万德（Wind）、中国香港理工大学和深圳国泰安信息技术有限公司合作的《中国股票市场研究数据库（CSMAR）》（简称国泰安数据库）。行业分类也参照中国证监会的上市公司行业分类。借助STATA 12.0和Excel软件进行数据的统计分析。

3.4.3　投资效率度量实证结果分析

（1）变量描述性统计

表3-11列示了模型（3-3）中所涉及变量的描述性统计结果，为了便于发现会计准则变革前后变量的差异，表格对会计准则变革之前与会计准则变革之后的变量分别进行统计，同时还汇报了均值T检验值和Wilcoxon秩检验值。

投资（INV）无论是从均值还是中值来看，在会计准则变革之后都有所下降，且均值与Wilcoxon秩检验均负显著。会计准则变革之前企业新增投资约占资产总额的7%，而会计准则变革后则为6%。其中企业间的投资状况也存在较大差

①　参考吉利等（2015）、王鲁平和毛伟平（2010）、李姝和黄雯（2011）以及朱松和夏冬林（2010）等相关文献的研究方法。

异，有的企业新增投资支出为负数，而有的企业新增投资支出占总资产的49%；企业增长机会（Growth）在会计准则变革前后都超过1，说明平均而言，企业都具有较好的增长前景。会计准则变革之前增长机会均值与中值分别为1.176和1.100，而会计准则变革之后均值和中值分别为1.775和1.451，中值和均值均显著超过会计准则变革之前，且均值与Wilcoxon秩检验均正显著，说明会计准则变革之后的看涨机会好于会计准则变革之前。资产负债率（Lev）在会计准则变革之前均值和中值分别为0.460和0.470，而会计准则变革之后分别为0.507和0.518，且均值与Wilcoxon秩检验均正显著，说明资产负债率在会计准则变革之后有显著上升。现金（Cash）均值和中值在会计准则变革前后均没有变化，但均值与Wilcoxon秩检验显示为负显著，呈微幅下降趋势。上市年限（Age）的最小值1，为2002年刚上市，最长的已经上市近20年。公司规模（Size）的均值和中值在会计准则变革之前分别为21.38和21.30，在会计准则变革之后分别为21.96和21.82，均值与Wilcoxon秩检验显示为正显著，说明在会计准则变革之后规模呈显著增长，符合规模增长的刚性特征。股票年度回报率（Ret）波动较大，会计准则变革之前均值与中值分别为-0.040和-0.130，均为负值，而会计准则变革之后均值与中值分别为0.600和0.150，均为正值，均值与Wilcoxon秩检验显示为正显著，说明股票年度回报率在会计准则变革后显著上升，另外样本间数值存在较大差异，最小的股票年度回报率（Ret）为-66%，而最大的则为754%。

表3-11 **变量描述性统计**

	会计准则变革之前					会计准则变革之后					均值	T值
变量	均值	标准差	中值	最小值	最大值	均值	标准差	中值	最小值	最大值	T	Z
INV_t	0.072	0.082	0.046	-0.047	0.487	0.063	0.074	0.040	-0.075	0.449	-4.78***	-4.55***
$Growth_{t-1}$	1.176	0.290	1.100	0.752	3.036	1.775	1.003	1.451	0.745	8.081	30.99***	31.98***
Lev_{t-1}	0.460	0.167	0.470	0.065	0.812	0.507	0.172	0.518	0.076	0.857	10.96***	10.83***
$Cash_{t-1}$	0.160	0.110	0.140	0.010	0.550	0.160	0.110	0.140	0.010	0.560	-1.79**	-1.80*
Age_{t-1}	7.470	2.970	7	1	16	11.97	3.090	12	5	21	59.12***	47.94***
$Size_{t-1}$	21.38	0.860	21.30	19.60	24.15	21.96	1.070	21.82	19.96	25.38	23.42***	21.75***
Ret_{t-1}	-0.040	0.390	-0.130	-0.660	2.060	0.600	1.220	0.150	-0.600	7.540	27.07***	26.86***
INV_{t-1}	0.075	0.081	0.049	-0.047	0.412	0.064	0.077	0.039	-0.045	0.488	-5.41***	-6.35***

注：***表示在1%的水平上显著，**表示在5%的水平上显著，*表示在10%的水平上显著。

（2）变量相关性分析

表3-12的左下角报告了模型中各变量的Pearson相关系数。其中投资（INV）与企业增长机会（Growth）虽然相关系数符号为正，但统计上并不显著。投资（INV）与财务杠杆（Lev）在1%统计显著性水平上负相关，说明负债越多的企

业投资行为越会受到约束，这点也常被指作负债的治理作用。投资（INV）与现金（Cash）在1%的统计显著性水平上正相关，说明现金越多的企业投资也越多，符合Jensen（1986）的自由现金流量假说理论。投资（INV）与上市年限（Age）在1%统计显著性水平上负相关，说明上市时间越久，投资越少。投资（INV）与规模（Size）成在1%统计显著性水平上正相关，说明规模越大的企业投资越多。投资（INV）与股票回收率（Ret）在1%统计显著性水平上正相关，说明上期股票回报率越高的企业，下期投资水平也相应越高。本期投资额（INV）与上期投资额（INV t-1）在1%的统计显著性水平上正相关，说明投资行为存在一定的粘性。由于表中变量之间的相关关系并没有受到其他相关变量的影响，仅为单变量分析，因此两者间的相关关系仅供初步判断之用，更为准确的关系分析有待后续的回归分析。

表3-12 **变量相关性分析**

Var.	INV_t	$Growth_{t-1}$	Lev_{t-1}	$Cash_{t-1}$	Age_{t-1}	$Size_{t-1}$	Ret_{t-1}	INV_{t-1}
INV_t	1	0.018 (0.156)	-0.064*** (0.000)	-0.055*** (0.000)	-0.171*** (0.000)	0.156*** (0.000)	0.077*** (0.000)	0.671*** (0.000)
$Growth_{t-1}$	0.012 (0.347)	1 (0.000)	-0.202***	0.137*** (0.000)	0.28*** (0.000)	-0.21*** (0.000)	0.112*** (0.000)	-0.046*** (0.000)
Lev_{t-1}	-0.061*** (0.000)	-0.209*** (0.000)	1	-0.198*** (0.000)	0.158*** (0.000)	0.325*** (0.000)	0.063*** (0.000)	0.005 (0.685)
$Cash_{t-1}$	0.057*** (0.000)	0.116*** (0.000)	-0.25 (0.000)	1	-0.016 (0.214)	-0.059*** (0.000)	-0.008 (0.541)	-0.127*** (0.000)
Age_{t-1}	-0.155*** (0.000)	0.271*** (0.000)	0.155*** (0.000)	-0.027** (0.030)	1	0.206*** (0.000)	0.173*** (0.000)	-0.194*** (0.000)
$Size_{t-1}$	0.119*** (0.000)	-0.15*** (0.000)	0.322*** (0.000)	-0.074*** (0.000)	0.207*** (0.000)	1	0.121*** (0.000)	0.189*** (0.000)
Ret_{t-1}	0.037*** (0.003)	0.002 (0.872)	0.070*** (0.000)	-0.036*** (0.004)	0.076*** (0.000)	0.027** (0.028)	1	-0.013 (0.301)
INV_{t-1}	0.58*** (0.000)	-0.044*** (0.000)	0.033*** (0.009)	-0.141*** (0.000)	-0.174*** (0.000)	0.18*** (0.000)	-0.016 (0.203)	1

注：括号中的数值为p值。***表示在1%的水平上显著（2-tailed），**表示在5%的水平上显著（2-tailed），*表示在10%的水平上显著（2-tailed）；对角线右上角为Spearman检验系数，而左下角为Pearson检验系数。

表3-12中各解释变量之间相关系数最高的是财务杠杆（Lev）与企业规模（Size）之间的系数，0.322，按照统计经验可以判断各解释变量之间仅存在弱相关关系，解释变量之间存在完全共线性的可能性很小。为了更加全面与科学地反映各变量之间的相关性，在表3-12的右上角还列示了各变量之间的Spearman秩相关情况。

（3）回归结果分析

表3-13报告了模型（3-3）最小二乘法（OLS）的回归结果，研究采用了逐步添加变量的方法，并利用年份和行业控制变量来控制不同年份宏观环境及不同行业的影响。随着控制变量的逐个引入模型，模型调整后的R^2由最初的14.6%增长到37.9%，特别是投资滞后一期的引入大幅提高了模型的拟合度，说明今年的企业投资行为对去年投资具有较强的粘性。37.9%的拟合度说明了方程对投资具有很好的拟合效果。

由于Richardson模型的思想是利用影响投资行为的相关变量来预测最优投资的，因此模型（3-3）中的各解释变量理论上都应统计显著，才能实现对投资的有效估计。从表3-13的回归结果看，企业增长机会变量（Growth）的回归系数为0.004，在1%显著性水平上显著；财务杠杆变量（Lev）的回归系数为-0.029，在1%显著性水平上显著；现金变量（Cash）的回归系数为0.019，在5%显著性水平上显著；上市年限变量（Age）的回归系数为-0.001，在5%显著性水平上显著；企业规模变量（Size）的回归系数为0.004，在1%显著性水平上显著；股票年度报酬变量（Ret）的回归系数为0.009，在1%显著性水平上显著；投资滞后一期变量（INV_{t-1}）的回归系数为0.499，在1%显著性水平上显著。各变量均统计显著，且符号与预期一致。各变量的统计显著性也说明本方程具有很好的估计效果。

为了保证回归的准确性，还在各方程回归后计算了方程的方差膨胀因子VIF，结果显示各变量的VIF值均远小于5，且容忍度Tolerance都远大于0.1，说明回归模型中各解释变量之间并不存在完全共线性。此外，表3-13中各方程相应的D.W.值均在2附近，说明模型基本不存在自相关问题[①]。

表3-13　**方程回归结果**

变量名称	变量代号	(1)	(2)	(3)	(4)	(5)	(6)	(7)
常数项	Intercept	0.043***	0.047***	0.048***	0.072***	-0.189***	-0.185***	-0.043*
		(0.000)	(0.000)	(0.000)	(0.000)	(0.000)	(0.000)	(0.048)
增长机会	$Growth_{t-1}$	0.006***	0.005***	0.005***	0.005***	0.010***	0.009***	0.004***
		(0.000)	(0.000)	(0.000)	(0.000)	(0.000)	(0.000)	(0.000)
财务杠杆	Lev_{t-1}		-0.007	-0.008	-0.006	-0.022***	-0.024***	-0.029***
			(0.239)	(0.202)	(0.305)	(0.000)	(0.000)	(0.000)
现金	$Cash_{t-1}$			-0.005	-0.007	-0.015	-0.015*	0.019**
				(0.577)	(0.423)	(0.111)	(0.100)	(0.016)

① 限于篇幅和规范要求，并没有具体列示VIF、Tolerance和D.W.数据。

续表

变量名称	变量代号	(1)	(2)	(3)	(4)	(5)	(6)	(7)
上市年限	Age_{t-1}				-0.002^{***} (0.000)	-0.002^{***} (0.000)	-0.002^{***} (0.000)	-0.001^{**} (0.046)
企业规模	$Size_{t-1}$					0.012^{***} (0.000)	0.012^{***} (0.000)	0.004^{***} (0.000)
收益率	Ret_{t-1}						0.009^{***} (0.000)	0.009^{***} (0.000)
上期投资	INV_{t-1}							0.499^{***} (0.000)
	Industry	控制	控制	控制	控制	控制	控制	控制
	Year	控制	控制	控制	控制	控制	控制	控制
	N	6 462	6 462	6 462	6 462	6 462	6 462	6 462
	Adj.R^2	0.146	0.146	0.146	0.150	0.167	0.171	0.379

注：表中解释变量数据均为t-1期数据，因变量投资（INV）为t期数据。表中p统计量为经过White异方差矫正后的值。括号中的数值为经过White异方差调整后的p值。***表示在1%的水平上显著（2-tailed），**表示在5%的水平上显著（2-tailed），*表示在10%的水平上显著（2-tailed）。行业和年份的回归系数并没有直接列示，因为它们并不是本研究直接关注的重点。

综上分析，在控制了年度和行业后的模型各解释变量均统计显著，模型整体拟合效果较好，说明模型（3-3）能够较好地借助于上一年度企业增长率（Growth）、财务杠杆（Lev）、现金（Cash）、上市年限（Age）、股票年收益率（Ret）、规模（Size）与投资（INV）来共同拟合当年的企业投资。

3.4.4　会计准则变革对投资不足影响实证研究

（1）变量描述性统计

表3-14中列示了根据Richardson模型估计出的期望最优投资水平。从估计值的均值看，企业新增期望投资约占总资产的6.7%。实际投资与期望最优投资水平之差的均值为0，说明投资不足与投资过度总量水平相当，但从残差的中位数看，公司数量偏向投资不足。由投资不足的数据看，在会计准则变革之前均值和中值分别为-0.033和-0.026，在会计准则变革之后均值和中值分别为-0.031和-0.024。可见，会计准则变革后投资不足显示出一定的缓解。

表3-14　　预期最优投资与投资不足数据统计表

变量名称	变量代码	均值	标准差	25%分位	中值	75%分位	最小值	最大值
期望投资	ExpINV	0.067	0.048	0.033	0.056	0.087	-0.024	0.328
残差	R	0.000	0.061	-0.031	-0.010	0.016	-0.236	0.477
投资不足	Underinvest							
	整体	-0.032	0.028	-0.043	-0.025	-0.013	-0.236	0.000
	之前	-0.033	0.028	-0.045	-0.026	-0.014	-0.212	0.000
	之后	-0.031	0.029	-0.042	-0.024	-0.012	-0.236	0.000

为了更好地反映投资不足在会计准则变革之前与会计准则变革之后的趋势及其变化，表3-15与图3-10列示了各年投资不足情况。从表3-15与图3-10可以看出，无论是从表中数值还是从图形趋势均可以清晰发现在会计准则变革之后投资不足有了显著变化，投资不足呈现出缓解趋势，而且该趋势随着会计准则实施年限的加长而增强，这与预计的假说一致。

表3-15　　按年计算的投资不足统计情况表

年份	2003	2004	2005	2006	2007	2008	2009	2010	2011
平均值	-.0364	-.0331	-.0321	-.0314	-.0335	-.0337	-.0298	-.0296	-.0287
中位数	-.0279	-.0271	-.0246	-.0260	-.0252	-.0266	-.0214	-.0219	-.0229

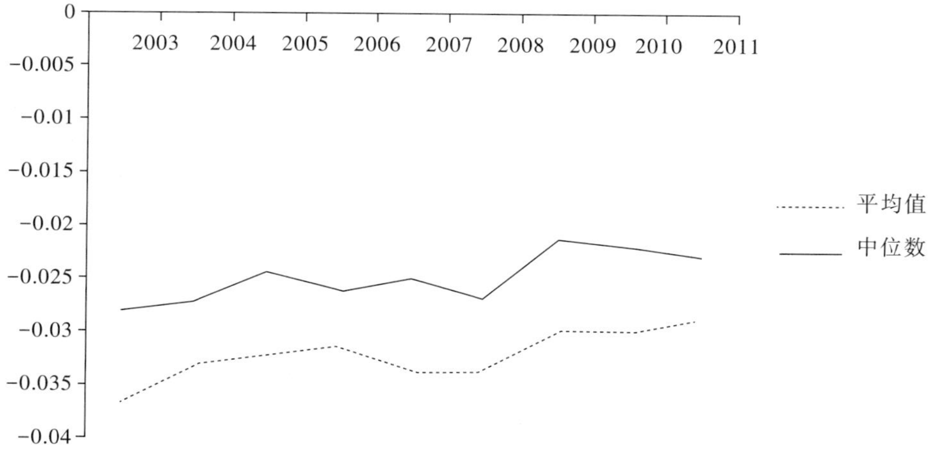

图3-10　各年投资不足趋势图

表3-16列示了模型（3-4）中控制变量的描述性统计情况，分别对会计准则变革之前及会计准则变革之后进行了统计，同时还汇报了均值T检验值和Wilcoxon秩检验值。由表中数据可知，自由现金流量（FCF）在会计准则变革之前与会计准则变革之后的均值和中值均没有变化，均值与Wilcoxon秩检验也没有发现显著差异，说明自由现金流量（FCF）在会计准则变革前后平稳。由自由现

金流量（FCF）的均值看，仅依靠企业自身的现金流量并不能满足企业预期投资的需求。另外从自由现金流量（FCF）标准差的大小与均值比较看，可以发现公司间现金流差异也较大；管理费用率（ME）在会计准则变革之前的均值和中值分别为0.088和0.072，在会计准则变革之后分别为0.077和0.062，均有下降，且均值与Wilcoxon秩检验均负显著；其他应收款率（AR）的均值和中值在会计准则变革之前分别为0.041和0.021，在会计准则变革之后分别为0.022和0.011，也均有下降，均值与Wilcoxon秩检验均负显著；经理与董事兼任（DM）的均值和中值在会计准则变革之前分别为1.903和2，而会计准则变革之后的均值和中值分别为1.896和2，均值和中值检验为负，但不显著，并不能显示会计准则变革前后存在变化。另外，从会计准则变革前后经理与董事兼任（DM）的数值大小可知，大多数公司还是经理与董事由不同的人担任；独立董事比例（IDP）在会计准则变革之前均值和中值分别为0.342和0.333，而在会计准则变革之后分别为0.362和0.333，均值和Wilcoxon秩检验均为正显著，说明会计准则变革之后独立董事比例（IDP）有所上升。

表3-16　**变量描述性统计**

	会计准则变革之前					会计准则变革之后					均值	中值
变量	均值	标准差	中值	最小值	最大值	均值	标准差	中值	最小值	最大值	T	Z
FCF	-0.04	0.091	-0.04	-0.51	0.287	-0.04	0.096	-0.04	-0.38	0.395	0.828	0.350
ME	0.088	0.067	0.072	0.008	0.426	0.077	0.060	0.062	0.007	0.384	-5.531***	-6.278***
AR	0.041	0.053	0.021	0	0.291	0.022	0.030	0.011	0	0.195	-13.867***	-13.552***
DM	1.903	0.296	2	1	2	1.896	0.305	2	1	2	-0.780	-0.780
IDP	0.342	0.046	0.333	0.222	0.556	0.362	0.051	0.333	0.222	0.556	13.194***	11.351***

（2）变量相关性分析

表3-17左下角报告了模型（3-4）中各变量的Pearson相关系数。其中投资不足（Underinvest）与会计准则变革事件哑变量在近1%统计显著性水平上正相关，说明随着会计准则的变革，投资不足（Underinvest）在减少，该相关性为假设3-4提供了初步证据。投资不足（Underinvest）与自由现金流量（FCF）为正相关，说明自由现金流量越多投资不足越小，与FHP（1988）的结论一致。投资不足（Underinvest）与管理费用率（ME）在1%统计显著性水平上负相关。投资不足（Underinvest）与其他应收款率（AR）在1%统计显著性水平上正相关。投资不足（Underinvest）与经理董事兼任（DM）及独立董事比例（IDP）间相关

性并不显著。由于表中变量之间的相关关系并没有控制其他相关变量的影响，仅为单变量分析，因此两者间的相关关系仅供初步判断之用，更为准确的关系分析有待后续的回归分析。

表3-17 变量相关性分析

Var.	Underinvest	NCAS	FCF	ME	AR	DM	IDP
Underinvest	1	0.061***	0.213***	-0.026*	0.108***	-0.000	0.032**
		(0.000)	(0.000)	(0.094)	(0.000)	(0.965)	(0.044)
NCAS	0.0373**	1	-0.006	-0.099***	-0.214***	-0.012	0.179***
	(0.018)		(0.726)	(0.000)	(0.000)	(0.435)	(0.000)
FCF	0.248***	0.013	1	0.011	-0.000	-0.008	-0.015
	(0.000)	(0.408)		(0.478)	(0.988)	(0.633)	(0.340)
ME	-0.043***	-0.087***	-0.028*	1	0.239***	-0.0757***	-0.0710***
	(0.006)	(0.000)	(0.075)		(0.000)	(0.000)	(0.000)
AR	0.0515***	-0.214***	-0.043***	0.241***	1	-0.025	-0.026
	(0.001)	(0.000)	(0.007)	(0.000)		(0.116)	(0.106)
DM	0.023	-0.012	0.005	-0.076***	-0.050***	1	-0.020
	(0.144)	(0.435)	(0.755)	(0.000)	(0.001)		(0.210)
IDP	0.025	0.204***	-0.012	-0.066***	-0.049***	-0.004	1
	(0.113)	(0.000)	(0.447)	(0.000)	(0.002)	(0.789)	

注：括号中的数值为p值。***表示在1%的水平上显著（2-tailed），**表示在5%的水平上显著（2-tailed），*表示在10%的水平上显著（2-tailed）；对角线右上角为Spearman检验系数，左下角为Pearson检验系数。

各解释变量之间相关系数最高的是其他应收款率（AR）与管理费用率（ME）之间的相关系数0.241，按照统计经验可以判断各解释变量之间仅存在弱相关关系，解释变量之间存在完全共线性的可能性很小。为了更加全面与科学地反映各变量之间的相关性，以及模型中的非连续变量，与前文一样也在表中列示了各变量之间的Spearman秩相关情况，具体数据如表3-17的右上角所示。

（3）回归结果分析

表3-18列示了Richardson模型估计的投资不足数据与会计准则变革等相关变量的OLS回归结果，也采用了逐步添加变量的回归方法。

表 3-18 **方程回归结果**

变量名称	变量代号	(1)	(2)	(3)	(4)	(5)	(6)	(7)	(8)
常数项	Intercept	-0.030***	-0.027***	-0.025***	-0.026***	-0.072***	-0.065***	-0.068***	-0.066***
		(0.000)	(0.000)	(0.000)	(0.000)	(0.000)	(0.000)	(0.000)	(0.000)
准则变革	NCAS	0.004**	0.005***	0.005***	0.005***	0.004**	0.004**	0.004**	0.004**
		(0.038)	(0.005)	(0.005)	(0.002)	(0.031)	(0.029)	(0.026)	(0.021)
自由现金流量	FCF		0.064***	0.063***	0.064***	0.065***	0.066***	0.066***	0.065***
			(0.000)	(0.000)	(0.000)	(0.000)	(0.000)	(0.000)	(0.000)
管理费用率	ME			-0.023***	-0.028***	-0.019***	-0.013*	-0.013*	-0.013*
				(0.001)	(0.000)	(0.010)	(0.067)	(0.078)	(0.073)
其他应收款率	AR				0.039***	0.042***	0.034**	0.034***	0.034***
					(0.000)	(0.000)	(0.001)	(0.001)	(0.001)
企业规模	Size					0.002***	0.002***	0.001***	0.002***
						(0.000)	(0.001)	(0.002)	(0.001)
财务杠杆	Lev						0.012***	0.013***	0.012***
							(0.000)	(0.000)	(0.000)
经理与董事兼任	DM							0.002	0.002
								(0.152)	(0.154)
独立董事比例	IDP								-0.009
									(0.274)
年份	Year	控制	控制	控制	控制	控制	控制	控制	控制
行业	Industry	控制	控制	控制	控制	控制	控制	控制	控制
	N	4 021	4 021	4 021	4 021	4 021	4 021	4 021	4 021
	Adj.R^2	0.124	0.167	0.169	0.171	0.176	0.180	0.180	0.181

注：括号中的数值为经过 White 异方差调整后的 p 值。***表示在 1% 的水平上显著（2-tailed），**表示在 5% 的水平上显著（2-tailed），*表示在 10% 的水平上显著（2-tailed）

当模型仅引入会计准则变革变量（NCAS）时，投资不足（Underinvest）与会计准则变革（NCAS）在 5% 统计显著性水平上正相关，说明随着会计准则变革，投资不足在下降，即投资不足在一定程度得到了缓解。在引入多个控制变量后，投资不足（Underinvest）与会计准则变革变量（NCAS）仍在 5% 统计显著性水平上负相关。综合各方程的回归结果可见，方程（1）到方程（8）一致的回归结果稳健地证明了假设（3-3），说明随着会计准则的变革，企业投资不足行为得到了一定的缓解。会计准则变革提高了会计信息质量，有利于企业发现有价值的投资，减少投资风险对管理层所产生的负面抑制，缓解了管理层的过度谨慎，另一方面改善了企业内外部的信息不对称，减少了外部资金提供者的风险溢价，降低了企业融资成本，缓解了因融资约束而产生的投资不足问题。另外，自由现金流量（FCF）与投资不足（Underinvest）呈现正相关，且在1%统计显著性水平上显著，说明企业拥有现金流越多，则越少出现投资不足现象。

多元回归共线性问题是影响回归方程系数准确性的一个重要因素。为了考察多元回归中解释变量之间的完全共线性问题，还在各方程回归后计算了方差膨胀因子VIF，结果显示各变量的VIF值均远小于5，且容忍度Tolerance都远大于0.1，说明回归模型中各解释变量之间并不存在完全共线性。此外，还计算了各方程相应的D.W.值，均在2附近，说明模型基本不存在自相关问题①。

3.4.5 会计准则变革对投资过度影响实证研究

（1）变量描述性统计

表3-19中列示了根据Richardson模型估计的期望最优投资水平以及计算出的残差部分。由投资过度数据看，会计准则变革之前均值和中值分别为0.058和0.033，在会计准则变革之后均值和中值分别为0.049和0.027，呈下降趋势。

表3-19　**预期最优投资与投资过度数据统计表**

变量名称	变量代码	均值	标准差	25%分位	中值	75%分位	最小值	最大值
期望投资	ExpINV	0.067	0.048	0.033	0.056	0.087	−0.024	0.328
残差	R	0.000	0.061	−0.031	−0.010	0.016	−0.236	0.477
过度投资	Overinvest							
	整体	0.053	0.064	0.010	0.030	0.071	0.000	0.477
	之前	0.058	0.068	0.012	0.033	0.077	0.000	0.477
	之后	0.049	0.061	0.009	0.027	0.066	0.000	0.375

为了更好地反映投资过度在会计准则变革之前与会计准则变革之后的趋势及其变化，表3-20与图3-11列示了各年投资过度情况。无论是从表的数值还是从图形趋势上均可以很清晰地发现在会计准则变革之后投资过度有显著变化，投资过度呈现出抑制趋势，而且该趋势随着会计准则实施年限的加长而增强。这与预计的假说一致。

表3-20　**按年计算的投资过度统计情况表**

年份	2003	2004	2005	2006	2007	2008	2009	2010	2011
平均值	0.0596	0.0601	0.0478	0.0646	0.0570	0.0584	0.0413	0.0476	0.0436
中位数	0.0371	0.0358	0.0245	0.0350	0.0300	0.0357	0.0186	0.0261	0.0269

① 限于篇幅和规范要求，并没有具体列示VIF、Tolerance和D.W.数据。

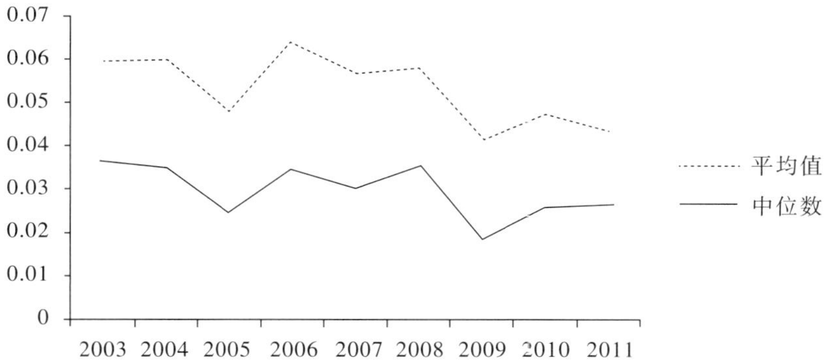

图3-11 各年投资过度趋势图

表3-21列示了模型（3-5）中控制变量的描述性统计情况，对会计准则变革之前及会计准则变革之后分别进行了统计分析，同时还汇报了均值T检验值和Wilcoxon秩检验值。由表中数据可知，自由现金流量（FCF）在会计准则变革之前的均值和中值分别为-0.025和-0.025，会计准则变革之后的均值和中值分别为-0.019和-0.025，均值与Wilcoxon秩检验没有发现显著差异，说明自由现金流量（FCF）在会计准则变革前后平稳，与前文投资不足组一致；管理费用率（ME）在会计准则变革之前的均值和中值分别为0.084和0.068，在会计准则变革之后分别为0.076和0.063，均值与Wilcoxon秩检验均负显著，说明管理费用率（ME）在会计准则变革之后显著下降，与前文投资不足组一致；其他应收款率（AR）的均值和中值在会计准则变革之前分别为0.032和0.017，在会计准则变革之后分别为0.019和0.010，均值与Wilcoxon秩检验均负显著，说明其他应收款率（AR）在会计准则变革之后也有所下降，与前文投资不足组一致；经理与董事兼任（DM）在会计准则变革之前的均值和中值分别为1.886和2，而会计准则变革之后的均值和中值分别为1.895和2，均值和Wilcoxon秩检验均为负，但不显著，并不能显示会计准则变革后的变化，与前文投资不足组一致；独立董事比例（IDP）在会计准则变革之前的均值和中值分别为0.342和0.333，而在会计准则变革之后分别为0.360和0.333，均值和Wilcoxon秩检验均为正显著，说明会计准则变革之后独立董事比例（IDP）有所上升，与前文投资不足组结论一致。

表3-21 变量描述性统计

	会计准则变革之前					会计准则变革之后					均值	中值
变量	均值	标准差	中值	最小值	最大值	均值	标准差	中值	最小值	最大值	T	Z
FCF	-0.025	0.090	-0.025	-0.411	0.311	-0.019	0.104	-0.025	-0.397	0.376	1.272	0.505
ME	0.084	0.061	0.068	0.008	0.426	0.076	0.053	0.063	0.007	0.384	-3.39***	-3.084***
AR	0.032	0.043	0.017	0	0.291	0.019	0.025	0.010	0	0.195	-9.722***	-8.264***
DM	1.886	0.318	2	1	2	1.895	0.307	2	1	2	-0.717	-0.718
IDP	0.342	0.041	0.333	0.222	0.556	0.360	0.048	0.333	0.222	0.556	9.471***	8.840***

注：*表示在10%的水平显著；**表示在5%的水平上显著；***表示在1%的水平上显著。

（2）变量相关性分析

表3-22左下角报告了模型（3-5）中各变量的Pearson相关系数。其中过度投资与会计准则变革事件哑变量在1%统计显著性水平上负相关，说明随着会计准则变革（NCAS），过度投资（Overinvest）在减少，这为假设（3-4）提供了初步的经验证据支持。过度投资（Overinvest）与自由现金流量（FCF）为正相关，但是不显著。过度投资（Overinvest）与管理费用率（ME）及独立董事比例（IDP）呈负相关，但是统计不显著。过度投资（Overinvest）与其他应收款率（AR）在1%统计显著性水平上负相关。过度投资（Overinvest）与经理董事兼任（DM）在10%统计显著性水平上呈负相关。由于表中变量之间的相关关系并没有控制其他相关变量的影响，仅为单变量分析，因此两者间的相关关系仅供初步判断之用，更为准确的关系分析有待后续的回归分析。

各解释变量之间相关系数最高的是其他应收款率（AR）与管理费用率（ME）之间的相关系数，0.255，按照统计经验可以判断各解释变量之间仅存在弱相关关系，解释变量之间存在完全共线性的可能性很小。为了更加全面与科学地反映各变量之间的相关性情况，以及非连续变量，与前文一样也在表中列示了各变量之间的Spearman秩相关情况，具体数据见表3-22的右上角。

表3-22 **变量相关性分析**

Var.	Overinvest	NCAS	FCF	ME	AR	DM	IDP
Overinvest	1	−0.072***	−0.057***	−0.027	−0.181***	−0.052***	−0.021
		(0.000)	(0.005)	(0.182)	(0.000)	(0.010)	(0.297)
NCAS	−0.064***	1	0.010	−0.062***	−0.167***	0.0145	0.179***
	(0.002)		(0.614)	(0.002)	(0.000)	(0.473)	(0.000)
FCF	0.012	0.026	1	0.029	0.059***	0.003	0.017
	(0.550)	(0.203)		(0.157)	(0.004)	(0.882)	(0.397)
ME	−0.018	−0.071***	−0.001	1	0.240***	−0.099***	−0.036*
	(0.366)	(0.000)	(0.951)		(0.000)	(0.000)	(0.079)
AR	−0.133***	−0.193***	0.022	0.255***	1	0.026	0.002
	(0.000)	(0.000)	(0.287)	(0.000)		(0.207)	(0.918)
DM	−0.035*	0.015	0.004	−0.090***	−0.014	1	0.001
	(0.083)	(0.473)	(0.838)	(0.000)	(0.503)		(0.962)
IDP	−0.010	0.188***	0.007	−0.009	−0.006	0.001	1
	(0.613)	(0.000)	(0.737)	(0.675)	(0.766)	(0.961)	

注：括号中的数值为p值。***表示在1%的水平上显著（2-tailed），**表示在5%的水平上显著（2-tailed），*表示在10%的水平上显著（2-tailed）；对角线右上角为Spearman检验系数，而左下角为Pearson检验系数。

（3）回归结果分析

表3-23列示了由Richardson模型估计的投资过度数据与会计准则变革等相关变量的OLS回归结果。当模型仅引入会计准则变革指示变量时，投资过度（Overinvest）与会计准则变革（NCAS）在1%统计显著性水平上负相关，说明随着会计准则变革，过度投资在降低，如表中方程（1）所示。在加入多个控制变量后，投资过度（Overinvest）与会计准则变革变量（NCAS）仍在1%统计显著性水平为负相关。方程（1）到方程（8）一致的回归结果稳健地证明了假设3-4，说明随着会计准则的变革，企业投资过度行为得到了一定的抑制。

表3-23 **方程回归结果**

	变量代号	(1)	(2)	(3)	(4)	(5)	(6)	(7)	(8)
常数项	Intercept	0.057*** (0.000)	0.059*** (0.000)	0.057*** (0.000)	0.064*** (0.000)	0.220*** (0.000)	0.201*** (0.000)	0.214*** (0.000)	0.203*** (0.000)
准则变革	NCAS	−0.019*** (0.001)	−0.017*** (0.002)	−0.017*** (0.002)	−0.020*** (0.000)	−0.015*** (0.006)	−0.015*** (0.007)	−0.015*** (0.007)	−0.015*** (0.006)
自由现金流量	FCF		0.046*** (0.001)	0.047*** (0.001)	0.046*** (0.001)	0.040*** (0.003)	0.038*** (0.004)	0.039*** (0.004)	0.039*** (0.004)
管理费用率	ME			0.018 (0.446)	0.045* (0.060)	0.017 (0.503)	−0.003 (0.907)	−0.006 (0.809)	−0.006 (0.805)
其他应收款率	AR				−0.212*** (0.000)	−0.226*** (0.000)	−0.195*** (0.000)	−0.193*** (0.000)	−0.194*** (0.000)
企业规模	Size					−0.007*** (0.000)	−0.005*** (0.000)	−0.005*** (0.001)	−0.005*** (0.000)
财务杠杆	Lev						−0.046*** (0.000)	−0.046*** (0.000)	−0.046*** (0.000)
经理与董事兼任	DM							−0.008* (0.0560)	−0.008* (0.0570)
独立董事比例	IDP								0.032 (0.244)
年份	Year	控制	控制	控制	控制	控制	控制	控制	控制
行业	Industry	控制	控制	控制	控制	控制	控制	控制	控制
	N	2 441	2 441	2 441	2 441	2 441	2 441	2 441	2 441
	Adj.R^2	0.0760	0.0800	0.0800	0.0900	0.0990	0.109	0.110	0.110

注：括号中的数值为经过White异方差调整后的p值。***表示在1%的水平上显著（2-tailed），**表示在5%的水平上显著（2-tailed），*表示在10%的水平上显著（2-tailed）

另外，自由现金流量（FCF）与过度投资（Overinvest）呈现出正相关，且在1%统计显著性水平上显著，说明企业拥有现金越多越易产生投资过度行为，这与Jensen（1976）的自由现金流量假说一致；财务杠杆（Lev）与过度投资（Overinvest）呈现出负相关，且在1%统计显著性水平上显著，说明负债能在一定程度上抑制过度投资，与债务治理假说一致；经理与董事兼任（DM）与投资过度（Overinvest）在近5%统计显著性水平下成负相关，说明经理与董事长分离能够在一定程度上牵制管理层的投资过度行为。

为了考察多元回归中解释变量之间的完全共线性问题，还在各方程回归后计算了方差膨胀因子VIF，结果显示各变量的VIF值均远小于5，且容忍度Tolerance都远大于0.1，说明回归模型中各解释变量之间并不存在完全共线性。此外，还计算了各方程相应的D.W.值，均在2附近，说明模型基本不存在自相关问题[①]。

此外，为了验证前文检验结果的稳健性，我们选择了影响模型稳健的几个关键变量进行了替换研究。一是对企业投资变量的替换检验；二是对企业增长机会变量的替换检验；三是将前两个替换变量同时替换的综合稳健性检验。主要对模型中重要敏感变量——企业新增投资与企业增长机会，进行了替换。无论是企业新增投资变量与企业增长机会变量的单独替换回归结果，还是两者同时替换的联合回归结果，均显示会计准则变革能够抑制企业投资过度行为与缓解企业投资不足行为，与研究结论一致，体现了研究结论的稳健性。

3.5 会计准则变革、企业投资行为与企业价值研究

3.5.1 理论分析与研究假设

由于历史的原因，我国长期以来一直对利润绩效颇为关注，也形成了以利润绩效（特别是ROA，ROE）为基础的薪酬激励契约。Bushman和Smith（2001）指出，会计绩效指标与经营者的薪酬水平存在显著的正向关系。这些绩效指引着管理层采取基于利润创造的经营管理模式，注重管理层短期绩效的获取，而忽视长期绩效的积累与开发，以及股东财富可持续增值的创造。

新会计准则强调公允价值计量，强调以价值来全面衡量企业的损益情况。以价值为基础的计量必然会引导企业关注价值的变动，关注企业价值的持续创造与实现。Weissenberger（2004）指出，IFRS有利于实施基于价值的管理，原因在于IFRS描绘了一个动态的公司经济状态，而不是前期的绩效度量，更有利于企业基于价值的管理；新会计准则由“损益表观”转向“资产负债表观”，由关注投资产出“效率”到净剩余“财富”，将管理者作为股东权益的看护者和管理者，关注权益的保持和增值，引导管理层调整原有的利润创造管理模式至价值创造管理模式。股东是一个以资本增值为目标的利益体，他追求投入资本的最大化增值。Carter（2007）研究发现，会计政策调整后薪酬设计方案也发生了相应的调整。会计准则变革后，股东必然会要求与管理层重新签约。以净资产增长或以价值创造为基础的业绩考核评价体系或激励契约，要求管理层要调整自己的管理

① 限于篇幅和规范要求，并没有具体列示VIF、Tolerance和D.W.数据。

理念与管理行为，来迎接股东价值创造时代的到来，要求管理层要保证资产价值的持续性和再创造性，引导注重优质资产的投资和价值空间大的资产的投资，关注企业的长效投资。

Lambert（2001）指出，一方面会计指标引导企业管理者行为，另一方面会计指标对管理者行为反映、约束。会计信息质量的改善使得企业内外部信息透明度加大，降低了管理层可获取的信息“租金”，外部相关利益者可以更迅速、更清晰地了解公司的运营状况，降低了外部相关利益者对内部管理层监督的成本，调动了监督的积极性，增强了相关利益者对管理层契约的监督（Ball，2006）。Marra（2011）研究了IFRS实施前后董事会对盈余管理的约束影响情况，研究发现，董事会的独立性和审计委员会在IFRS实施后对盈余管理约束具有重要作用，会计准则变革对两种公司治理机制的有效性具有积极而显著的贡献。

激励契约的变革、监督机制的加强，双管齐下，约束了管理层的机会主义行为。损失确认的及时性又将导致管理者对资产投资的谨慎性与对投资决策和战略反应的迅速性。Wu和Zhang（2009）研究发现，CEO流转与员工辞退在IFRS实施后与会计绩效变得更加敏感。

另外，刘玉廷（2006）还指出，会计准则是企业的一项重要管理制度。新会计准则中大量的新理念随着执行慢慢渗透至企业的文化与其他相关管理制度中，引导企业的经营理念与文化等内部环境的变化，也影响企业的经营管理行为。

综合可见，会计准则变革不仅仅是会计领域的一个深刻变化，对管理哲学也是一次重大影响，对企业经营理念也是一次改革。它引导股东和管理层关注价值的创造和实现，关注资本经营，重视价值创造的公司治理与经营管理，重视以价值为核心的投资。因此，可以形成如下假设：

H3-5：会计准则变革将会引导企业更注重以价值为核心的投资行为。

上述假设可以用图3-12予以说明。

3.5.2　模型设计与变量选择

以Brio（2003）研究企业投资行为与企业价值的模型为基础，结合本部分的研究目标（新会计准则中基于价值的准则理念变革能否影响企业投资行为，引导企业进行价值创造的投资）对模型进行了修正。在Brio（2003）模型基础上添加了会计准则变革时间哑变量与企业投资行为变量的交乘项来反映投资行为的价值创造是否发生显著增量变化。为了尽可能控制其他因子对企业价值创造可能产生的影响，在模型构建时，综合借鉴了国内学者杜兴强（2011）的“过度投资与企业价值”研究，叶蓓（2008）和张洪辉（2009）的“企业投资与企业价值”研究，陈海声（2011）与罗婷（2009）的“研发投入与企业价值”研究等相关文献，添加了相关控制变量。最后构建了如下模型：

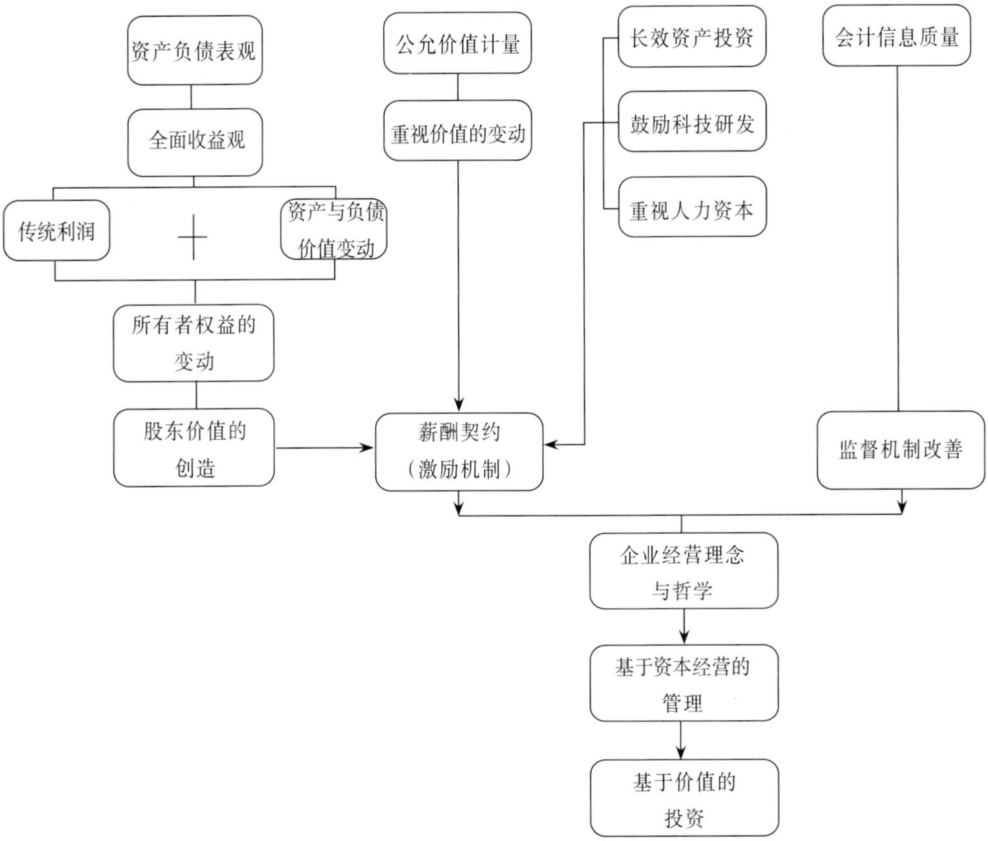

图3-12　会计准则变革、经营管理与企业投资行为影响的假设机理图

$$V_{i,t} = \beta_0 + \beta_1 INV_{i,t} + \beta_2 Lev_{i,t} + \beta_3 Size_{i,t} + \beta_4 CF_{i,t} + \beta_5 Age_{i,t} + \sum Year + \sum Industry \quad (3-6)$$

$$V_{i,t} = \beta_0 + \beta_1 INV_{i,t} + \beta_2 NCAS_{i,t} + \beta_3 Lev_{i,t} + \beta_4 Size_{i,t} + \beta_5 CF_{i,t} + \beta_6 INV_{i,t} \times NCAS_{i,t} + \beta_7 Age_{i,t} + \sum Year + \sum Industry \quad (3-7)$$

（1）变量选择

①被解释变量。

模型（3-6）、模型（3-7）中的被解释变量均为企业价值（V）。对企业价值（V）的衡量，国内外学者存在多种计量方法。有的学者直接利用股价为基础的市值，即股票价格乘以股本总额，但也有学者认为以股价为基础的市值计算适用于欧美国家等全流通资本市场，我国股权的特殊性（限制流通股票与非限制流通股票等）决定着这种计算存在偏差。他们提出在计算时，对于不能完全流通的部分需要采用每股账面净资产数据来代替。还有学者采用Tobin Q值，（（流通股市场价值+非流通股账面价值+负债账面价值）/资产账面总额）。Tobin Q值的基本原理与企业市值计算一致，差异仅在于Tobin Q值需要以企业市值除以账面总资产。

考虑到模型中企业投资（INV）、现金流量（CF）都是采用年初总资产平减的，为了保持计算上的一致性，所有的企业价值都采用企业市值（考虑不同股份流通性差异）除以年初总资产来计算。

② 解释变量。

模型（3-6）中的解释变量为企业投资行为，即企业新增投资支出，用INV表示。与前两章节一样选择“购建固定资产、无形资产和其他长期资产支付的现金”与“处置固定资产、无形资产与其他长期资产收回的现金净额”之差来作为企业投资支出，并用公司期初的总资产进行平减处理，以消除不同规模企业可能产生的规模影响。

会计准则变革（NCAS）与前两章节一致，是一个事件哑变量，或者称为开关哑变量。当事情发生时取值为1，而当事情未发生时，则取值为0（即2007年以前取值为0，2007年（包含2007年）以后取值为1。

会计准则变革（NCAS）和投资行为（INV）交乘项采用会计准则变革（NCAS）指示变量乘以经公司期初账面总资产平减后的新增投资行为（INV）。交乘项系数将度量会计准则变革之后投资行为（INV）对企业价值创造效应的增量部分。

③ 控制变量。

模型（3-7）中涉及的控制变量有财务杠杆（Lev）、上市年限（Age）、现金流量（CF）、企业规模（Size）。财务杠杆（Lev）采用的是账面负债总额除以账面资产总额。上市年限（Age）由截至当年年初的公司上市年龄度量。现金流量（CF）采用当年的经营活动现金流量，经公司当年期初的总资产进行平减处理。企业规模（Size）按照研究惯例，采用当年年末账面总资产的自然对数。

关于模型中各变量的定义见表3-24。

表3-24　**模型变量的定义表**

变量名称	变量符号	变量定义
企业价值	V	（流通股市场价值+非流通股账面价值+负债账面价值）÷年初总资产
企业投资	INV	（购买固定资产的现金支出-处置固定资产的现金支出）÷年初总资产
交乘项	NCAS×INV	会计准则变革事件哑变量×企业投资
财务杠杆	Lev	年末的资产负债率
上市年限	Age	截至当年初的公司上市年龄
现金流量	CF	当年的经营活动现金流量，经公司当年期初的总资产进行平减
企业规模	Size	年末公司总资产的自然对数
会计准则变革	NCAS	虚拟变量，当处于2007—2011年时取1，否则取0
行业	Industry	行业虚拟变量，行业按证监会的分类标准（除制造业继续划分为小类外，其他行业以大类为准）
年份	Year	年度虚拟变量，控制不同年份宏观经济因素的影响

(2) 样本选择与数据来源

为了保持研究的一致性，本节样本数据与第四节研究样本相同，也对样本做了如下筛选：

首先，选择2002—2011年期间在上海和深圳主板上市的所有公司，考虑到金融、保险行业的特殊性可能会对本研究造成偏差，为此将这两个行业的上市公司从样本中予以删除；

其次，为避免新上市和这一期间退市的公司因执行准则的不同给研究造成影响，选定平衡面板数据来进行研究，对2003年及以后上市的公司进行剔除；

再次，为保证非正常财务绩效的公司不对本研究产生影响，按年将ST、*ST与S*ST等公司进行剔除；

再次，考虑到B股公司的特殊性，将样本中的B股公司予以剔除；

最后，考虑到投资模型需要利用到滞后一期的数据（以及减少内生性等需要），虽然时间窗口是2003—2011年，但必须考虑2002年的数据，为了保持前后章节研究的一致，对2002年数据缺失的上市企业予以剔除，最终得到718家公司样本数，6 462个公司年数据（firm-year）。

为减轻变量指标可能存在的极端值对最小二乘法回归造成偏差，在回归之前对所有连续变量按年度首尾1%和99%进行了Winsorize处理，即用1%和99%位置上的指标数值分别去代替0%～1%和99%～100%的数值。

所使用的公司财务数据、公司治理数据、股票数据及公司基本信息数据也来自上海万德（Wind）和中国香港理工大学和深圳国泰安信息技术有限公司合作的《中国股票市场研究数据库（CSMAR）》（简称国泰安数据库）。行业分类也参照中国证监会的上市公司行业分类。数据的统计分析运用STATA 12.0软件和Excel软件。

3.5.3 实证研究分析

(1) 变量描述性统计

表3-25列示了模型（3-6）中各变量的描述性统计结果，分会计准则变革之前与会计准则变革之后分别进行了统计，同时还汇报了均值T检验和Wilcoxon秩检验。由表3-25中企业价值指标（V）分析，它在会计准则变革之前的均值和中值分别为1.313和1.202，而在会计准则变革之后的均值和中值分别为2.180与1.773，均值和Wilcoxon秩检验均正显著，说明会计准则变革后企业价值指标（V）有显著上升，标准差在会计准则变革之前为0.445，而在会计准则变革之后则变为1.378，翻了3倍多，说明企业价值（V）在会计准则变革之后呈现出波动增大趋势。投资（INV）在会计准则变革之前的均值和中值分别为0.072和

0.046，而会计准则变革之后均值和中值分别为0.063和0.040，均值和Wilcoxon秩检验均负显著，说明投资（INV）在会计准则变革之后，呈显著下降趋势；上市年限（Age）最少的为上市2年，最长的已经上市20年；财务杠杆（Lev）在会计准则变革之前的均值和中值分别0.478和0.494，而在会计准则变革之后的均值和中值分别为0.510和0.521，均值和Wilcoxon秩检验均正显著，说明财务杠杆（Lev）在会计准则变革后有呈显著上升趋势；企业现金流量（CF）在会计准则变革之前的均值和中值分别为0.037和0.035，而会计准则变革之后的均值和中值分别为0.031和0.025，均值和Wilcoxon秩检验均负显著，说明企业现金流量（CF）在会计准则变革之后呈显著下降趋势。从企业现金流量（CF）标准差以及最大值和最小值看，在会计准则变革之后，企业现金流量（CF）的差异程度略有增大；公司规模（Size）在会计准则变革之前的均值和中值分别为21.50和21.43，而在会计准则变革之后分别为22.10和21.95，均值和中值检验均正显著，说明公司规模（Size）在会计准则变革之后呈增长趋势。

表3-25 **变量描述性统计**

	会计准则变革之前					会计准则变革之后					均值	中值
变量	均值	标准差	中值	最小值	最大值	均值	标准差	中值	最小值	最大值	T	Z
V	1.313	0.445	1.202	0.641	4.063	2.180	1.378	1.773	0.602	10.62	32.39***	36.92***
INV	0.072	0.082	0.046	-0.047	0.488	0.063	0.074	0.040	-0.075	0.449	-4.78***	-4.55***
Age	8.474	2.971	8	2	15	12.97	3.095	13	6	20	59.12***	47.94***
Lev	0.478	0.168	0.494	0.067	0.824	0.510	0.175	0.521	0.077	0.880	7.354***	7.275***
CF	0.037	0.087	0.035	-0.358	0.315	0.031	0.094	0.025	-0.315	0.406	-2.40***	-4.86***
Size	21.50	0.886	21.43	19.69	24.49	22.10	1.118	21.95	19.96	25.38	23.49***	21.81***

注：***表示在1%的水平上显著（2-tailed），**表示在5%的水平上显著（2-tailed），*表示在10%的水平上显著（2-tailed）。

（2）变量相关性分析

表3-26的左下角报告了模型中各变量的Pearson相关系数。其中企业价值（V）与企业投资（INV）在1%的统计显著性水平上正相关，说明企业投资越多，企业价值也相应越大。企业价值（V）与企业规模（Size）在1%的统计显著性水平上负相关，说明规模越大的企业，企业价值可能越小。企业价值（V）与上市年限（Age）在1%的统计显著性水平上正相关，上市越久，企业价值越高。企业价值（V）与财务杠杆（Lev）在1%的统计显著性水平上负相关，说明资产负债率越高的企业，企业价值反而越低。企业价值（V）与现金流量（CF）在1%的统计显著性水平上正相关，说明现金流量多的企业，价值相应也高。由于表中变量之间的相关关系并没有控制其他相关变量的影响，仅为单变量分析，因此两

者间的相关关系仅供初步判断之用，更为准确的关系分析有待后续的回归分析。

表3-26中各解释变量之间相关系数最高的是财务杠杆（Lev）与企业规模（Size）之间的系数，为0.337，按照统计经验可以判断各解释变量之间仅存在弱相关关系，存在完全共线性的可能性很小。为了更加全面与科学反映各变量之间的相关性，表3-26中还列示了各变量之间的Spearman秩相关情况，具体数据见表3-26右上角。

表3-26 **变量相关性分析**

Var.	V	INV	Size	Age	Lev	CF
V	1	0.115***	-0.038***	0.254***	-0.100***	0.111***
		(0.000)	(0.003)	(0.000)	(0.000)	(0.000)
INV	0.105***	1	0.216***	-0.171***	0.020	0.226***
	(0.000)		(0.000)	(0.000)	(0.116)	(0.000)
Size	-0.043***	0.191***	1	0.196***	0.339***	0.044***
	(0.001)	(0.000)		(0.000)	(0.000)	(0.000)
Age	0.201***	-0.155***	0.196***	1	0.116***	-0.061***
	(0.000)	(0.000)	(0.000)		(0.000)	(0.000)
Lev	-0.150***	0.045***	0.337***	0.113***	1	-0.117***
	(0.000)	(0.000)	(0.000)	(0.000)		(0.000)
CF	0.167***	0.212***	0.033***	-0.045***	-0.115***	1
	(0.000)	(0.000)	(0.000)	(0.000)	(0.000)	

注：括号中的数值为p值。***表示在1%的水平上显著（2-tailed），**表示在5%的水平上显著（2-tailed），*表示在10%的水平上显著（2-tailed）；对角线右上角为Spearman检验系数，而左下角为Pearson检验系数。

（3）回归结果分析

表3-27报告了会计准则变革之前模型（3-6）最小二乘法（OLS）的回归结果。从表3-27中的回归结果看，方程（1）到方程（5）投资（INV）与企业价值（V）均为正显著，方程（5）中投资（INV）的回归系数为1.763，在1%显著性水平上显著，说明投资对企业价值具有正向影响关系；方程（4）中上市年限（Age）对企业价值（V）的影响并不显。方程（5）中财务杠杆（Lev）的回归系数为-0.042，但在加入规模控制后变得不显著性；方程（5）中现金流量（CF）的回归系数为0.342，在1%显著性水平上显著，说明现金流量越高的企业价值也越大；方程（5）中企业规模（Size）的回归系数为-0.049，在1%显著性水平上显著，说明企业规模越大，企业价值反而越低，这可能与企业成熟程度有关，企业增长潜力看淡与速率变缓。

表3-28报告了会计准则变革之后模型（3-6）最小二乘法（OLS）的回归结

果。从表3-28中的回归结果看，方程（5）投资变量（INV）的回归系数为3.496，且在1%显著性水平上显著，是会计准则变革之前投资变量（INV）系数的两倍，说明投资（INV）对企业价值（V）具有正向显著影响，而且在会计准则变革之后变得更加显著，证明了假设3-5；方程（5）上市年限（Age）对企业价值（V）的影响同会计准则变革之前一样也不显著。方程（5）财务杠杆（Lev）的回归系数为-1.544，在1%显著性水平上显著；方程（5）现金流变量（CF）的回归系数为2.230，在1%显著性水平上显著，系数也远大于会计准则变革之前，说明现金流量对企业价值的影响也在加大；方程（5）企业规模（Size）的回归系数为-0.189，在1%显著性水平上显著，与会计准则变革之前一致。

表3-27　**会计准则变革之前方程回归结果**

变量名称	变量代号	（1）	（2）	（3）	（4）	（5）
常数项	Intercept	1.118*** （0.000）	1.095*** （0.000）	1.143*** （0.000）	1.141*** （0.000）	2.127*** （0.000）
企业投资	INV	1.707*** （0.000）	1.723*** （0.000）	1.743*** （0.000）	1.674*** （0.000）	1.763*** （0.000）
上市年限	Age		0.005* （0.094）	0.005* （0.073）	0.005 （0.101）	0.005* （0.079）
财务杠杆	Lev			-0.122** （0.011）	-0.105** （0.028）	-0.042 （0.390）
现金流量	CF				0.301*** （0.001）	0.342*** （0.000）
企业规模	Size					-0.049*** （0.000）
年份	Year	控制	控制	控制	控制	控制
行业	Industry	控制	控制	控制	控制	控制
	N	2 872	2 872	2 872	2 872	2 872
	Adj.R^2	0.180	0.180	0.182	0.185	0.192

注：括号中的数值为经过White异方差矫正后的p值。***表示在1%的水平上显著（2-tailed），**表示在5%的水平上显著（2-tailed），*表示在10%的水平上显著（2-tailed）。

为了考察多元回归解释变量之间的共线性问题，在各方程回归后计算了方差膨胀因子VIF，结果显示各变量VIF值均远小于5，且容忍度Tolerance都远大于0.1，说明回归模型中各解释变量之间并不存在完全共线性。此外，还计算了各方程相应的D.W.值，均在2附近，说明模型基本不存在自相关问题①。

综合来看，会计准则变革之后，企业投资对企业价值的影响在加大，这正与假设3-5一致，说明会计准则变革能够引导企业关注投资的价值。

① 限于篇幅和规范要求，并没有具体列示VIF、Tolerance和D.W数据。

表 3-28　　**会计准则变革之后方程回归结果**

变量名称	变量代号	(1)	(2)	(3)	(4)	(5)
常数项	Intercept	1.646***	1.545***	2.574***	2.589***	6.475***
		(0.000)	(0.000)	(0.000)	(0.000)	(0.000)
企业投资	INV	3.017***	3.032***	3.504***	3.038***	3.496***
		(0.000)	(0.000)	(0.000)	(0.000)	(0.000)
上市年限	Age		0.008	0.010	0.007	0.006
			(0.305)	(0.201)	(0.319)	(0.394)
财务杠杆	Lev			-2.048***	-1.939***	-1.544***
				(0.000)	(0.000)	(0.000)
现金流量	CF				2.138***	2.203***
					(0.000)	(0.000)
企业规模	Size					-0.189***
						(0.000)
年份	Year	控制	控制	控制	控制	控制
行业	Industry	控制	控制	控制	控制	控制
	N	3 590	3 590	3 590	3 590	3 590
	Adj.R^2	0.228	0.228	0.287	0.306	0.323

注：括号中的数值为经过White异方差矫正后的p值。***表示在1%的水平上显著（2-tailed），**表示在5%的水平上显著（2-tailed），*表示在10%的水平上显著（2-tailed）。

为了更加直观地呈现企业投资在会计准则变革前后对企业价值的增量影响情况，以及改进前述系数分析可能存在的异方差影响，还利用模型（3-7）进行了回归。从表3-29的回归结果看，企业投资（INV）对企业价值（V）的影响在1%显著性水平上正显著，说明企业投资对企业价值具有正影响。会计准则变革（NCAS）与投资（INV）的交乘项NCAS *INV也在1%显著性水平上正显著，说明随着会计准则的变革，投资（INV）对企业价值（V）具有增量正影响，且增幅显著。由此，可以推断会计准则变革后企业投资的价值创造效应更加显著，与假设3-5一致。

另外，表3-29中上市年限（Age）、财务杠杆（Lev）、现金流量（CF）及企业规模（Size）的符号与显著性均与模型3-6的回归结果一致。解释变量之间的方差膨胀因子VIF也均远小于5，容忍度Tolerance都远大于0.1，各方程相应的D.W.值也均在2附近，说明各模型并不存在完全共线性与自相关问题①。

① 限于篇幅和规范要求，并没有具体列示VIF、Tolerance和D.W.数据。

表3-29 会计准则变革前后整体方程回归结果

变量名称	变量代号	(1)	(2)	(3)	(4)	(5)
常数项	Intercept	1.234***	1.182***	1.781***	1.748***	4.913***
		(0.000)	(0.000)	(0.000)	(0.000)	(0.000)
会计准则变革	NCAS	0.313***	0.279***	0.289***	0.333***	0.440***
		(0.000)	(0.000)	(0.000)	(0.000)	(0.000)
投资	INV	1.984***	2.005***	2.167***	1.816***	2.102***
		(0.000)	(0.000)	(0 000)	(0.000)	(0.000)
交乘项	NCAS×INV	0.889***	0.882***	1.046***	1.085***	1.181***
		(0.004)	(0.004)	(0.000)	(0.000)	(0.000)
上市年限	Age		0.007	0.009**	0.007	0.007
			(0.136)	(0.047)	(0.110)	(0.113)
财务杠杆	Lev			-1.277***	-1.198***	-0.920***
				(0.000)	(0.000)	(0.000)
现金流量	CF				1.477***	1.557***
					(0.000)	(0.000)
企业规模	Size					-0.157***
						(0.000)
年份	Year	控制	控制	控制	控制	控制
行业	Industry	控制	控制	控制	控制	控制
	Observations	6 462	6 462	6 462	6 462	6 462
	Adj.R^2	0.317	0.317	0.349	0.361	0.376

注：括号中的数值为经过White异方差矫正后的p值。***表示在1%的水平上显著(2-tailed)，**表示在5%的水平上显著（2-tailed），*表示在10%的水平上显著（2-tailed）。

3.6 小结

企业投资作为企业组织内部的一项重要经营管理活动，既是企业价值创造的源泉，又是我国经济增长的重要驱动力，它的决策直接或间接地依赖于会计，因而会受到会计的重要影响。一方面，会计准则变革会对建立在会计基础之上的各项交易和契约及其相关行为，尤其是投资行为产生重要影响；另一方面会计准则变革还会通过对企业经营方式影响的作用下，进而对企业投资决策产生一定影响。因此，当会计准则发生变革时，企业投资行为也必然会受到该变革直接和间接的影响。本部分研究在厘清会计准则变革与企业投资行为二者之间影响关系的基础上，发现会计准则变革对企业投资行为不仅具有预期效应，还存在非预期效应，通过综合运用规范研究和实证研究方法，深入剖析并检验了准则变革对企业投资行为的影响路径和作用机理，并得出以下三个重要结论。

第一，会计准则变革对企业实施资本经营战略和进行投资方式选择具有促进作用和协调作用。会计准则变革是一种“自上而下”的强制性制度变迁，在现代产权制度下，由会计准则变革引发的会计信息质量提高对缓解代理冲突问题有促进作用。因此，会计准则变革这种制度性变迁的重大影响会对企业的资本经营战略以及投资方式选择产生重要影响。

第二，会计准则变革能够改善投资不足与投资过度。新会计准则提高了会计信息质量，高质量的会计信息对于提高企业决策评价的科学性，减少管理层过度自信与过度谨慎具有重要作用。此外，高质量的会计信息使得基于会计信息的交流与监督机制得以加强，因此对融资约束的缓解与外部治理机制的加强均有了重要改善，这些改善在一定程度上提高了企业投资效率。

第三，企业投资对企业价值具有重要影响，会计准则变革能够引导企业更重视价值的投资。会计准则变革的几个重要转变都显示了现行会计准则更重视对价值的关注。首先，现行会计准则中大量引入了公允价值计量或者市价和现值等以价值为基础的计量模式，引导企业关注交易的价值，而不仅仅是成本。其次，现行会计准则中从以损益表为核心的模式转成以资产负债表为核心的模式，引导关注资产与负债价值的变动，关注所有者权益价值的增值，提倡资本经营。另外，会计准则对研发的关注，对长效资产投资的支持等也折射出现行会计准则会引导企业更关注企业价值和价值创造。

参考文献

［1］陈建勇，王东静，张景青．公司债务期限结构与投资效率［J］．数量经济技术经济研究，2009（4）：80-92.

［2］陈明，顾水彬．会计准则变革的非效率投资治理效应研究——基于逆向选择与道德风险的视角［J］．审计与经济研究，2017，32（3）：58-67.

［3］高芳，傅仁辉．会计准则改革、股票流动性与权益资本成本——来自中国A股上市公司的经验证据［J］．中国管理科学，2012，20（4）：29-38.

［4］顾水彬．会计准则变革对企业投资效率的影响研究［J］．山西财经大学学报，2013，35（10）：92-103.

［5］顾水彬．会计准则变革对企业投资行为的影响研究［M］．成都：西南交通大学出版社，2013.

［6］郝颖，刘星，林朝南．我国上市公司高管人员过度自信与投资决策的实证研究［J］．中国管理科学，2005，13（5）：142-148.

［7］何贤杰，肖土盛，田野，等．新会计准则对资本市场信息环境的影响研

究［J］. 中国会计与财务研究，2012（1）：118-165.

［8］姜付秀，张敏，刘志彪. 并购还是自行投资：中国上市公司扩张方式选择研究［J］. 世界经济，2008，31（8）：77-84.

［9］李青原，会计信息质量、审计监督与公司投资效率［J］. 审计研究，2009（4）：65-73.

［10］李维安. 现代公司治理研究：资本结构、公司治理和国有企业股份制改造［M］. 北京：中国人民大学出版社，2001.

［11］刘昌国. 公司治理机制、自由现金流量与上市公司过度投资行为研究［J］. 经济科学，2006（4）：50-58.

［12］罗富碧，冉茂盛，杜家廷. 高管人员股权激励与投资决策关系的实证研究［J］. 会计研究，2008（8）：69-76.

［13］吕长江，张海平. 股权激励计划对公司投资行为的影响［J］. 管理世界，2011（11）：118-126.

［14］马润平，李悦，杨英，等. 公司管理者过度自信、过度投资行为与治理机制——来自中国上市公司的证据［J］. 证券市场导报，2012（6）：38-43.

［15］强国令. 制度变迁、管理层股权激励和公司投资——来自股权分置改革的经验证据［J］. 山西财经大学学报，2012（3）：89-97.

［16］覃家琦. 战略委员会与上市公司过度投资行为［J］. 金融研究，2010（6）：124-142.

［17］唐雪松，周晓苏，马如静. 上市公司过度投资行为及其制约机制的实证研究［J］. 会计研究，2007（7）：44-52.

［18］童盼. 负债融资、负债来源与企业投资行为［J］. 经济研究，2005（5）：75-84.

［19］汪平，孙士霞. 自由现金流量、股权结构与我国上市公司过度投资问题研究［J］. 当代财经，2009（4）：123-128.

［20］汪祥耀，叶正虹. 执行新会计准则是否降低了股权资本成本——基于我国资本市场的经验证据［J］. 中国工业经济，2011（3）：119-128.

［21］王鲁平，毛伟平. 财务杠杆、投资机会与公司投资行为——基于制造业上市公司Panel Data的证据［J］. 管理评论，2010，22（11）：99-110.

［22］魏明海，柳建华. 国企分红、治理因素与过度投资［J］. 管理世界，2007（4）：88-95.

［23］伍利娜，陆正飞. 企业投资行为与融资结构的关系——基于一项实验研究的发现［J］. 管理世界，2005（4）：99-105.

［24］辛清泉，郑国坚，杨德明. 企业集团、政府控制与投资效率［J］. 金融研究，2007（10）：123-142.

［25］徐玉德，周玮．不同资本结构与所有权安排下的投资效率测度——来自我国A股市场的经验证据［J］．中国工业经济，2009（11）：131-140.

［26］闫华红，张明．准则变更、盈余质量与资本成本关系研究［J］．财政研究，2012（9）：78-80.

［27］杨清香，俞麟，胡向丽．不同产权性质下股权结构对投资行为的影响——来自中国上市公司的经验证据［J］．中国软科学，2010（7）：142-150.

［28］俞红海，徐龙炳，陈百助．终极控股股东控制权与自由现金流过度投资［J］．经济研究，2010（8）：103-114.

［29］曾春华，杨兴全．多元化经营、财务杠杆与过度投资［J］．审计与经济研究，2012，27（6）：83-91.

［30］张纯，吕伟.信息披露、信息中介与企业过度投资［J］．会计研究，2009（1）：60-65.

［31］张利兵，吴冲锋．资本结构、股权融资和企业投资行为［J］．中国管理科学，2008，16（3）：157-163.

［32］张琦．盈余质量与企业投资行为研究［D］．厦门：厦门大学，2007.

［33］张先治，崔莹．会计准则变革对企业投资行为的影响研究——基于资本经营视角［J］．财经问题研究，2015（11）：77-84.

［34］张先治，傅荣，贾兴飞，晏超.会计准则变革对企业理念与行为影响的多视角分析［J］．会计研究，2014（6）：31-39.

［35］张先治，于悦.会计准则变革、企业财务行为与经济发展的传导效应和循环机理［J］．会计研究，2013（10）：3-12.

［36］张先治.企业资本经营论［M］．北京：中国财政经济出版社，2001.

［37］张翼，李辰．股权结构、现金流与资本投资［J］．经济学：季刊，2005（1）：229-246.

［38］周守华，张敬峰．新企业会计准则对财务管理的影响——兼论基于核心竞争力的财务管理变革［J］．会计研究，2006（12）：3-7.

［39］周夏飞．基于经济后果分析的资产证券化会计问题研究［J］．会计研究，2007（4）：41-46.

［40］朱磊，潘爱玲．负债对企业非效率投资行为影响的实证研究——来自中国制造业上市公司的面板数据［J］．经济与管理研究，2009（2）：52-59.

［41］BABER W R，FAIRFIELD P M，HAGGARD J A．The Effect of concern about Reported Income on Discretionary Spending Decisions：The Case of Research and Development［J］．Accounting Review，1991，66（4）：818-829.

［42］BAKER M，STEIN J C，WURGLER J. When does the market matter? Stock prices and the investment of equity-dependent firms［J］．The Quarterly Journal of Economics, 2003, 118 (3): 969-1005.

[43] BARLEV B, HADDAD J R.Fair value accounting and the management of the firm [J]. Critical Perspectives on Accounting, 2003, 14 (4): 383-415.

[44] BECHT M, BOLTON P, RÖELL A. Corporate governance and control [J]. Handbook of the Economics of Finance, 2003, 1: 1-109.

[45] BIDDLE G C, HILARY G, VERDI R S. How Does Financial Reporting Quality Relate To Investment Efficiency? [J]. Journal of Accounting & Economics, 2009, 48 (2-3): 112-131.

[46] BIDDLE G, HILARY G. How does accounting quality improve investment efficiency [J]. Unpublished working paper, Hong Kong University of Science and Technology, 2006.

[47] BUSHMAN R M, SMITH A J. Financial accounting information and corporate governance [J]. Journal of Accounting and Economics, 2001, 32 (1-3): 237-333.

[48] CARTER M E, LYNCH L J, TUNA I. The role of accounting in the design of CEO equity compensation [J]. The Accounting Review, 2007, 82 (2): 327.

[49] CHEN H J, CHEN S J. Investment-cash flow sensitivity cannot be a good measure of financial constraints: Evidence from the time series [J]. Journal of Financial Economics, 2012, 103 (2): 393-410.

[50] CONYON M J, MURPHY K J. The Prince and the Pauper? CEO Pay in the United States and United Kingdom. [J]. Economic Journal, 2000, 110 (467): 640-671.

[51] DASKE H, HAIL L, LEUZ C, et al. Adopting a Label: Heterogeneity in the Economic Consequences Around IAS / IFRS Adoptions [J]. Journal of Accounting Research, 2013, 51 (3): 495-547.

[52] ERNST AND YOUNG. The survey on 2006 annual financial reports of Chinese listed companies——impacts of adopting the new Chinese accounting standards . China Boardroom Briefing, 2007.

[53] FAZZARI S, HUBBARD R G, PETERSEN B C. Financing constraints and corporate investment [J]. Brookings Papers on Economic Activity, 1988, (1): 141-206.

[54] GUERREIRO M S, RODRIGUES L L, CRAIG R. Voluntary adoption of International Financial Reporting Standards by large unlisted companies in Portugal Institutional logics and strategic responses [J]. Accounting Organizations & Society,

2012, 37 (7): 482-499.

[55] HALL M. Accounting information and managerial work [J]. Accounting Organizations & Society, 2010, 35 (3): 301-315.

[56] HARLOW W V. Asset Pricing in a Generalized Mean-Lower Partial Moment Framework: Theory and Evidence [J]. Journal of Financial & Quantitative Analysis, 1989, 24 (3): 285-311.

[57] HARRIS M, RAVIV A. Corporate governance : Voting rights and majority rules [J]. Journal of Financial Economics, 1988, 20 (1-2): 203-235.

[58] HEALY P, PALEPU K. Information asymmetry, corporate disclosure, and the capital markets: A review of the empirical disclosure literature [J]. Journal of Accounting and Economics, 2001, 31 (1-3): 405-440.

[59] HEATON J B.Managerial optimism and corporate finance [J]. Financial Management, 2002, 31 (2): 33-45.

[60] JENICE P K.Discussion of IFRS Adoption in Europe and Investment-Cash Flow Sensitivity: Outsider Versus Insider Economies [J]. The International Journal of Accounting, 2010, 45 (2): 169-172.

[61] JENSEN M C, MECKLING W H. Theory of the firm: Managerial behavior, agency costs and ownership structure [J]. Rochester Studies in Economics & Policy Issues, 1976, (3): 305-360.

[62] JENSEN M C. Agency costs of free cash flow, corporate finance, and takeovers [J]. The American economic review, 1986, 76 (2): 323-329.

[63] KHURANA I K, MICHAS P N. Mandatory IFRS Adoption and the U.S. Home Bias [J]. Social Science Electronic Publishing, 2011, 25 (4): 729-753.

[64] LA PORTA R, LOPEZ-DE-SILANES F, SHLEIFER A, et al. Investor protection and corporate governance [J]. Journal of Financial Economics, 2000, 58 (1-2): 3-27.

[65] LAMBERT RA, LEUZ C, VERRECCHIA RE, Accounting information, disclosure, and cost of capital [J]. Journal of Accounting Research, 2007, 45 (2): 385

[66] LANG L H P, RENÉM. STULZ, WALKLING R A. Managerial performance, Tobin's Q, and the gains from successful tender offers [J]. Social Science Electronic Publishing, 1989, 24 (89): 137-154.

[67] LANG M, LUNDHOLM R. The Relation Between Security Returns, Firm Earnings, and Industry Earnings [J]. Contemporary Accounting Research, 1996, 13 (2): 607-629.

[68] LARDY N R. The Role of Foreign Trade and Investment in China's Economic Transformation [J]. China Quarterly, 1995, 144: 1065-1082.

[69] LUNDSTRUM L L. Corporate investment myopia: a horserace of the theories [J]. Journal of Corporate Finance, 2002, 8 (4): 353-371.

[70] MALMENDIER U, TATE G.CEO overconfidence and corporate investment [J]. The Journal of Finance, 2005, 60 (6): 2661-2700.

[71] MARRA A, MAZZOLA P, PRENCIPE A. Board Monitoring and Earnings Management Pre-and Post-IFRS [J]. The International Journal of Accounting, 2011, 46: 205-230.

[72] MCCONNELL J J, MUSCARELLA C J. Corporate capital expenditure decisions and the market value of the firm [J]. Journal of Financial Economics, 1985, 14 (3): 399-422.

[73] MCNICHOLS M F, STUBBEN S R. Does Earnings Management Affect Firms' Investment Decisions? [J] The Accounting Review, 2008, 83 (6): 1571-1603.

[74] MODIGLIANI F, MILLER M H. The cost of capital, corporation finance and the theory of investment [J]. The American Economic Review, 1958, 48 (3): 261-297.

[75] MYERS S C, MAJLUF N S. Corporate financing and investment decisions when firms have information that investors do not have [J]. Social Science Electronic Publishing, 1984, 13 (2): 187-221.

[76] MYERS S C.Interactions of Corporate Financing and Investment Decisions-Implications for Capital Budgeting [J]. The Journal of Finance, 1974, 29 (1): 1-25.

[77] NORTH D C. Structure and Change in Economic History [M] Structure and change in economic history. Norton, 1981.

[78] REIS R F, STOCKEN P C. Strategic Consequences of Historical Cost and Fair Value Measurements [J]. Contemporary Accounting Research, 2010, 24 (2): 557-584.

[79] RICHARDSON S. Over-investment of free cash flow [J]. Review of Accounting Studies, 2006. 11 (2): 159-189.

[80] SCHLEICHER T, Tahoun A, Walker M. IFRS Adoption in Europe and Investment-Cash Flow Sensitivity: Outsider Versus Insider Economies [J]. International Journal of Accounting, 2010, 45 (2): 143-168.

[81] SUZUKI T. The epistemology of macroeconomic reality: The Keynesian Revolution from an accounting point of view [J]. Accounting Organizations & Society, 2003, 28 (5): 471-517.

[82] TIROLE J. The Theory of Corporate Finance [J]. Economic Journal, 2006, 116 (515): 499-507.

[83] VERDI R S. Financial reporting quality and investment efficiency [J]. Social Science Electronic Publishing, Working Paper, 2006.

[84] VOULGARIS G, STATHOPOULOS K, WALKER M. IFRS and the Use of Accounting-Based Performance Measures in Executive Pay [J]. International Journal of Accounting, 2011, 49 (4): 479-514.

[85] WATTS R L, Zimmerman J L.实证会计理论 [M]. 陈少华，等，译.大连：东北财经大学出版社，2012.

[86] WILLIAM R. SCOTT, .财务会计理论 [M]. 陈汉文，等，译.北京：机械工业出版社，2006.

[87] WILLIAMSON O E. Corporate Finance and Corporate Governance [J]. Journal of Finance, 1988, 43 (3): 567-591.

[88] ZEFF S A. Selected Dickinson lectures in accounting, 1936-1952 [M]. South-Western Thomson Learning, 1978.

4 会计准则变革对宏观投资的影响研究

4.1 宏观投资的界定与现状

投资一般是指投资主体（资源所有者或使用者）为获得预期回报而将资源（货币或其他形式资产）转化为资本，投入经济活动的行为过程。狭义的宏观投资指的是实物投资，它是指国内常住单位为营利目的而用于非金融资产（实物资产）积累所花费的支出（许涤龙等，2002）。根据这一界定，宏观投资可分为两类：一是固定资产投资；二是存货投资。其中，固定资产投资是宏观投资的主要形式，且对宏观经济运行影响巨大而深远。广义的宏观投资不仅包括实物投资还包括对债券、股票、商品期货及金融衍生工具等金融资产的投资。

4.1.1 宏观投资的界定

投资作为一种行为必须具备投资主体和投资对象，主体研究由谁来实施投资，对象研究对什么实施投资。宏观投资主体不仅包括国内主体，当然也包括国外主体，国内投资主体又包括微观企业的投资，也包括个体投资和政府投资。但是因为本课题研究企业会计准则对宏观投资的非预期影响，会计准则的变化对政府投资基本没有影响，所以在此并没有列出，也不进行分析。根据投资的对象不同，宏观投资既可以投资于金融资产，也可以投资于实物资产和无形资产。

根据投资主体和投资对象划分，宏观投资分为以下三类，如图4-1所示。

（1）外国企业和个人的投资

外国企业和个人的投资反映到国际收支平衡表中就是资本与金融项目下的直接投资（FDI）贷方和证券投资贷方（贷方代表资本流入）。而外国主体想要通过我国资本市场对我国上市公司股票或债券等证券进行投资必须获取QFII（境外合格机构投资者）资格。

（2）我国企业投资

我国境内企业的投资行为进一步可区分为对内投资和对外投资。

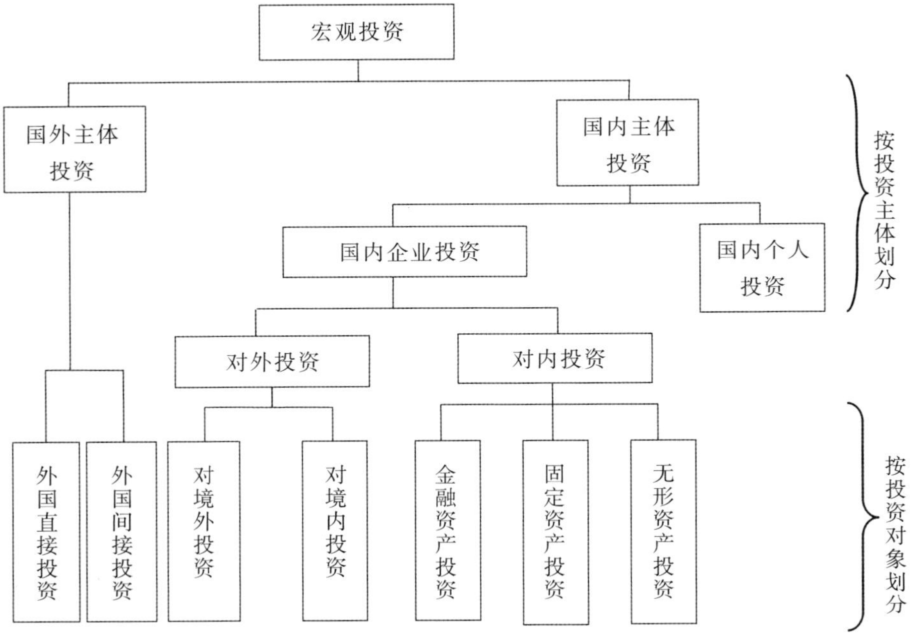

图4-1 宏观投资分类图

①境内企业对内投资（inward investment）是指把资金投向企业内部，购置各种生产经营用资产的投资。对内投资的形式是指将筹集的资金投资于企业内部生产经营活动所形成的各项经济资源的具体表现形式，主要形式有对固定资产、无形资产等长期资产的投资。企业对内投资体现了企业资产结构上的变化。

②境内企业对外投资（outward investment）包括对境外企业投资和对境内企业投资。企业对外投资是相对于对内投资而言的。所谓企业对外投资就是企业在其本身经营的主要业务以外，以现金、实物、无形资产方式，或者以购买股票、债券等有价证券方式向境内外的其他单位进行投资，以期在未来获得投资收益的经济行为。境内企业对外投资按对外投资形成的企业拥有权益的不同分类，分为股权投资和债权投资，即金融资产投资。其中，我国境内企业对境外企业投资行为反映到国际收支平衡表中就是资本与金融项目下的直接投资（FDI）借方和证券投资借方（借方代表资本流出）。而我国境内主体想要通过境外资本市场对国外上市公司股票或债券等证券进行投资必须获取QDII（境内合格机构投资者）资格。

（3）个人投资

我国家庭及个人投资主要集中在房地产投资和证券投资、黄金投资、外汇投资、收藏品投资等领域。而前两者是主要投资方式。究其个人投资与会计信息的关系，本部分研究主要集中在个人通过资本市场购买上市公司发行股票、债券的证券投资行为。个人进行证券投资一部分是自己投资，一部分是委托机构投资者进行基金投资。机构投资者包括商业银行、证券公司、保险公司、各类基金等。

宏观投资效果可以从投资规模、投资结构或投资效率三个角度衡量。狭义的宏观投资效率主要研究宏观投资对宏观经济增长的贡献，通常使用ICOR（Incremental Capital-Output Ratio，边际-资本产出率）来衡量（刘宇春等，2011；刘仁和等，2009）。从广义范围也可以把上述三个方面统一归结为“宏观投资效率”问题（樊潇彦等，2006）。宏观投资总量是否存在“投资过度”或“投资不足”是从宏观投资规模的角度分析宏观投资效率问题。萨缪尔森在《经济学》一书中明确指出，宏观投资规模受三个基本要素的影响：国民收入、资本利息率和资本的预期收益率。宏观经济学中的投资决定理论经历从古典投资理论直至现代投资理论的发展后发现影响宏观投资的因素呈现出多样化和复杂化，并且影响具有动态性和随机性。宏观投资在行业间或地区间的资源配置效率是从宏观投资结构角度分析宏观投资效率问题。影响宏观投资结构效率的因素有：金融市场发展程度、资本市场的信息含量和中小股东权益的法律保护程度、自发投资水平、市场化程度和所有制、行业的产出水平、技术特质、外资企业比重以及开放程度。

4.1.2 宏观投资的影响因素

影响跨国投资规模的因素包括人口、地理位置、语言文化；更多地受到制度因素的影响——经济发展规模、被投资国资本市场规模和开放程度；被投资国税收风险和汇率、利率风险；国家治理水平或者政治法律等制度基础的因素。我国宏观投资经历了大规模增长之后，当下更多的研究集中在宏观投资结构和宏观投资效率的问题上。因为一国的总产出GDP既取决于资本、劳动等生产要素的投资量，又取决于生产函数，即技术水平。所以宏观投资结构可以分为对资本的投资[①]和对劳动力的投资以及对技术的投资。财政支出和利用外资是影响宏观固定资产投资规模的重要因素。对技术投资具有显著影响的主要因素有：高等教育和科研人员比例以及专利保护强度、金融市场发展程度等。除了上述实体经济投资以外，对债券、股票、商品期货及金融衍生工具等金融资产的投资也构成了宏观投资的一部分。由以上分析可以看出，影响宏观投资效果的因素虽然很多，但是由于会计准则变革对宏观投资影响的路径比较复杂和间接，所以有必要从众多影响因素入手，剥离出该路径。

除了上述实物投资以外，对金融资产投资也是宏观投资的重要组成部分。金融市场，尤其是资本市场（主要是指证券市场）正是这些宏观间接投资的重要场

① 资本投资主要是指固定资产投资。

所和平台。面临现代经济中日趋“金融化”的趋势，金融对促进储蓄转化为投资和提高资本配置效率发挥着越来越大的作用，金融投资与物质资本投资的联系也比以往更加紧密（李同宁，2008）。q-理论和融资约束理论也将金融投资理论融入到了宏观投资理论中。q-理论的核心表明固定资产的净投资量（即扣除折旧以外）是资本的影子价格q_t的严格递增函数（王端，2000）。q-理论比新古典投资理论更具有动态性和一般性。q-理论认为固定资产投资的决定因素更依赖于对未来的预期，而对未来预期收益的评价也与金融股市的估价联系起来。融资约束理论中投资受融资约束的影响也是源于信息不对称和资本市场不完善等因素的影响。所以资本市场效率也是影响宏观投资效率的重要因素之一。而会计准则变革首先在资本市场范围内的企业中实施，同时会计准则的建设也是完善资本市场制度的重要内容之一。因此，会计准则变革又是影响资本市场效率的重要因素之一。

在一个开放经济中，宏观投资还包括跨国投资。另外，利用外资也是影响宏观固定资产投资规模的重要因素。根据国际直接投资理论，影响跨国投资规模的因素包括物理基础因素和制度因素两大类。物理基础因素包括地理位置以及自然资源等因素，除此之外，更多地受到制度因素的影响，包括政治环境、法律环境、社会文化环境、经济环境和基础设施建设等制度因素（张璐等，2015）。会计准则变革可以作为影响一个国家基础设施建设的制度因素之一。

4.1.3 中国宏观投资现状

2003年开始，中国GDP从全世界排名第六一直上升到2015年全世界排名第二。我国整体经济实力不断上升的原因之一就是跨国投资的不断增长。跨国投资按照投资方式又分为国际直接投资（FDI）和国际间接投资。跨国直接投资又根据资本流向的不同分为对外直接投资（FDI流出）和外商直接投资（FDI流入）。我国对外直接投资可以分为两个时期，即1992—2002年和2003年至今两个阶段。在1992—2002年这11年里，我国对外直接投资净额处于低迷期。而从2003年开始，我国对外直接投资净额开始迅猛发展。我国对外直接投资在2003—2015年这连续的13年里也呈逐年递增态势，尤其是在2007年以后加速增长，特别是在2008年骤然加速。根据我国2003年至2015年中国统计年鉴的数据，2003年，我国对外直接投资为28.55亿美元，占当年GDP的0.17%；截止到2015年，我国对外直接投资已经达到1 180.2亿美元，是2003年FDI流出量的66倍，占当年GDP的1.73%（如图4-2所示）。

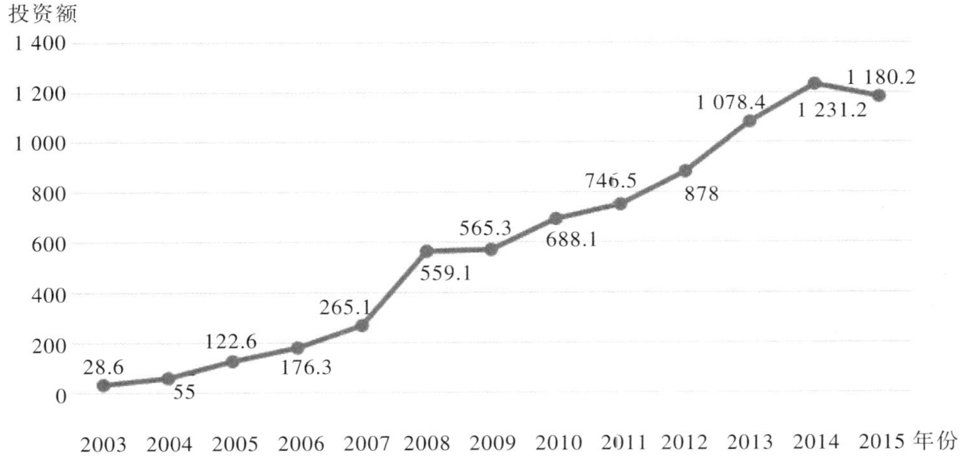

图 4-2 我国对外直接投资趋势图（单位：亿美元）

1979年，全国人大颁布的《中华人民共和国中外合资经营企业法》为我国开始引入外资奠定了法律依据。1992年，邓小平南方讲话之后，我国当年实际使用的外商直接投资开始超过100亿美元。从1993年开始，我国已经成为世界第二大吸引外商直接投资的国家。虽然经历了1997年的东南亚金融风暴，但是在20世纪90年代，我国吸引外商直接投资不断增长。2001年，我国加入世界贸易组织。2001年，我国吸引的外商直接投资（实际使用外资金额）为468.78亿美元，占当年GDP的3.5%；到2015年整体FDI流入同比增长6.4%，达到1 262.7亿美元（数据来源于中华人民共和国商务部网站），是2001年的2.7倍，占当年GDP的1.16%。中国成为仅次于美国的全球第二大对外商直接投资具有吸引力的地区（见图4-3）。

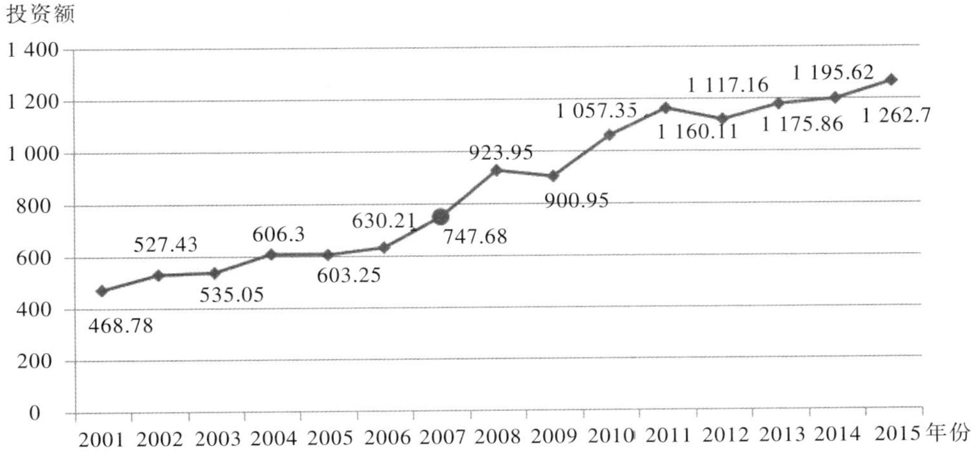

图 4-3 我国外商直接投资（实际使用外资）趋势图（单位：亿美元）

根据投资方式不同，国际直接投资（FDI）又分为绿地投资和跨国并购。绿地投资就是在国外建立新企业或是扩充现有的海外子公司或分支机构，即跨国创建或新建；跨国并购是购买国外企业的一定数量的股权或资产。联合国贸易和发展委员会（UNCTAD）表示，2015年全球FDI增势强劲，FDI增长主要集中在并购上。2015年，全球FDI同比增长36%至1.7万亿美元，为2007年以来最高年份；而跨国并购交易额同比增长61%至6 440亿美元，约为2003年并购交易额923亿美元的7倍。绿地投资则与上一年基本持平。跨国并购包括外资企业并购本国境内企业（简称外资并购）和本国境内企业并购海外其他企业（简称海外并购）两个层面。根据《中国企业并购年鉴》的数据，我国外资并购交易数量从2003年的29起增长到2011年的69起，交易金额也从23.47亿元增长到2011年的197亿元。我国海外并购的交易数量从2003年最初的1起增长到2011年的67起，海外并购的交易金额从10亿元增长到383亿元。海外并购的增速远超外资并购的增长幅度。

国际间接投资指的是我国对外国、中国港澳台地区发行的股票、债券等有价证券的购买和外国、中国港澳台地区购买我国大陆企业发行的股票、债券等有价证券。国际间接投资主要是国际证券投资（FPI）。国外会计领域的绝大部分研究会计准则趋同对国际证券投资的影响。国际证券投资主要是通过各国资本市场进行的。虽然我国货币没有实现完全可自由兑换、资本项目尚未开放，但是可以通过一些有限度地开放资本市场的过渡性制度进行跨国间接投资。2002年11月5日，我国《合格境外机构投资者境内证券投资管理暂行办法》正式出台。合格境外机构投资者（QFII）解决的是海外机构投资者投资中国资本市场的问题。随后，2007年开始实施合格境内机构投资者（QDII）制度，QDII解决的是中国境内机构投资者投资海外资本市场的问题。人民币合格境外机构投资者（RQFII）是在2011年开始实施的，RQFII解决的是海外投资者用人民币投资中国资本市场的问题。截至2015年12月25日，国家外汇局累计批准899.93亿美元QDII额度，810.68亿美元QFII额度，4 443.25亿元人民币RQFII额度。

4.2 会计准则变革对宏观投资的影响研究综述

国内外对会计准则趋同的宏观经济后果研究才刚刚起步，会计准则趋同对宏观投资的影响主要体现在会计准则趋同对资本市场效率、跨国资本流动的影响以及对某一具体行业的影响。从市场、跨国和行业三个途径梳理会计准则变革是如何从微观企业影响到宏观投资的。会计准则变革对资本市场整体的影响有一部分属于预期效应，而有一部分属于非预期效应。而会计准则变革对跨国投资和行业投资的影响都属于非预期效应中的超出效应。

4.2.1 会计准则变革对跨国投资的影响

跨国投资既包括国际直接投资（FDI），也包括国际间接投资。一部分已有文献研究会计准则变革对宏观投资的影响主要以宏观投资规模为主，Amiram（2012）认为，在采用IFRS的被投资国家中，外国权益组合投资（FPI）会增加。Laura（2011）研究得出，本国会计准则和IFRS的趋同促进了FDI。但是Beneish等（2015）认为在采用IFRS之后，外国权益投资的提高只限于那些治理质量好（或正在改善）的国家。另一部分已有文献研究会计准则变革对宏观投资行为的影响是以微观企业外国投资行为的汇总为主，研究的侧重点有微观企业中外国机构投资者数量的变化和所持股份的变化。Chen等（2013）研究采用IFRS之后对不同国家同行业公司的投资效率的影响。上述研究有会计准则变革后对多个国家的外国投资行为的横向比较，也有某一国会计准则变革对所在国企业吸引外国投资的纵向分析。国外会计领域绝大部分研究会计准则趋同对国际证券投资的影响，尤其是会计准则趋同对外国机构投资者投资行为的影响，会计准则趋同对国际债券投资的影响研究相对较少。尽管大部分研究认为会计准则变革（趋同）会促进外国权益投资行为的增加，但是不同研究者认为会计准则变革促进外国权益投资增加的机理和路径却不同。

（1）会计准则变革对国际直接投资的影响

Gordon等（2012）以1996—2009年124个国家1 300多个观察值的面板数据为样本，使用了工具变量法（IV）、最小二乘法（OLS）和组间比较法（DID）三种方法为IFRS采用导致FDI流入的增加提供了证据，并且这种增加是源于发展中国家而不是发达国家FDI流入的增加。在两阶段工具变量模型中，考虑了发展中国家采用IFRS的关键潜在动因是希望从世界银行获得财务支持，结论更稳健。Laura（2011）利用2002—2007年100多个国家的双边FDI数据，研究得出，本国会计准则和IFRS的趋同促进了FDI。他认为透明性的提高被理解为财务报告提供的财务信息和公司价值之间有更高的相关性；透明性和可比性共同作用提高了国际直接投资的增加。Chen等（2014）使用2000—2005年30个OECD国家的双边FDI数据，检验会计准则趋同对FDI的影响，发现会计准则在自愿趋同阶段因为减少了外国投资者的信息处理成本，从而促进了FDI，尤其是在会计准则趋同之前两个国家之间的会计准则差距越大，会计准则趋同之后对FDI的促进作用越明显。

Francis等（2016）利用1998—2004年间来自于32个国家跨国并购（M&A）的数据，研究发现拥有相似的GAAP的国与国之间M&A的数量更大，而且收购溢价更高，这与相似会计准则可降低信息成本，从而促进出价者的竞争，因此为被合并方股东留下更多收益结论一致。如果两国在2005年之前GAAP后有更低的相似度，那么在2005年采用IFRS后国家之间的并购活动增多更明显。Louis等（2012）研究发现，强制采用IFRS之后由于可比性的提高，在已采用IFRS国家上市的跨国兼并增多了，而不是因为个别公司报告质量的提高或者是准则执行制度的促进。而这一发现在自愿采用IFRS阶段并没有。

Chen等（2015）使用34个home国家和50个target国家的国际交叉上市公司的数据，检验了强制采用IFRS是否促进了公司交叉上市活动。使用DID分析，结果显示，在强制采用IFRS之后，强制采用IFRS国家的公司展示了显著的更高的交叉上市倾向和强度。交叉上市的目标国家也同样强制采用IFRS或者拥有更大、流动性更强的资本市场。而且在强制采用IFRS之前，在会计准则上与IFRS有较大差异的国家、更低披露要求的国家和更少外部资本可获得的国家强制采用IFRS对交叉上市的影响更大。Nnadi（2015）研究认为，全面采用IFRS的可比性效应对非洲国家净FDI有负的影响，反而法律和腐败等因素是更重要的。

毛新述等（2013）则以我国海外并购为研究对象，以2001—2011年我国沪深两市上市公司为研究样本，研究了会计准则趋同在跨国资本运营中的作用。结果表明，会计准则趋同后，我国上市公司海外并购数量表现出显著增加的趋势。与会计准则趋同前比较，实施海外并购上市公司的投资效率在会计准则趋同后显著提高，而且这种总体投资效率的改善主要来自进行海外并购后过度投资程度的降低；而会计准则趋同前，投资效率则无显著变化。这表明，会计准则趋同对促进我国“走出去”战略的有效实施、改善海外并购公司的投资效率发挥了重要作用。

（2）会计准则变革对国际间接投资的影响

相对于以上国际直接投资而言，会计准则变革对国际间接投资的影响更大。国外研究更加集中于会计准则趋同对国际股票投资和共同基金的影响，会计准则趋同对国际债券投资的影响研究相对较少①。大部分文献集中于研究会计准则趋同对国际证券投资的影响，究其原因主要有以下四点：第一，宏观投资行为更注重的是一个投资过程。金融证券投资比实物投资更能够反映这一过程；实物投资是投资过程的结果。第二，在金融证券投资中更重视对会计信息的利用，会计信息对投资决策起到很重要的作用。第三，金融证券领域的投资规模越来越大，20世纪80年代以来国际金融证券投资的增长速度超过了国际直接投资。第四，金

① Christensen（2009）研究得出，可比性的提高促进投资者对债务契约进行更有效的评价。Kim（2011）认为，银行对于采纳IFRS的公司收取较低的贷款利率、设置更少的限制性条款、提供更大金额和更长期限的贷款。Beneish M.、Miller B、Yohn T（2009）认为，采用IFRS对跨国债券投资的影响比对跨国权益投资的影响更大。因为债券投资者是财务报告信息的使用者。外国权益投资的提高只限于那些治理质量好（或正在改善）的国家，而债券投资的增加并不依靠治理质量，在债券契约中的协议条款可以抵消在国家层面上的弱投资者保护。Portes等（2001）认为，政府债券并不受由于距离带来的信息成本的影响，而公司债和权益一样对信息成本比较敏感。

融证券投资数据很容易获得。

Hamberg 等（2013）利用2001—2007年的瑞典一国的公司数据，认为在强制采用IFRS之后，瑞典国内公司的外国机构投资者的数量和所持股份都有所增加，尤其来源于已采用IFRS的投资国，而且这个效果在小规模公司更为明显。而外国非机构投资者并不受采用IFRS的影响。因为瑞典在强制采用IFRS之前已经有严格的法律环境和低水平的盈余管理，所以会计准则的趋同对外国投资的积极作用是由于更好的比较能力而非一个提高的会计质量。Brüggemann 等（2012）考察了德国个人投资者的权益投资是否受到IFRS的影响。利用2002—2008年的法兰克福证券交易所的公开市场的交易量分析了来自于31国家的5 637家上市公司的样本，结论是随着强制采用IFRS在公开市场上交易量经历了一个显著的上升。说明全球IFRS的强制趋同提高了德国个人投资者的跨国权益投资，然而由于个人投资者有限的注意力，这种影响并不均等地体现在每一种股票上。Lee 等（2010）以澳大利亚单一国家为样本，检验了采用IFRS之后提高了澳大利亚投资者持有的外国权益投资（对外投资增加），这个结果与从因财务报告可比性的提高而导致的信息不对称的降低而带来的投资者收益是一致的。

Yu 等（2014）认为，IFRS的趋同提高了外国共同基金的投资的机理有两个：一个是直接机理——IFRS趋同降低了外国投资者的信息处理成本；另一个是间接机理——IFRS趋同减少了跨国投资的其他障碍，如地理上的距离。但是准则的强制执行制度上的差异足以阻碍会计准则趋同的收益。Beneish 等（2015）认为，在采用IFRS之后，外国权益投资的提高只限于那些治理质量好（或正在改善）的国家。Florou 等（2012）认为，采用IFRS之后外国机构投资者数量和持有的权益投资都会增加，增加主要集中在注重价值和增长的主动性机构投资者。Khurana 等（2011）通过对2003—2004年和2006—2007年的85个国家的比较，认为会计准则在全球范围内趋同对美国投资者是有益的，降低了美国投资者的“本土偏好”，使美国投资者对外持股比例增加。尤其是对本土会计准则与IFRS差异较大的国家、拥有更严厉法律或共同法律渊源的国家、有更大的动机报告高质量财务信息的国家。同时也认为投资者认为会计准则的强制实行制度是一个影响美国本土以外投资决策的关键因素。DeFond 等（2011）认为，在采用IFRS的国家，公司的外国共同基金所有权有所增加。Amiram（2012）认为，采用IFRS之后促进外国投资者增加投资源于外国投资者对被投资国公司更加熟悉，而熟悉程度的提高源于财务报告和会计信息更加可比，从而促进了FPI的增加。

Covring 等（2007）分析了1999—2002年自愿采用IAS对外国共同基金持股比例的影响。最后比较谨慎地得出自愿采用IAS可降低外国投资者当中的本土偏见，从而导致显著地提高了共同基金持有的外国持股比例。尤其是在拥有比较差的信息环境的国家外国投资的持股比例更高，公司特别信息越少越吸引外国投资的原因是IAS的采用可以提供更多的信息或者更可比的信息。但是Beneish等（2008）认为，会计准则的趋同与其他因素相比较（如外国投资保护机制的强度、熟悉性行为偏见、相对于地理邻近的信息优势）来说，对跨国投资的影响微不足道，即采用IFRS并不可能影响本土偏见。

周芳（2015）认为，我国会计准则变革后QFII投资显著增加，而且通过分组检验验证了会计准则变革后由于可比性提高降低了外国投资者的信息处理成本从而促进了QFII投资增加的作用机理。罗进辉等（2015）研究得出结论，我国实施国际趋同的新会计准则（2006）显著吸引了更多的QFII投资于上市公司的股票。孙雪娇（2011）从准则趋同的经济后果视角考察了我国企业会计准则（2006）的实施是否吸引了境外投资者投资，研究发现准则趋同提高了境外投资者在中国资本市场的投资。通过以上研究得出，我国会计准则趋同后促进了QFII投资。然而DeFond等（2015）则认为，我国在2007年会计准则变革之后外国机构投资者的投资并没有增加。

（3）对现有文献综述的评价

从研究对象来看，国外会计领域的绝大部分研究是会计准则趋同对跨国投资的影响，既包括对国际直接投资的影响，也包括对国际间接投资的影响；既有研究跨国对外投资的资本流出，也涉及吸引国外投资的资本流入。但是由于国际间接投资决策更加依赖于会计信息，所以研究会计准则变革对国际证券投资的影响文献更多，尤其是会计准则趋同对国际股权投资行为的影响，会计准则趋同对国际债券投资的影响研究相对较少。

从研究方法来看，一部分已有文献研究会计准则变革对跨国投资的影响主要以投资规模为主，研究的侧重点有FDI、FPI、外国权益投资总量、外国债务投资总量等（Amiram，2012；Beneish等，2015；Laura，2011；Chen等，2014）。虽然研究的都是宏观投资总量，但是角度不同，样本不同，所使用的数据库也不同。另一部分已有文献研究会计准则变革对跨国投资的影响是以微观企业的跨国投资行为的汇总为主的，研究的侧重点有本土企业中外国机构投资者数量的变化和所持股份的变化（DeFond等，2011；Florou等，2012）。大部分研究是对会计准则变革后多个国家的外国投资行为的横向比较，也有某一国会计准则变革对所在国企业吸引外国投资的纵向分析。

从研究结论来看，尽管大部分研究认为会计准则变革（趋同）会促进跨国投资，尤其是跨国权益投资行为的增加，但是不同研究者认为，会计准则变革促进跨国投资增加的机理却不同。大部分研究也同时认为，会计准则变革影响国际投资的效果除了受到会计准则的影响以外，在很大程度上受到其他因素的显著影响，如本土会计准则与IFRS的差异程度、一国强制执行IFRS的制度执行环境等。

国内对会计准则变革对跨国投资的研究尚处于起步阶段。由于研究数据可获取性较差，所以研究角度比较单一，主要研究以我国吸引国际间接投资——QFII为研究对象，研究结论也不统一。

4.2.2 会计准则变革对资本市场效率的影响

从宏观经济后果的角度分析，作为一种宏观制度变革的会计准则趋同对资本市场产生影响主要是对资本市场效率的影响。如何衡量资本市场效率，主要从资本成本、流动性以及其他信息环境方面来进行。会计准则变革后对资本市场效率的影响主要体现为会计准则变革后对资本成本和市场流动性的影响。

（1）对资本市场效率影响的预期效应

在资本市场上国际会计准则趋同带来了较好的直接经济后果，包括降低权益资本成本和提高股票市场流动性。Hail和Leuz（2007）提出资本市场效应的四个替代变量：权益资本成本、买卖价差、交易价格、零回报天数的频率，其中后三个也代表了资本市场流动性。本篇研究欧盟2001—2005年自愿或强制采用IFRS报告阶段，尤其在EFRAG发布之后（2002年）资本成本下降和流动性上升。资本成本下降的结果不明显也不稳健，有可能是因为市场预期效应早于强制性财务报告；而流动性升高的效果明显，尤其是交易价格和零回报天数的频率这两个指标，而买卖价差不显著。自愿采用IFRS随着时间推移经济后果减弱；而强制采用IFRS随着时间推移效果更强。作用机理：IFRS的采用提高了透明的披露，导致更低的信息不对称，从而提高投资者交易的愿望和愿意支付的价格；透明的披露降低了估计风险（非可分散的风险）和提高了风险分担，从而降低了资本成本。

然而，会计准则变革对资本市场效率的积极影响都离不开微观和宏观制度执行环境的重要作用。Li（2010）和Daske等（2008）发现，IFRS的强制执行显著降低了权益资本成本。但是这些结果需要如下条件：公司愿意使用IFRS，法律的执行力较强，公司有激励机制提高自己的透明度，公司的管理制度依赖于高质量的财务报告等。相对于IFRS的实施，更倾向于资本市场效率的提高是公司自身努力提高执行力和治理机制的结果。同时强调国家层面制度的重要性以及与权益资本成本的关系，尤其是在以权益融资为主或者拥有高质量本国GAAP的国家，IFRS对权益资本成本的影响效应更大。

同样地，资本市场流动性提高并不一定都归因于会计准则的变革。Christensen等（2013）研究认为，IFRS对流动性增加的影响只局限在欧盟中制度执行环境发生变化的五个国家，制度执行发生变化但是并没有采用IFRS的国家也有相似的流动性效应。但是采用了IFRS而制度执行环境没有发生变化的国家并没有相应的流动性效应，说明在制度执行环境上的变化比准则的采用对流动性的影响更大。

（2）对资本市场效率影响的非预期效应

除了上述预期效应以外，在资本市场上国际会计准则趋同所产生的较好的非预期效应包括提高了股价的同步性（Beuselinck 等，2009）以及分析师预测准确性和一致性（Byard 等，2011）等资本市场信息环境方面的；也包括对资本市场整合度以及市场联动性（Cai 等，2010）、预计网络收益（Ramanna 和 Sletten，2014）、IPO 发行（Hong 等，2014）和注册会计师审计（Kim 等，2012）的影响。

Byard 等（2011）分析了强制采用IFRS对财务分析师信息环境的影响。相对于控制样本公司，分析师绝对预测误差和预测离差下降了。但是上述结论只发生在既有健全的制度执行环境，又有较大会计差距的国家公司中，在既有不健全的制度执行环境又拥有与IFRS有显著差异的本土会计准则的国家的公司，对于有更强的动机去披露透明的财务报告的公司分析师预测误差和预测离差下降更多。本部分强调了制度执行环境和报告动机对于决定强制采用IFRS的影响效应是重要角色。而且报告动机对制度执行环境有替代作用。Ramanna 和 Sletten（2014）认为，预计网络收益可以部分解释一国从本土会计准则转向IFRS。而且小国家尤其对这个收益有更高的反应。欧盟之间的经济联系是一个特别重要的网络效应的来源，这解释了采用IFRS的原因并非经济后果。Cai 等（2010）认为，IFRS采用后全球资本市场整合度（由股票市场指数收益相关矩阵计量的）提高了。Hong 等（2014）研究发现，强制采用IFRS之后IPO定价有下降趋势，从国外市场获得的相对收益提高了。会计准则差距大或者制度执行环境更好的国家结论更明显。而且这种效应在全球IPO中比在国内IPO中更明显。说明IFRS对资本市场的全球化有所贡献。Wang 和 Welker（2011）检验了欧洲和澳大利亚上市公司在IFRS转换期间导致的财务业绩报告上的变化和权益发行之间的关系。研究发现盈余调整与市场回报之间是相关的，并且在IFRS协调披露之前的三年内公司权益发行的可能性和发行规模与利润调整的未预测变化呈负相关关系。Kim 等（2012）研究发现，欧盟强制采用IFRS之后审计费用上升了，虽然IFRS会提高财务报告质量从而降低审计费用，但是IFRS带来的审计复杂性的提高导致了审计费用的上升占有更重要的影响。在拥有更强法律的国家审计费用更低。Lang 等（2010）检验了强制采用IFRS对跨国财务报表可比性的变化以及这些变化对公司信息环境的影响，信息环境由分析师特征和买卖价差来捕捉。IFRS提高了跨国盈余的联动性，但是并没有提高会计可比性。可比性与信息环境的有利特征呈正相关关系；而跨国盈余的联动性与信息环境的有利特征呈负相关关系。采用IFRS的国家经历了盈余联动的提高对公司信息环境的负面影响，削弱了财务报告使用者从跨国公司比较中提取信息的能力。

周中胜、陈汉文（2008）以1999年至2004年深沪两市的上市公司作为研究样本，构建了我国证券市场资源配置效率模型，通过研究不同行业上市公司在证券市场上新筹集的资金（包括配股和增发）是否流向效益高的行业，直接考察资本市场的资源配置效率。研究发现，在控制了股票市场的流动性和规模后，会计信息披露透明度越高的行业，证券市场资源配置效率越好。研究还发现，会计信息透明度与产权、产品市场竞争等其他公司治理变量对资源配置效率的影响具有互补效应。

（3）对现有文献综述的评价

降低资本市场的资本成本和提高资本市场流动性通常是会计准则变革，尤其是国外会计准则趋同的预期目标，而且绝大部分研究都围绕这个主题，得出的结论基本也是一致的，都肯定了会计准则变革给资本市场带来的积极影响。除了会计准则变革对资本市场效率影响的预期效应以外，最近几年更倾向于从资本市场信息环境、整体市场的整合度和联动性、IPO发行、审计等方面探讨会计准则变革对资本市场整体效率影响的非预期效应研究，并且取得了较为积极的研究结论。另外，债务融资既有通过资本市场发行债券融资的也有通过银行贷款融资的，我国与国外在债务融资渠道方面有很大差异，我国公司更侧重于通过银行贷款融资，而国外发行公司债更多一些。祝继高等（2011）、原红旗等（2013）、燕玲（2013）的研究大多关注我国会计准则变革对会计信息、银行信贷决策有用性的影响。

4.2.3　会计准则变革对行业投资的影响

会计准则变革对行业影响的文献绝大部分都集中在银行业，包括对银行会计信息质量的影响以及公允价值的采用对金融机构盈余波动性的影响是否会引发金融危机等的研究。

Leventis等（2011）研究发现，欧盟对IFRS的执行看起来已经有通过削弱上市商业银行高管利用LLPs（贷款损失准备）进行盈余管理的倾向，提高了盈余质量。Gebhardt和Zoltan（2011）则认为，在欧盟，IAS39对LLPs确认和计量的规定降低了部分国家银行的收益平滑，同时在损失确认的及时性方面也下降了。

Bischof（2009）认为，IFRS7在2007年开始生效，欧洲银行披露监管已经发生了实质性改变——从市场风险暴露转变为信用风险暴露。该研究利用28个欧洲国家的171家银行作为样本，研究发现财务报表和风险报告中披露质量已经从总体上提高了，但是经济后果在不同国家的差异很大，主要是由于制度执行环境和国家银行监管对IFRS 7的解释不同。披露质量的提高不仅是IFRS 7的内容的影响，而且也包括了准则执行的制度环境的影响。Bischof（2011）研究检验了在市场下滑期间，在公允价值分类以外的对财务资产重分类（IFRS 7）是否与监管收益和信息成本有关。我们发现监管资本限制的严厉性和对未实现公允价值变化缺乏审慎地过滤与银行的重分类选择呈正相关关系。银行的买卖价差和那些银行的再分类选择之间的正向关系变化了。

美国SEC和Office of the Chief Accountant联合发布报告（2009），称公允价值会计（mark-to-market）的应用并没有引起，也没有对美国财务机构失败有显著贡献，也就是说公允价值既不是金融危机的原因，也不是显著影响因素。撤销（废除）或者暂缓（推迟）公允价值会计使用的意图都并不是站在使投资者利益最大化的角度，可能实际上进一步会使市场不稳定，因为对于资产价值会产生更大的不确定性。然而报告也提出了一些改进建议，包括建议提高公允价值指南的应用。Fiechter（2011）以41个国家的222家银行（2006—2007年）作为样本，检验在IAS 39下公允价值选择权（FVO）是否影响盈余波动。结果表明，FVO的采用会降低会计错配，从而降低银行盈余的波动性，进而提高其市场价值。而且FVO比对冲会计更有效地降低盈余波动。但是未能控制盈余平滑对盈余波动代理变量可能的影响。因为金融工具不同的计量模式——有的计入收益、有的要摊入成本，对冲的位置不同会产生会计错配。

会计准则变革尤其是各个具体会计准则的变化对各个行业带来的影响是不同的，除了银行业之外，会计准则变革对其他行业影响的研究很少，未来可以进一步分析具体会计准则变革对某一个具体行业投资带来的影响。

4.3 会计准则变革对宏观投资的影响理论分析

本部分从会计准则变革对宏观投资影响的理论基础出发，提出会计准则变革对宏观投资影响的三个基本路径。

4.3.1 会计准则变革影响宏观投资的理论基础

首先，会计准则变革作为一种制度变革，带来的是企业会计准则实现了与国际会计准则的全面趋同，直接提高了我国企业会计准则与其他大部分国家的企业会计准则的可比性。其次，会计准则变革在整体观念上发生了较大变化（整体观念变革），由原来的“受托责任观”向“决策有用观”转变、由“利润表观”向“资产负债表观”转变、由“历史成本观”向“公允价值观”转变。最后，这种整体观念的变革势必带来具体会计准则中一些会计确认与计量上的改变（具体会计准则变革）。

对应会计准则变革所带来的制度变革、整体观念变革和具体会计准则变革，本部分认为可以分别从新制度经济学的交易成本理论、行为经济学的前景理论、会计准则经济后果理论来解释三种变革对宏观经济效果的影响。

（1）交易成本理论

从新制度经济学分析，制度的主要功能就是降低市场的交易成本，也正是因为市场存在正的交易成本，所以才需要制度。会计准则作为一种制度，其主要作用就是降低交易成本，尤其是交易成本中的信息成本。会计准则变革带来的制度变革和整体观念变革可以减少信息不对称产生的交易成本，从而提高要素的流动性，进而提高资源的配置效率。

（2）前景理论

依据行为经济学中的前景理论产生的“框定偏差原理”，投资者在进行投资决策时会依赖问题的形式而非问题的实质，这就是“框定依赖”，它是人的有限理性的体现。框定依赖导致的认知与判断的偏差成为框定偏差。而框定偏差会产生“熟悉性偏好”（陆建清，2012）。会计准则变革带来的制度变革提高了国外投资者对一国投资环境的熟悉程度，从而减少国外投资者由于框定偏差而产生的“熟悉性偏好”，从而促进国际资本的流动。

（3）经济后果理论

从会计准则经济后果理论的角度分析，具体会计准则变革通过对具体会计确认、计量和披露等方面的变化从而对微观企业投资行为产生影响，进而对行业（或产业）投资产生影响。行业投资虽然属于中观投资范畴，但仍属于宏观投资效果的组成部分。例如，会计准则变革后对无形资产的开发支出可以予以资本化势必会产生对经济主体从事技术创新的激励，从而有利于技术进步。

4.3.2　会计准则变革影响宏观投资的基本路径

结合对宏观投资效果界定及对其影响因素的分析以及会计准则变革对宏观投资效果影响的理论分析发现，虽然宏观投资效果范畴很大，但是会计准则变革作为众多影响因素中的一个，其影响宏观投资效果的路径还是有限的。所以本部分构架了会计准则变革对宏观投资效果影响的三条基本路径——跨国投资路径、资本市场路径和行业投资路径。考虑到最近一次我国会计准则变革主要针对的是资本市场的上市公司，其他非上市公司鼓励参照执行，所以会计准则变革对区域层面投资影响并不明显，如图4-4所示。

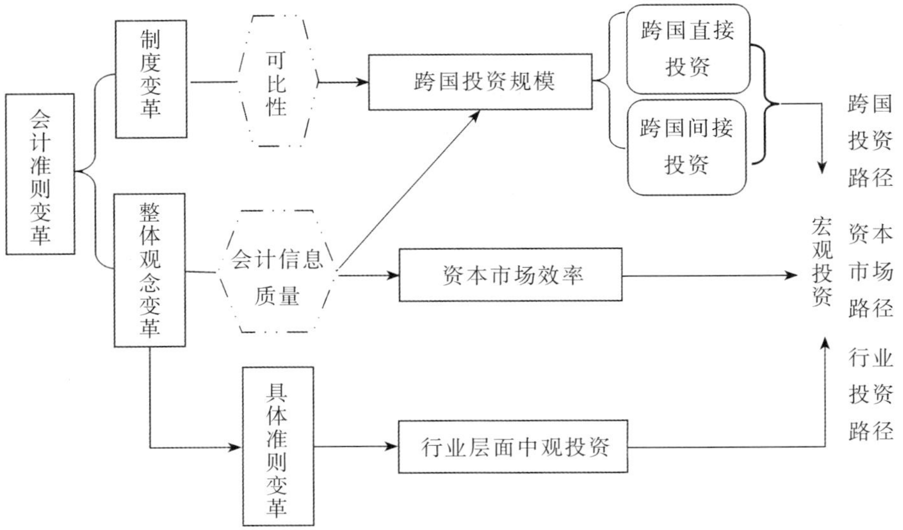

图4-4 会计准则变革对宏观投资效果影响的基本路径图

（1）跨国投资路径

一国会计准则变革通过对跨国主体投资行为的影响从而引起宏观投资规模的变化，这已经超出了会计准则制定的预期目标，属于会计准则变革的非预期效应中的“超出效应”。跨国投资路径主要分析会计准则变革所带来的制度变革和整体观念变革对跨国投资产生何种影响及其影响机理。跨国投资既是构成宏观投资规模的重要组成部分，同时也是影响宏观投资效率的因素之一。跨国投资既包括跨国直接投资也包括跨国间接投资。跨国投资路径又可分为制度变革和整体观念变革两条具体路径：其一，会计准则趋同作为一种国际发展趋势，其目的之一就是提高不同国家会计准则的可比性，为促进国际资本流动扫清制度上的障碍。所以制度变革路径侧重分析可比性提高对跨国投资产生的影响。其二，整体观念变革路径侧重于分析会计准则变革会通过会计整体观念变革对微观企业会计信息质量产生影响，从而对一个国家吸引国外投资或者对外投资规模产生影响。

（2）资本市场路径

资本市场路径主要分析会计准则变革所带来的制度变革和整体观念变革对资本市场效率产生何种影响及其影响机理。不同于微观企业投资效率，资本市场效率属于影响宏观投资效果的市场层面因素。该路径是从整体观念变革的角度分析微观企业会计信息质量变化对资本市场效率的影响。资本市场是金融资源实现优化配置的市场，按照资本市场效率的构成，可以从资本市场的交易效率、定价效率和资源配置效率三个方面进行分析。如前所述，会计准则变革对资本市场的非预期影响就是会计信息证券投资估值有用性之外的资本市场影响。所以，会计准则变革对资本市场交易效率和定价效率的影响属于预期效应，而对资源配置效率的影响属于非预期效应中的“后续间接效应”。由于会计准则的经济后果不仅取决于会计准则本身，还取决于实施会计准则的制度环境，如果制度环境比较薄弱，也有可能导致会计准则变革达不到预期效应而产生“未实现的预期效应”。

（3）行业投资路径

行业投资路径主要分析会计准则变革所带来的具体会计准则变革对不同行业投资产生何种影响及其影响机理。行业投资是中观投资，属于广义宏观投资范畴。该路径侧重从行业角度考察具体会计准则变革对不同行业内微观企业整体投资行为的影响。会计准则变革引起的会计整体观念上的变化势必会对很多具体会计准则中会计确认和计量的政策和方法产生很大影响。由于企业会计准则不是按照不同行业分别制定的，不同的行业会根据自身行业特点选择适用于本行业的具体会计准则，所以具体会计准则的变化将会对不同行业投资行为产生差异化的影响。如前所述，超出会计准则目标范围的效果及反应为会计准则变革的超出效应。超出效应体现了从微观向宏观延伸的特征，主要包括除了证券投资之外的“投资效应”、“宏观经济效应”和“其他社会效应”。所以，会计准则变革对行业投资的影响属于会计准则变革的非预期效应中的“超出效应”。

以上三条路径体现了宏观投资的不同方面：第一条跨国投资路径更侧重于从国内外投资主体即宏观投资主体角度研究会计准则变革对跨国投资规模的影响；第二条资本市场路径是将资本市场本身作为研究对象从宏观投资方式的角度来研究会计准则变革对资本市场效率的影响；第三条行业投资路径更侧重于从投资对象角度研究不同具体会计准则对行业层面的微观企业整体投资行为的影响。

4.3.3 会计准则变革影响宏观投资的机理分析

（1）会计准则变革对跨国投资影响的机理分析

跨国投资从投资行为的主体来看，既包含外国投资主体对我国的投资也包括我国投资主体对外国的投资；从投资行为的对象来看，包括跨国直接投资和跨国间接投资；从对投资效果的考察来看，跨国投资既包括对宏观跨国投资总量的分析，如FDI等，也包括对微观企业跨国投资的汇总分析。会计准则变革对跨国投资影响的机理可以概括为：一国会计准则变革（全球趋同）会通过会计信息质量（相关性和可靠性）以及可比性的提高降低外国投资者的信息成本，以及提高外国投资者对海外被投资国的企业的熟悉程度，从而吸引国外投资，尤其是股票投资的增加。

根据新制度经济学中的交易成本理论，Beneish和Yohn（2008）提出采用

IFRS之后影响跨国投资者的三种信息成本——信息处理成本、信息摩擦成本和信息劣势成本。首先，信息处理成本指的是在投资决策中投资者熟悉和解释外国公司财务报告以及比较不同公司财务报告的成本。信息处理成本越低，越会促进跨国投资。会计准则变革后可比性的提高可以降低信息处理成本，从而促进跨国间接投资。其次，投资者对外国公司财务报告质量的不确定性会产生信息摩擦成本。外国投资者对未来现金流分布的不确定性意味着外国投资者对投资回报具有更大的不确定性，会产生信息劣势成本。信息摩擦成本和信息劣势成本加大了外国投资者的投资成本和投资风险，所以阻碍了外国投资的增加。

根据图4-5，会计准则变革对跨国投资影响可以从以下两个具体路径分析其影响机理。其一，制度变革路径。会计准则变革后，由于会计准则趋同导致可比性提高，从而降低外国投资者的信息处理成本或者提高外国投资者对被投资国投资环境的熟悉程度，即降低熟悉性偏见，从而增加外国投资。无论是信息处理成本的降低还是熟悉程度的提高，都源于会计准则趋同后可比性的提高。其二，整体观念变革路径。会计准则变革后，通过提高财务报告的相关性，降低外国投资者相对于本国投资者的信息劣势，外国投资增加。会计准则变革后通过提高财务报告的可靠性，降低财务报告质量的不确定性，从而降低信息摩擦成本，从而促进外国投资的增加。

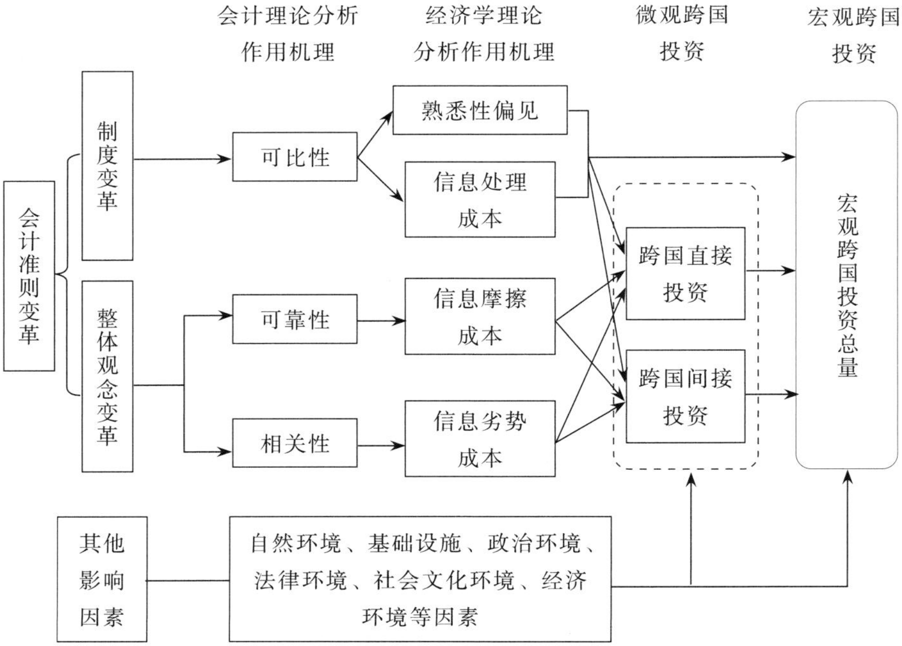

图4-5　会计准则变革对跨国投资影响的路径与机理图

①制度变革路径下的机理分析。

第一，会计准则变革促进会计准则可比性的提高。可比性既包括会计标准的可比，又包括会计数据的可比。前者侧重于过程可比，后者侧重于结果可比。前者是后者的前提。会计准则变革（或趋同）着力解决的是过程可比。Yu和Wahid（2014）探索了实施IFRS所带来的会计距离的缩小如何影响投资者的跨国投资决策，研究发现因为可比性的提高，不管是投资者还是被投资者采用IFRS，证券投资都会增加。Yip和Young（2012）分析公司所在国的制度环境影响IFRS实施对信息可比性的效应，对于具有相似的制度环境的公司实施IFRS更可能提高可比性。

第二，会计准则可比性的提高减少了跨国投资的“本土偏好”。很多研究跨国投资的文献集中发现，外国投资行为具有“本土偏好”的特点。“本土偏好”即投资者更倾向于在本土投资而不进行跨国投资，这种投资行为并不符合最优投资组合原理。用于“本土偏好”的解释有两个：

一是因为外国投资者相对于本土投资者具有信息劣势。采用不同会计准则产生的用于解释外国公司财务报告成本的升高阻碍了外国投资（Gehrig，1993）。而会计准则趋同会降低外国投资者的信息处理成本（Chen等，2015），从而促进了跨国投资的增加。

二是因为熟悉性偏见。从过度自信理论可以解释熟悉性偏见（Huberman，2001）。熟悉性偏见正是一种过度自信的表现。当人们感觉对一个领域比较熟悉和了解时，他们就会更倾向于进入（或投资）这个领域。反之，人们会避开这个领域。从投资者行为的角度分析“本土偏好”现象，即对投资环境是否熟悉会影响跨国投资行为，如果熟悉就增大投资；如果不熟悉就减少投资。French和Poterba（1991）暗示熟悉性偏见塑造了外国投资决策。使用熟悉的会计准则可以促使外国投资者对他们评估外国市场能力方面更有自信。所以会计准则的趋同引起外国投资者感觉对被投资国的投资环境（或市场）更为熟悉，从而促进外国投资行为的增加。当然，除了会计准则趋同可以提高外国投资者的熟悉程度以外，外国投资者所在国与被投资国在语言文化上的相似性、地理位置上的毗邻都可以增加外国投资者对被投资公司的熟悉度。所以会计准则趋同的制度性因素和语言文化、地理位置等自然性因素具有互补性。

现在还不清楚“本土偏好”究竟是受两个因素中的哪一个影响，还是两个因素同时影响。

②整体观念变革路径下的机理分析。

此外，有众多证据表明，IFRS是一套高质量的会计准则（Leuz等，2003），所以采用IFRS可以提高大部分国家的财务报告质量（Ashbaugh和Pincus，2001）。衡量财务报告质量主要包括两个基本特征：相关性和可靠性。会计准则变革后由于整体观念变革更强调会计信息相关性的提高，其实质是提高会计信息的决策有用性，从而减少外国投资者的信息劣势成本来促进跨国投资。相关性的提高是以可靠性的提高为前提的，如果企业管理层为了操纵会计报表进行盈余管理和舞弊行为，那么意味着会计信息质量的降低，这样势必会增加信息摩擦成本，阻碍外国投资。但是一国采用IFRS能够带来财务报告质量的提高，不仅受到会计准则的影响，还要受到会计准则执行环境的影响，例如管理层的报告动机以及各国投资者保护制度和法律执行环境、腐败等制度基础因素。所以各国采用IFRS后财务报告质量提高程度有所差异（Ball等，2003；Bushman和Piotroski，2006）。

综上分析，会计准则变革既有可能因为可比性的提高，也可能由于相关性或可靠性的改善促进跨国资本的流动，但是究竟是怎样的影响路径及其作用机理在发挥作用则有待于实施进一步实证检验来研究。

（2）会计准则变革对资本市场效率影响的机理分析

如前所述，会计准则变革对资本市场效率的影响是会计准则变革对宏观投资影响的主要路径之一。为了更好地分析该路径下的影响机理，首先从资本市场效率的界定入手。

①资本市场效率的界定。

资本市场效率一般是指资本市场实现金融资源优化配置功能的程度。资本市场效率可以从三个方面衡量：交易效率、定价效率和资源配置效率（王亚玲等，2005）。交易效率也叫做运营效率、内部效率，属于资本市场的微观效率。资本市场能够在越短的时间或以越低的交易费用为资本交易者完成交易，运营效率越高。定价效率也叫做信息效率、外部效率。根据法玛教授提出的有效市场假说——有价值的信息能够及时、无偏地反映到证券价格中，那么市场就是有效的，即资本市场具有定价效率。交易效率是资本市场效率的基础，而定价效率是核心和关键（谢朝华等，2009）。在有效的证券市场里，价格发现功能等同于资源配置功能。但是有效市场假说具有严格的假设条件①，现实中资本市场很难达到完全有效。所以此时资本市场资源配置功能并不能等同于价格发现功能，定价效率是资源配置效率的基础与条件。所以从有效市场假说得来的定价有效并不能简单地等同于资本市场资源配置是有效的。资源配置效率属于资本市场的宏观效率。高效率的资本市场，应是将社会即时有限的金融资源配置给效益最好的企业、行业及区域，创造最大产出，实现社会福利最大化的市场。

②会计准则变革对资本市场效率的影响机理。

会计准则变革对资本市场效率的影响机理主要包括三个方面：会计准则变革

① 如市场是无摩擦、完备的资本市场；资本可以无限细分；协方差矩阵正定；投资者完全理性等。

对交易效率的影响机理、会计准则变革对定价效率的影响机理和会计准则变革对资源配置效率的影响机理（如图4-6所示）。

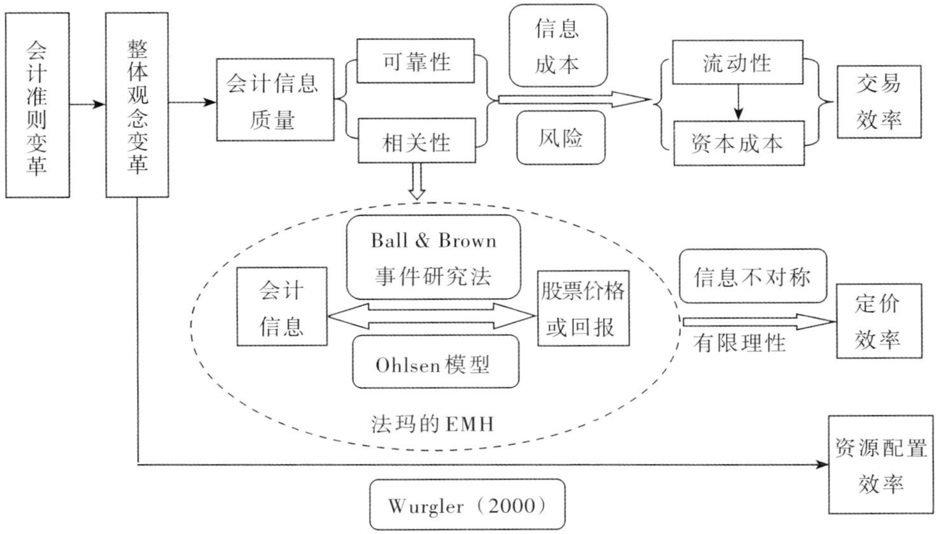

图4-6　会计准则变革对资本市场效率影响的路径与机理图

第一，会计准则变革对交易效率的影响机理。

资本市场交易效率主要通过资本市场资本成本或流动性两个方面衡量，同时流动性也是资本成本的影响因素之一（叶康涛等，2004）。其影响机理可以从两方面解释：会计准则变革带来的整体观念变革对会计信息质量产生影响，信息披露质量提高又会降低信息不对称，从而降低证券买方和卖方交易成本，提高证券买方的投资需求，促进证券的流动性，从而降低资本成本，最终提高资本市场的交易效率。另一方面，变革带来的会计信息质量的提高可以降低证券回报分布估计的不确定性，即投资者估计的风险，从而降低投资回报率的预期，使资本成本降低。这方面的研究成果比较多，大部分研究认为会计准则趋同后促进了资本市场的流动性，降低了资本成本（高芳等，2012；汪祥耀等，2011；Li，2010；Daske等，2008），体现了会计准则变革的"预期效应"。但是也有研究认为会计准则变革并没有提高权益资本成本（李祎等，2016；赵耀等，2014；罗劲博，2014），说明非预期效应中的"未实现的预期效应"也是存在的，主要原因有两个：其一，相对于会计准则变革，交易效率的提高更倾向于是公司自身努力提高对会计准则的执行力或企业内外部治理机制存在差异的结果。其二，影响机理的会计信息质量很难准确和统一衡量。会计信息质量的衡量存在多个特征，比如相关性、可靠性、透明性、稳健性、可比性等，每个特征的计量还存在多样性和间接性。所以有一部分研究直接分析会计准则变革对资本成本或流动性的影响，直接假定会计信息质量提高了。

第二，会计准则变革对定价效率的影响机理。

根据法玛的有效市场理论（EMH），按价格反映的不同信息来划分不同的有效市场类型，将资本市场分为弱式有效、半强式有效和强式有效三种。之后，针对三个层次市场效率进行分类检验：弱式有效检验扩展到各种收益变量的可预测性检验；半强式有效检验以事件研究法为工具；强式有效检验称为私有信息检验（刘维奇等，2010）。Ball和Brown（1968）运用事件研究的方法开创了会计信息和股票价格之间关系的研究，证明会计信息具备信息含量。随后，Ohlsen（1995）架构起会计信息与公司价值之间确定性的数量关系，进一步解释了会计信息在资本市场是如何影响股票价格的。研究会计信息与股票价格具备相关性，这也正是会计价值相关性研究的内容，同时也证明了资本市场是具有定价效率的。

会计信息具备信息含量的机理主要是因为可以减少信息不对称，提高信息的完全性。无论是EMH理论，还是在此基础上建立的资本资产定价模型（CAPM）、金融衍生工具理论以及企业资本构成理论（MM理论）都是建立在严格假设基础上提出来的，现实中不可能满足这些基本假设条件，尤其是不能满足信息完全性和投资者完全理性这两个主要假设。会计准则变革主要是通过改善会计信息质量，从而减少信息不对称，提高定价效率的。但是即使提高了会计信息质量，减少了信息不对称，也未必会提高定价效率，因为还要受到信息使用者如何理解和使用会计信息的影响，这正是行为经济学重点研究的内容。投资者的有限理性会干扰会计准则变革对提高资本市场定价效率所发挥的积极影响。所以，会计准则变革对资本市场定价效率的影响属于直接效应的研究范畴，但是由于受到“人的有限理性”的制约，仍会出现非预期效应中“未实现的预期效应”结果。

第三，会计准则变革对资源配置效率的影响机理。

除了交易效率和定价效率，直接研究资本市场资源配置效率这方面的文献较少。会计准则变革对资本市场的影响既包括预期效应，也包括非预期效应中的“未实现的预期效应”和“后续间接效应”。与会计准则变革对投资者个人行为的影响、对分析师行为的影响以及对审计师行为的影响研究等微观主体行为不同，会计准则变革对资本市场资源配置效率的影响属于宏观层面的研究范畴，属于会计准则变革非预期效应中的“后续间接效应”。如何衡量资本市场资源配置效率，可以参照Wurgler（2001）的做法，直接考察会计准则变革对资本市场资源配置效率的影响，即研究不同行业上市公司在证券市场上新筹集的资金是否流向效益高的行业。会计准则变革对我国资本市场资源配置效率是否产生影响以及影响机理值得进一步研究。

（3）会计准则变革对行业投资影响的机理分析

会计经济后果中著名的“政治成本假说”就是瓦茨和齐默尔曼通过检验美国

会计准则变革对石油和天然气行业的影响而提出的。虽然我国会计准则变革后取消了行业会计制度，但实际上是把一些只适用于特殊行业的具体准则都包含在整套会计准则中了。所以，某些具体准则可能会对某些行业产生特殊影响，如银行、保险等金融行业，租赁行业，房地产行业，资源开采行业，高新技术行业，医药行业等。这部分研究并不是研究微观企业的个体投资行为，而是想通过微观企业的投资行为汇总到行业层面，乃至产业的中观层面，以行业研究为主线，分析会计准则变革后，尤其是具体会计准则的变革对我国各行业在固定资产、无形资产和金融资产投资等方面的影响，这方面的研究还很欠缺。

具有特定特征的公司（如某一行业）会对与其有密切关系的会计准则变动发生显著的市场反应（杜兴强等，2009）。那么会计准则变革是否会通过对企业投资行为的引导从而实现国家宏观层面行业（产业）结构的优化升级是一个值得检验的问题。这方面的研究属于会计准则变革非预期效应中的“超出效应”。具体分为三个路径：行业固定资产投资、行业无形资产投资和行业金融资产投资（如图4-7所示）。

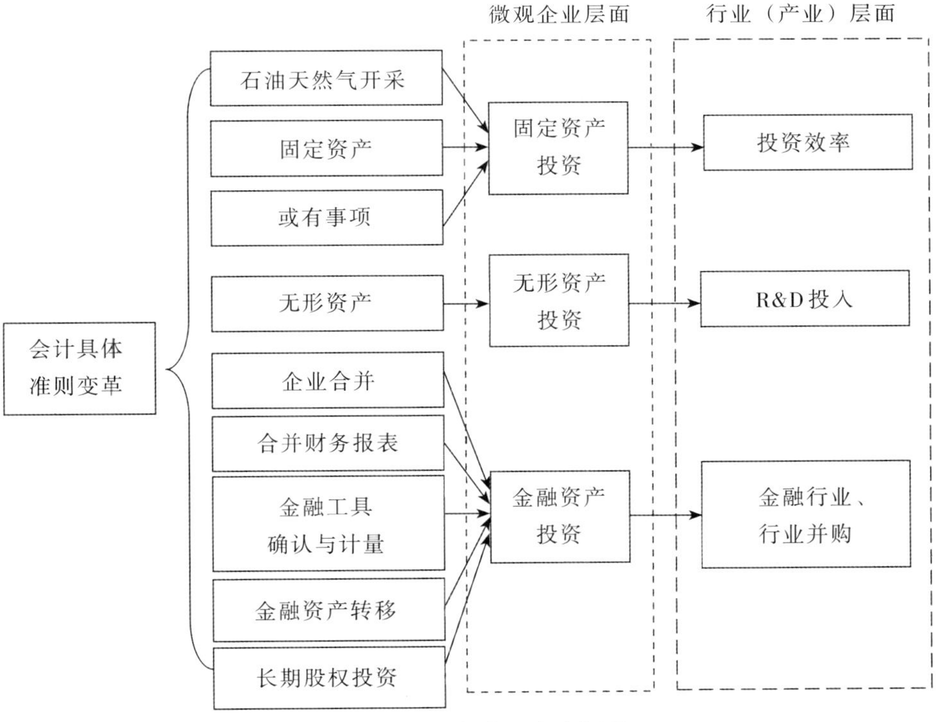

图4-7　行业投资研究路径图

①行业固定资产投资路径的机理分析。

由于我国受到扩张性宏观经济政策的影响，第二产业和第三产业固定资产投资规模都增长很快，第三产业比第二产业固定资产投资规模更大，而且两者的差距也越来越大。在经历了宏观投资规模快速增长之后，如何提高宏观投资效率才是宏观投资今后重点关注的问题。尤其是不能以牺牲我们生存的自然环境来换取短期的经济增长。对于一些对环境危害比较大的特殊行业，如油气、核电站、矿产开发、化工等行业，具体会计准则《企业会计准则第4号——固定资产》《企业会计准则第27号——石油天然气开采》《企业会计准则第13号——或有事项》等均设置了与弃置费用相关的规定，即对于满足预计负债确认条件且该日之前尚未计入资产成本的弃置费用，应当增加该项资产成本，并确认相应的负债。通过让这些行业的企业承担了原来由社会承担的环境污染的治理成本来引导企业不要盲目地追求固定资产投资规模的扩张，而是从可持续发展的目标出发，更加科学、合理地投资。另外，《企业会计准则第27号——石油天然气开采》中对油气勘探行业资产计价选择成果法，摒弃了完全成本法的规定，无疑会增加资源开采企业的费用，从而削减企业利润，进而会促使企业更谨慎地投资，促进投资效率的提高。

②无形资产投资路径的机理分析。

虽然外购无形资产是一种获取先进技术和权利的快速途径，但是企业通过自身研发（R&D）投入获取的创新能力的提升才能从长远角度使企业获取竞争优势。《企业会计准则第6号——无形资产》修订后，允许将R&D投入中研究支出费用化，而开发支出资本化，一改以往研发支出全部费用化的会计处理。与无形资产有关的具体会计准则的变化对企业R&D投入有一定积极影响（王亮亮等，2012）。赵敏（2012）的研究结果表明，无形资产具有明显的行业特征。但是分行业研究会计准则对R&D投入的影响还很缺乏。所以针对技术密集型行业，如电子、信息技术、医药和生物制品、机器设备和仪表行业，研发投资较大的特点，会计准则变革是否会促进这些行业进行研发投入是值得检验的问题。

③金融资产投资路径的机理分析。

由于会计准则变革变化最大的地方就是公允价值的使用，很多具体会计准则都用公允价值对资产进行估值，而且新增和修改了很多与金融资产有关的多项具体会计准则，如《企业会计准则第2号——长期股权投资》《企业会计准则第22号——金融工具确认与计量》《企业会计准则第23号——金融资产转移》等。这些具体会计准则的变化对金融行业产生较大影响，对于会计准则变革是否会通过公允价值在欧洲金融行业的运用而引发顺周期效应而导致金融危机还存在争议，那么在我国由于会计准则变革给银行业的金融资产投资带来什么变化值得进一步研究。

另外，《企业会计准则第20号——企业合并》对企业合并的会计处理方法规定：同一控制下的企业合并采用权益结合法，不可以再选用购买法；对于非同一控制下的企业合并采用购买法。陶伟（2010）认为，同一控制下采用权益结合法包含了企业非自愿性的政府主导下企业合并一律以权益结合法处理，使得大量政府主导下企业合并的会计处理有法可依；而且其具有的易操作且不锐减利润的优点可能减少企业合并的阻力，有利于政府的宏观产业调整。《企业会计准则第33号——合并财务报表》对合并范围重新定义，因合并范围的判断基础的变化将导致合并范围发生较大的变化，对合并财务报表和企业正在进行或将要进行的股权收购与转让决策可能产生多方面的影响。该准则的变化有利于减少报表性重组（通过企业合并、剥离不良资产等暂时避免各种危机）。虽然影响企业合并的因素很多，但是并没有文献分析会计准则变革后对不同企业合并的影响。所以根据上述具体会计准则的变革，采用案例分析会计准则变革后对不同企业合并的动机和会计处理方式的影响将具有重要意义。

4.4　会计准则变革对宏观投资的影响实证检验：以QFII投资为例

从2001开始，国际会计准则理事会（IASB）取代了国际会计准则委员会（IASC），在此基础上IASB修订国际会计准则（IAS）并发布了国际财务报告准则（IFRS）。自2001年以来，已有近140个国家要求或允许使用IFRS，所有其余主要经济体均已确定了在不远的将来采用IFRS或与之趋同的时间安排。会计准则国际趋同的目地之一就是通过在全球范围内采用一套高质量的会计准则促进跨国资本在国际的流动（McCreevy，2005）。国外学者经过研究发现，会计准则的国际趋同的确会促进外国投资的增加（Brüggemann等，2013）[①]，但是部分国外学者认为一国采用IFRS之后外国投资是否增加也会受到该国的宏观制度基础的影响（Beneish等，2012；DeFond等，2015）。

跨国投资既包括国际直接投资又包括国际间接投资，相对于国际直接投资，国际间接投资决策更依赖于会计信息（Amiram，2009）[②]。2002年，中国证监会和中国人民银行联合发布了《境外机构投资者境内证券投资管理暂行办法》，允许“合格的境外机构投资者”（以下简称QFII）投资于我国资本市场，标志着我国开始实施QFII制度，在资本项目还没有对外完全开放之前，这是我国资本市场吸引国外资本的一种过渡性安排，也是我国A股市场吸引外国间接投资的最主要形式[③]。在这个背景之下，为本部分检验我国会计准则趋同是否会吸引更多的

① 外国投资更侧重于国外投资者对国内投资（资本流入）。而跨国投资既包括资本流入也包括资本流出。

② 国际间接投资按照投资对象划分，又可分为权益性投资和债权性投资。

③ 根据国家外汇管理局公布的数据，截至2015年5月29日，我国已批准271家境外机构的QFII资格，累计审批QFII额度增至744.74亿美元，相较2003年的获批机构数量（12家）和累计额度（17亿美元）均有了大幅提升，QFII也成为中国A股市场中仅次于证券投资基金的第二大机构投资者。

外国间接投资，尤其是外国机构投资者的权益性投资提供了研究条件。

在国际会计准则趋同的大背景之下，我国在2007年开始在上市公司实施与国际趋同的企业会计准则，所以本部分主要研究我国这次会计准则变革对QFII投资的影响以及影响机理。本部分的主要贡献在于：第一，拓展了会计准则变革的非预期效应研究，从宏观角度检验了我国会计准则变革对国外投资主体投资行为的影响，对会计准则变革的经济后果研究具有一定的贡献。第二，由于我国与西方发达国家在宏观制度基础等方面存在较大差异，国外研究结论未必适合我国，而且国内这方面的研究成果还很少且结论尚不明确，所以本部分为会计准则国际趋同在新兴国家的实施情况提供了参考依据。第三，不同于以往研究，从会计信息质量的相关性和可靠性角度分析会计准则变革对跨国投资行为的影响机理，本部分从可比性这个新角度分析了会计准则变革对QFII投资的影响机理。

4.4.1 理论分析与研究假设

（1）会计准则变革对外国机构投资者的权益投资的影响

国外已经有很多学者研究会计准则趋同之后对外国权益投资，尤其是外国机构投资者的权益投资的影响。Covrig等（2007）研究发现，自愿采用国际会计准则（IAS）的公司比采用当地会计准则的公司国外投资基金的投资比例有所增加。DeFond等（2011）认为，在采用IFRS的国家，公司的外国共同基金所有权有所增加。Florou等（2012）认为，采用IFRS之后外国机构投资者数量和持有的权益投资都会增加，增加主要集中在注重价值和增长的主动性机构投资者。Amiram（2012）认为在采用IFRS的被投资国家中，外国权益组合投资（FPI）会增加。Hamberg等（2013）认为，在强制采用IFRS之后瑞典国内公司的外国机构投资者的数量和所持股份都有所增加，尤其来源于已采用IFRS的投资国。

以上研究基本上一致地认为采用IFRS之后会促进外国机构投资者权益投资的增加。但是这些研究都是基于国外的制度背景的。由于我国正处于经济转型时期，制度基础建设与国外有很大差距，而且会计准则趋同的宏观经济后果又受到一个国家制度背景的较大影响，所以非常有必要研究我国会计准则国际趋同后是否会吸引更多的外国机构投资。孙雪娇（2011）从准则趋同的经济后果视角考察了我国企业会计准则（2006）的实施是否吸引了境外投资者投资，研究结果表明，准则趋同提高了境外投资者在中国资本市场的投资。罗进辉等（2015）研究得出结论，我国实施国际趋同的新会计准则（2006）显著吸引了更多的QFII投资于上市公司的股票。以上研究得出我国会计准则趋同后促进了QFII投资。然而，DeFond等（2015）则认为，我国在2007年会计准则变革之后外国机构投资者的投资并没有增加。对于我国会计准则趋同后是否会吸引更多QFII投资，结论尚不明确。综合而言，提出假设一：

H4-1：我国会计准则变革后与会计准则变革前相比，QFII投资会增加。

（2）会计准则变革、可比性与外国机构投资者的权益性投资

IFRS概念框架中指出，“可比性是一种对决策非常有用的财务信息质量，它使得财务报告使用者能够从两组经济现象中识别出相似与区别之处”。即可比性使得相似的交易看起来相似，使不相似的交易看起来不同。在中国的企业会计准则中，可比性是指企业的会计核算应当按照规定的会计处理方法进行，会计指标应当口径一致、相互可比，包括不同企业之间的会计信息具有横向的可比性，同一企业的不同时期的会计信息要具有纵向的可比性，只要是相同的交易或事项，应当采用相同的会计处理方法。Beneish等（2008）认为使用不同会计准则的财务报告会阻碍跨国投资，因而采用IFRS的公司因可比性的提高使外国投资者的所有权有所增加。Yu（2014）探索了实施IFRS所带来的会计距离的缩小如何影响投资者的跨国投资决策，研究发现因为可比性的提高，不管是投资者还是被投资者采用了IFRS，证券投资都会增加。

很多研究跨国投资的文献集中发现外国投资行为具有“本土偏好”（home bias）的特点（Huberman，2001）。“本土偏好”即投资者更倾向于在本土投资而不进行跨国投资，这种投资行为并不符合最优投资组合原理。用于“本土偏好”的解释有两个：一是外国投资者相对于本土投资者具有信息劣势；二是行为金融学的“熟悉性偏见”[①]，从投资者行为的角度分析“本土偏好”现象，即对投资环境是否熟悉会影响跨国投资行为，如果熟悉就增大投资，如果不熟悉就减少投资。而会计准则的国际趋同作为一种制度建设，可以改善一个国家的投资环境，使本国的会计信息与其他国家更加可比，从而降低上述两种阻碍因素对跨国投资的影响。由此可见，可比性提高外国权益性投资主要通过以下两个机理实现的：

可比性的提高降低了国内外投资者的信息处理成本从而促进了外国权益投资的增加。从经济学角度分析，影响跨国投资的三种信息成本包括信息处理成本、信息摩擦成本和信息劣势成本（Beneish等，2008）。信息处理成本指的是在投资决策中投资者熟悉和解释外国公司财务报告以及比较不同公司财务报告的成本。可比性的提高会使信息处理成本降低，所以就会促进跨国投资。Chen等（2014）和DeFond等（2011）则是从会计准则趋同后降低了外国投资者信息处理成本的角度分析会计准则变革后促进了外国权益投资的增加，而信息处理成本的降低是源于财务报告和会计信息在会计准则趋同后更加可比。这种分析机理主要是从被投资对象的角度分析可比性，我国上市公司可以发行A股的同时发行B股或者

① “熟悉性偏见”从行为经济学角度解释跨国投资中“本土偏好”的现象，即本国投资者为什么更愿意进行本国投资而不愿意进行跨国投资，因为投资者对投资环境不了解的增加而不论信息内容的质量。（Merton，1987；Amiram，2009）

（和）H股，因为交叉上市的公司必须按照IFRS和国内企业会计准则同时编报两份财务报告，所以对于QFII来说，与非交叉上市的公司相比，交叉上市的公司在2007年之前会计信息的可比性要高，QFII更愿意投资于交叉上市的公司。但是在2007之后，由于我国强制采用与国际趋同的企业会计准则，非交叉上市公司的会计信息可比性提高了，所以非交叉上市公司比交叉上市公司会吸引更多的QFII投资。这说明会计准则变革后可比性的提高促进了QFII投资，而这种可比性的提高源于会计准则趋同后降低了外国投资者信息处理成本，提出以下假设：

H4-2：我国会计准则变革后与变革前相比，非交叉上市的上市公司会更加吸引QFII投资。

可比性的提高增加了外国投资者对被投资环境的熟悉程度从而增加了外国投资者的投资机会，促进了外国权益投资的增加。从行为理论上看，当人们感觉对一个领域比较熟悉和了解时，他们就会更倾向于进入（或投资）这个领域。反之，人们会避开这个领域。这就是"能力效应"（competence effect）。French等（1991）暗示"熟悉性偏见"（familiarity bias）塑造了外国投资决策。从行为学中的"能力效应"理论可以解释"熟悉性偏见"（Heath等，1991；Graham等，2009）。Amiram（2012）和Hamberg等（2013）认为，采用IFRS之后促进外国投资者增加投资源于外国投资者对被投资国公司更加熟悉，而熟悉程度的提高源于财务报告和会计信息更加可比。这种可比性主要是从投资主体的角度来分析的，如果QFII所在国是已经采用IFRS的国家，那么我国会计准则变革后，基于外国投资者对国内投资环境熟悉程度的增加，已采用IFRS国家的QFII投资会增加，所以提出以下假设：

H4-3：我国会计准则变革后，来源于已采用IFRS国家的QFII会增加投资。

4.4.2 研究设计

（1）样本的选取与数据来源

由于我国2002年开始实施QFII制度，国泰安数据库（CSMAR）中2003年才开始有QFII数据的统计资料；而在2014年我国开通了沪港通，所以对QFII投资影响较大，所以本部分选取2003—2013年作为分析区间。国泰安数据库（CSMAR）2003—2013年年末拥有QFII投资的上市公司共计1 700个[①]。另外，由于国泰安数据库（CSMAR）对于QFII投资的统计数据不够全面，所以本部分从新浪财经QFII重仓股数据（2003—2013年，同CSMAR一样，只统计流通股前十名股东）中又补充了235个公司年度样本，用于检验假设4-1和假设4-2的样本

① 由于国泰安数据库（CSMAR）中QFII投资只在流通股前十名股东中统计，所以有些上市公司虽然有QFII投资，但是QFII投资额过小，没有排在前十名流通股股东之内，这些公司不包含在样本中。

量合计1 935个（见表4-1）。

由于检验假设4-3需要知道有实际投资行为的QFII名字才能判断QFII来源国进而推断哪些QFII是来源于已采用IFRS的国家，哪些QFII来源国家没有采用IFRS。所以在1 935个样本量的基础上剔除没有查到具体QFII机构名字的上市公司的样本247个（即国泰安CSMAR股东数据库和新浪财经QFII重仓股数据都查不到QFII的机构名字），2003—2013年的样本量降到1 688个。由于假设4-3只分析在2007年及之后来源于已采用IFRS国家的QFII是否会增加投资，所以用于检验假设4-3的样本是从2007开始至2013年止的合计1 301个样本（见表4-1）。

表4-1　**样本量统计表**[①]

年　份	假设4-1和假设4-2的样本量	假设4-3的样本量
2003	43	—
2004	56	—
2005	152	—
2006	237	—
2007	193	158
2008	149	133
2009	246	216
2010	257	232
2011	167	151
2012	192	183
2013	243	228
合　计	1 935	1 301

（2）可比性（comparability）的度量

在检验假设4-3时解释变量是可比性（comparability），它是一个哑变量，我国从2007年以后采用国际趋同的会计准则，如果QFII来源国同样是采用IFRS的国家，那么可比性（comparability）记为1，否则为0。每家公司每年年末会有多家QFII投资，但是QFII来源国或地区不同，而且每个国家或地区会计准则与IFRS趋同的时间也不同[②]，所以采用以下步骤确定可比性的取值：（1）如果一家上市公司会计年末QFII数量是奇数，选择出现1或0次数较多的一方代表的取值，例如五家QFII投

①　样本不包括以2开头（深市B股，以港币交易）和以9开头（沪市B股，以美元交易）的B股上市公司。

②　我国有实际投资行为的QFII实际有104家（截止到2013年12月31日），其所属国家和地区主要集中在19个国家和地区（根据国家外汇管理局定期发布的统计数据整理，见附录A），这些国家和地区的会计准则与IFRS趋同的时间是不同的（根据IASB官方网站——IFRS-Jurisdiction-Profiles整理，见附录B）。（由于篇幅所限，论文的附录A和B在文中并没有列出，读者如需要可与作者联系）

资，其中三家QFII来源国已经采用IFRS，另外两家QFII来源国没有采用IFRS，comparability则取1；（2）如果一家上市公司会计年末QFII数量是偶数，首先参照上述1的做法，如果1和0出现次数相同，选择QFII投资比例较大一方的取值。

（3）被解释变量与控制变量

① 被解释变量（QFIIHSN）。

由于我国上市公司在2005—2006年实施股权分置改革，在此之前我国上市公司股权结构中存在大量非流通的国有股，为了排除这一影响，我们选择QFIIHSN，即QFII持股数量除以该公司总股份数量，作为解释变量。用QFIIHP（QFII投资比例=QFII持股数量/已流通A股数量）作稳健性检验。

②控制变量。

根据孙雪娇（2011）和罗进辉（2015），DeFond等（2015）的研究，控制变量主要分为两大类：财务状况和公司治理。在财务状况控制变量中，公司规模（SIZE）越大、盈利水平（ROE）越高，QFII投资应该越多。但是成长机会（MTB）和负债水平（LEV）与QFII投资应该呈负相关关系，因为如果公司股价或者负债太高，说明投资风险会过高，QFII投资反而减少。在公司治理控制变量中，QFII偏好于公司治理水平好的公司，所以两职合一（DUALITY）、股权集中度（TOP1）和国有股持股比例（NSTOCKR）与QFII投资之间应呈反向关系；相反，股权制衡度（H2_10）和独立董事比例与QFII投资呈正相关关系。因为QFII投资决策比较信赖经过国外审计师审计的公司，所以国外审计师（AUDITOR）与QFII投资呈正相关关系（见表4-2）。

表4-2 **控制变量名称及定义**

控制变量名称		控制变量符号	变量定义
财务状况	负债水平	LEV	资产负债率=负债总额÷资产总额
	成长机会	MTB	市账比=收盘价当期值÷所有者权益合计期末值（实收资本本期期末值）
	盈利能力	ROE	净资产收益率=净利润÷年末净资产
	公司规模	SIZE	年末公司总资产的对数
公司治理	国有股持股比例	NSTOCKR	国有股占总股份的比例
	股权集中度	TOP1	第一大股东持股比例
	股权制衡度	H2_10	第二大到第十大股东持股比例之和
	两职合一	DUALITY	哑变量，若董事长与总经理两职合一取值为1，否则取值为0
	独立董事比例	INDB	独立董事席位与董事会总席位的比例
	国外审计师	AUDITOR	哑变量，为国际四大会计师事务所或其他国外会计师事务所审计取值为1，否则取值为0。
分组检验	交叉上市	XLIST	如果发行A股的同时也发行B股或者（和）H股，则取值为1，否则取值为0
本部分通过引入年度哑变量和行业哑变量控制了时间效应和行业效应对QFII投资的影响			

（4）检验模型

①假设4-1和假设4-2的检验模型。

NEW_t是解释变量，同时也是一个哑变量，其中2007年我国实施新企业会计准则，所以2007年至2013年，NEW_t取值为1；2003年至2006年，NEW_t取值为0。利用模型（4-1）进行假设4-1的检验。

$$QFIIHSN_{i,t}, QFIIHP_{i,t} = \alpha_0 + \alpha_1 NEW_t + \sum \alpha_j CONTROLS_{i,t} - \varepsilon_{i,t} \quad (4-1)$$

为了检验假设4-2，将2003—2013年1 935个样本分为两组，一组是交叉上市（即一家上市公司发行A股的同时也发行B股或者（和）H股的上市公司，另一组是只发行A股的上市公司。然后对两组分别利用模型（4-1）进行检验。

②假设4-3的检验模型。

为了检验4-3，以2007—2013年作为分析区间，利用模型（4-2）进行检验：

$$QFIIHSN_{i,t}, QFIIHP_{i,t} = \beta_0 + \beta_1 COMPARABILITY_t + \sum \beta_j CONTROLS_{i,t} + \varepsilon_{i,t} \quad (4-2)$$

4.4.3 实证结果分析

（1）描述性统计

表4-3列示了主要变量的描述性统计分析结果：（1）QFII持有股份占总股份（QFIIHSN）和占总流通股份（QFIIHP）的平均比例分别为0.015%和1.552%，两者标准差是均值的1.7倍左右。我国政府对QFII投资上市公司有如下规定：一个QFII不能拥有一家上市公司超过10%的股份；一家上市公司所有QFII拥有的股份比例不能超过20%。从以上描述性统计分析，我国QFII投资比例还比较少，远远没有达到上述规定的比例限制，说明QFII对中国资本市场的投资规模仍然十分有限，中国资本市场的对外开放程度还有很大的提升空间。（2）解释变量（NEW）的平均值为0.748，代表准则变革后的样本量占到总体（2003—2013年）的74.8%；解释变量（COMPARABILITY）平均值为0.701，代表2007年之后来源于同样采用IFRS国家和地区的QFII投资的公司数量占到总体（2007—2013年）70.1%，这些国家主要集中在欧盟和中国香港等国家和地区。（3）总样本中（2003—2013年）国有股持股比例（NSTOCKR）平均为19.3%，交叉上市的上市公司占总样本量的20.1%，由国外审计师审计的公司占总样本量的24.1%。其余公司财务状况和治理变量的统计结果与现有的相关文献类似，同时也基本符合中国资本市场的实际情况。此外，其他变量的统计分析并没有发现异常情况。本部分还对所有连续变量进行了上下1%的Winsorize缩尾处理以消除异常值的影响（见表4-3）。

表4-3 **描述性统计表**

变量	样本量	均值	标准差	最小值	中位数	最大值
QFIIHSN	1 935	0.015	0.026	0.001	0.010	0.162
QFIIHP	1 930	1.552	2.575	0.060	0.750	16.180
NEW	1 935	0.748	0.434	0	1	1
COMPARABILITY	1 300	0.701	0.458	0	1	1
MTB	1 918	3.426	2.663	0.364	2.620	15.287
LEV	1 935	0.486	0.215	0.046	0.480	0.972
ROE	1 935	0.118	0.117	-0.385	0.120	0.460
DUALITY	1 762	1.838	0.368	1	2	2
TOP1	1 935	39.602	16.700	8.991	38.930	80.649
H2_10	1 935	21.205	14.134	1.595	18.550	57.260
INDB	1 924	0.362	0.050	0.267	0.330	0.571
SIZE	1 935	22.506	1.715	19.901	22.160	28.616
NSTOCKR	1 935	0.193	0.246	0	0	0.796
XLIST	1 935	0.201	0.401	0	0	1
AUDITOR	1 935	0.241	0.428	0	0	1

（2）相关性分析

表4-4和表4-5列示了各主要变量之间的相关系数以及显著性水平。（1）解释变量无论是会计准则变革（NEW）还是可比性（COMPARABILITY）都与被解释变量QFIIHSN和QFIIHP呈正向关系，而且在10%的水平上显著，初步验证了假设4-1和假设4-2。（2）被解释变量QFIIHSN和QFIIHP和解释变量NEW和COMPARABILITY与其他变量都不存在多重共线性问题。（3）在财务状况控制变量中，公司规模（SIZE）、负债水平（LEV）和盈利水平（ROE）与QFII投资呈显著正相关关系；但是成长机会（MTB）与QFII投资呈负相关关系。（4）在公司治理控制变量中，两职合一（DUALITY）与QFII投资之间关系不明确，有待于进一步检验；股权集中度（TOP1）越高QFII投资越少；相反，股权制衡度（H2_10）越高QFII投资越多；国有股控股比例（NSTOCKR）越高QFII投资越少；独立董事比例（INDB）与QFII投资呈负相关关系。这说明QFII投资对公司治理中的股权结构还是比较敏感的。交叉上市（XLIST）与QFII投资呈负相关关系，可初步验证假设4-2。国外审计师与QFII投资呈正相关关系，这也符合QFII投资决策比较依赖于经过国外审计师审计的公司。（5）在控制变量中，公司规模（SIZE）和资产负债率（LEV）之间的相关系数、国外审计师（AUDITOR）和公

司规模（SIZE）以及交叉上市（XLIST）之间的相关系数显著大于0.5，本部分省略汇报了其他控制变量间两两相关系数，但这些相关系数的绝对值都远小于0.5，意味着下文的多元回归分析不会产生严重的多重共线性问题。

表4-4　　　　假设4-1和假设4-2的相关性分析

	QFIIHSN	QFIIHP	NEW	MTB	LEV	ROE	DUALITY	TOP1	H2_10	INDB	SIZE	NSTOCKR	XLIST	AUDITOR
QFIIHSN	1.000													
QFIIHP	1.000***	1.000												
NEW	0.042*	0.043*	1.000											
MTB	-0.049**	-0.049**	0.204***	1.000										
LEV	0.322***	0.323***	0.013	-0.040*	1.000									
ROE	0.124***	0.127***	0.013	0.177***	-0.087***	1.000								
DUALITY	0.022	0.021	-0.050**	-0.030	0.151***	-0.010	1.000							
TOP1	-0.228***	-0.229***	-0.101***	-0.047**	-0.125***	0.064***	0.074***	1.000						
H2_10	0.214***	0.215***	0.036	0.039*	-0.004	0.107***	-0.086***	-0.448***	1.000					
INDB	-0.052**	-0.052**	0.144***	0.019	-0.037	-0.033	-0.073***	0.085***	-0.00[illegible]	1.000				
SIZE	0.351***	0.350***	0.092***	-0.308***	0.523***	0.126***	0.164***	0.112***	0.10[illegible]***	0.042*	1.000			
NSTOCKR	-0.083***	-0.083***	-0.412***	-0.027	0.023	0.048**	0.129***	0.359***	-0.060***	-0.096***	0.095***	1.000		
XLIST	-0.026	-0.024	-0.133***	-0.147***	0.156***	-0.087***	0.083***	0.012	0.126***	0.010	0.342***	0.099***	1.000	
AUDITOR	0.188***	0.188***	-0.187***	-0.222***	0.239***	0.018	0.102***	0.047**	0.193***	0.011	0.548***	0.117***	0.642***	1.000

注：***、**、*分别代表在1%、5%、10%的显著性水平上显著（双尾）。

表4-5　　　　假设4-3的相关性分析

	QFIIHSN	QFIIHP	COMPARITY	MTB	LEV	ROE	DUALITY	TOP1	H2_10	INDB	SIZE	NSTOCKR	XLIST	AUDITOR
QFIIHSN	1.000													
QFIIHP	1.000***	1.000												
COMPARABILITY	0.054*	0.054*	1.000											
MTB	-0.004	-0.003	0.091***	1.000										
LEV	0.206***	0.206***	0.051*	-0.056**	1.000									
ROE	0.139***	0.139***	-0.011	0.200***	-0.095***	1.000								
DUALITY	-0.023	-0.023	-0.030	-0.016	0.166***	-0.008	1.000							
TOP1	-0.259***	-0.259***	-0.003	-0.041	-0.047*	0.056**	0.077***	1.000						
H2_10	0.090***	0.090***	-0.019	0.050*	-0.118***	0.096***	-0.114***	-0.410***	1.000					
INDB	-0.043	-0.043	0.017	-0.014	-0.046*	-0.014	-0.052*	0.136***	-0.024	1.000				
SIZE	0.156***	0.156***	0.001	-0.391***	0.520***	0.087***	0.180***	0.214***	-0.005	0.076***	1.000			
NSTOCKR	-0.086***	-0.086***	0.038	0.090***	0.058**	0.032	0.124***	0.262***	-0.028	-0.053*	0.102***	1.000		
XLIST	-0.142***	-0.142***	-0.049*	-0.179***	0.148***	-0.039	0.075***	0.112***	0.185***	0.062**	0.464***	0.107***	1.000	
AUDITOR	0.086***	0.086***	-0.029	-0.235***	0.258***	0.028	0.106***	0.143***	0.186***	0.058**	0.625***	0.067**	0.602***	1.000

注：***、**、*分别代表在1%、5%、10%的显著性水平上显著（双尾）。

（3）回归结果分析

在上述描述性统计和相关性分析的基础上，本部分进行OLS多元回归分析，以检验本部分提出的三个理论假设。

①假设4-1的回归结果及其分析。

虽然国外研究结论一致认为国家会计准则趋同会促进跨国资本的流动，但是这些结论大都是以西方发达国家为研究背景，这些国家都具有较好的制度基础，即良好的投资者保护机制、健全有效的法律法规、较高的审计质量。与西方发达国家相比，我国属于经济转型国家，各种经济制度还处在不断完善之中，但是经过回归分析我们发现，我国会计准则的变革同样会吸引更多的外国机构投资者的权益投资。解释变量NEW的系数分别为0.009和0.919，两者在5%水平上显著，说明会计准则变革后，QFII持股占总股份的比例（QFIIHSN）平均增加0.009，QFII持股占总流通股份的比例（QFIIHP）平均增加0.919。由于公司规模（SIZE）和其他控制变量（LEV和AUDITOR）存在较高的相关性，所以削弱了该变量对被解释变量的解释力度。特别显著的控制变量有：ROE和LEV与QFIIHSN（QFIIHP）呈显著正相关关系；MTB和TOP1、NSTOCKR、XLIST和QFIIHSN（QFIIHP）呈显著负相关关系（见表4-6）。

表4-6　　会计准则变革后对QFII投资影响的回归结果

	（1）QFIIHSN	（2）QFIIHP
NEW	0.009**	0.919**
	（2.371）	（2.420）
MTB	−0.001***	−0.064***
	（−2.943）	（−2.959）
LEV	0.010***	1.070***
	（3.967）	（4.085）
ROE	0.011***	1.245***
	（2.755）	（2.959）
DUALITY	−0.002	−0.180
	（−1.167）	（−1.242）
TOP1	−0***	−0.013***
	（−2.672）	（−2.696）
H2_10	0	0.006
	（1.383）	（1.365）

续表

	（1）QFIIHSN	（2）QFIIHP
INDB	0.008	0.885
	（0.989）	（1.047）
SIZE	-0.001*	-0.119**
	（-1.883）	（-2.004）
NSTOCKR	-0.009***	-0.886***
	（-3.227）	（-3.209）
XLIST	-0.007***	-0.707***
	（-3.929）	（-3.714）
AUDITOR	0.003*	0.333
	（1.650）	（1.583）
CONSTANT	0.027**	2.636**
	（2.385）	（2.373）
N	1 736	1 732
Adj. R^2	0.540	0.540
F		

注：***、**、*分别代表在1%、5%、10%的显著性水平上显著（双尾）。

表中略去了年度、行业固定效应的结果。

因为从2002年中国发布《合格境外机构投资者境内证券投资管理暂行办法》开始，QFII的批准投资额度和实际投资规模都呈逐年递增的趋势。也就是说，不考虑2007年企业会计准则国际趋同的影响，中国上市公司吸引的QFII投资也是随着时间增加的。为了考虑宏观因素对QFII投资的影响，利用模型（4-3）和（4-4）进行进一步检验。

$$QFIIHSN_{i,t}, QFFIHP_{i,t} = \gamma_0 + \gamma_1 GDP_t + \gamma_2 MCAP_t + \gamma_3 EXCHANGERATE_t + \gamma_4 BASICRATE_t + \varepsilon_{i,t} \tag{4-3}$$

然后将模型（4-3）的残差项（$\varepsilon_{i,t}$）作为被解释变量（$DQFIIHSN_{i,t}$和$DQFIIHP_{i,t}$），利用模型（4-4）检验：

$$DQFIIHSN_{i,t}, DQFIIHP_{i,t} = \alpha_0 + \alpha_1 NEW_t + \sum \alpha_j CONTROLS_{i,t} + \varepsilon_{i,t} \tag{4-4}$$

模型（4-3）中解释变量的选取都是对QFII投资具有较大影响的宏观经济变量，GDP是消除了价格因素的后的2002—2012年年度国内生产总值，MCAP是2002—2012年每年平均每家上市公司的资本市场流通市值，EXCHANGERATE是2003—2013年每年平均人民币对美元汇率，BASICRATE是2002—2012年每年平均无风险利率。除了EXCHANGERATE采用当期数据以外，其他三个解释变量都采用滞后一期的数据进行回归。回归结果见表4-7。

表 4-7　　考虑宏观因素后的会计准则变革对 QFII 投资影响的回归结果

	（1）DQFIIHSN	（2）DQFIIHP
NEW	0.007*	0.751**
	（1.953）	（1.977）
MTB	-0.001***	-0.064***
	（-2.943）	（-2.959）
LEV	0.010***	1.070***
	（3.967）	（4.085）
ROE	0.011***	1.245***
	（2.755）	（2.959）
DUALITY	-0.002	-0.180
	（-1.167）	（-1.242）
TOP1	-0.000***	-0.013***
	（-2.672）	（-2.696）
H2_10	0.000	0.006
	（1.383）	（1.365）
INDB	0.008	0.885
	（0.989）	（1.047）
SIZE	-0.001*	-0.119**
	（-1.883）	（-2.004）
NSTOCKR	-0.009***	-0.886***
	（-3.227）	（-3.209）
XLIST	-0.007***	-0.707***
	（-3.929）	（-3.714）
AUDITOR	0.003*	0.333
	（1.650）	（1.583）
CONSTANT	0.011	1.001
	（0.963）	（0.902）
N	1 736	1 732
Adj. R^2	0.539	0.538

注：***、**、*分别代表在 1%、5%、10% 的显著性水平上显著（双尾）。

表中略去了年度、行业固定效应的结果。

表 4-7 从更稳健的角度，即排除了宏观经济因素对 QFII 投资的影响后分析我国会计准则变革对 QFII 投资变化的影响，其他变量的结果并没有变化。表 4-6 和表 4-7 都验证了会计准则变革后 QFII 投资显著增加。表 4-7 中由于考虑了宏观经济因素对 QFII 投资的影响，所以 NEW 的相关系数和显著性水平都略有下降，但是仍然是显著正相关关系，所以假设 4-1 通过检验。

②假设 4-2 的回归结果及其分析。

虽然孙雪娇（2011）和罗进辉（2015），DeFond 等（2015）都研究了我国会计准则变革下 QFII 投资的变化，结论并不一致，但是他们都没有从可比性的角度加以分析。假设 4-2 的回归结果显示，与交叉上市公司相比，会计准则变革后 QFII 对非交叉上市公司的投资（QFIIHSN 和 QFIIHP）影响无论是相关系数还是显著性水平都提高了。交叉上市公司组，NEW和QFIIHSN的相关系数是-0.002，且不显著，反而在非交叉上市组，NEW和QFIIHSN之间的相关系数是0.013，且在5%水平上显著，说明会计准则变革后QFII更愿意投资于非交叉上市公司。会计准则变革后QFII更愿意投资非交叉上市公司主要是因为会计准则变革之前交叉上市公司必须按照国内企业会计准则和国际财务报告准则编制两套财务报告，所以对QFII来说，投资于交叉上市公司可以减少跨国投资过程中由于投资者和被投资者所在国会计准则不同而产生的信息处理成本的增加。会计准则变革后我国采用了与国际趋同的会计准则，对于国外投资者而言，降低了对我国被投资公司的信息处理成本，而这种信息成本的降低主要源于会计准则变革后可比性的提高。所以我国2007年会计准则变革后可比性的提高促使外国投资机构QFII对非交叉上市公司投资增加。假设4-2得到验证（见表4-8）。

表4-8　**基于信息处理成本的可比性视角下会计准则变革对QFII投资影响的回归结果**

	交叉上市		非交叉上市	
	QFIIHSN	QFIIHP	QFIIHSN	QFIIHP
NEW	-0.002 (-0.281)	0.205 (0.266)	0.013** (2.458)	1.335** (2.457)
MTB	-0.001 (-0.979)	-0.053 (-0.741)	-0.001** (-2.475)	-0.056** (-2.501)
LEV	0.013 (1.469)	1.614 (1.641)	0.010*** (4.076)	1.019*** (4.093)
ROE	-0.003 (-0.233)	-0.036 (-0.028)	0.014*** (3.359)	1.434*** (3.360)
DUALITY	0.005* (1.650)	0.455 (1.486)	-0.003* (-1.757)	-0.290* (-1.793)
TOP1	-0.000* (-1.709)	-0.031* (-1.737)	-0.000 (-1.527)	-0.006 (-1.504)
H2_10	0.000 (0.499)	0.005 (0.452)	0.000** (2.015)	0.010** (2.051)
INDB	0.064** (2.025)	6.804** (2.077)	-0.002 (-0.270)	-0.219 (-0.270)
SIZE	-0.001 (-0.760)	-0.126 (-0.856)	-0.001* (-1.750)	-0.114* (-1.791)
NSTOCKR	-0.024** (-2.562)	-2.482*** (-2.610)	-0.005* (-1.789)	-0.477* (-1.745)
AUDITOR	0.003 (1.104)	0.271 (0.883)	0.003 (0.993)	0.254 (0.995)
CONSTANT	0.013 (0.421)	1.103 (0.353)	0.025* (1.856)	2.529* (1.886)
N	329	325	1 407	1 407
Adj. R^2	0.497	0.497	0.557	0.556

注：***、**、*分别代表在1%、5%、10%的显著性水平上显著（双尾）。

表中略去了年度、行业固定效应的结果。

③假设4-3的回归结果及其分析。

解释变量（COMPARABILITY）的系数虽然都是正相关，但是并不显著。与前面相关性分析相比，由于考虑了其他控制变量对QFII投资的影响后，解释变量的解释力显著下降。这个结论证明了来源于已经采用IFRS国家的QFII在我国会计准则变革后并没有显著增加在我国资本市场的投资。上述结果说明基于会计准则变革后可比性的增强可以提高外国投资者对我国被投资环境的熟悉程度从而促进QFII投资显著增加这个作用机理并没有得到验证。当然，除了会计准则变革后可比性增加可以提高外国投资者的熟悉程度以外，外国投资者所在国与被投资国在语言文化上的相似性、地理位置上的毗邻都可以增加外国投资者对被投资公司的熟悉度。会计准则趋同的制度性因素和语言文化、地理位置等自然性因素具有互补性。例如，最近几年来源于中国香港、中国台湾、韩国和日本等亚洲国家和地区的QFII投资有逐渐增加的趋势（见表4-9）。

表4-9　**基于熟悉性偏见的可比性视角下会计准则变革对QFII投资影响的回归结果（2007—2013）**

	（1）QFIIHSN	（2）QFIIHP
COMPARABILITY	0.001 （1.238）	0.099 （1.241）
MTB	0.000 （0.401）	0.007 （0.413）
LEV	0.003 （1.249）	0.277 （1.232）
ROE	0.010*** （2.941）	0.993*** （2.933）
DUALITY	-0.002** （-2.338）	-0.243** （-2.338）
TOP1	-0.000*** （-5.591）	-0.021*** （-5.594）
H2_10	-0.000** （-2.008）	-0.007** （-2.016）
INDB	-0.000 （-0.060）	-0.043 （-0.068）
SIZE	0.001 （1.239）	0.059 （1.249）
NSTOCKR	-0.005** （-2.551）	-0.504** （-2.562）
XLIST	-0.009*** （-4.588）	-0.948*** （-4.582）
AUDITOR	0.003* （1.682）	0.304* （1.682）
CONSTANT	0.011 （1.224）	1.142 （1.217）
N	1 259	1 259
Adj. R^2	0.329	0.329

注：***、**、*分别代表在1%、5%、10%的显著性水平上显著（双尾）。

表中略去了年度、行业固定效应的结果。

4.4.4　稳健性检验

（1）考虑2008年国际金融危机的影响

2008开始的国际金融危机对QFII投资决策有很大影响，为了避免这一制度性因素的影响，我们分析了2006年至2007年连续两年的QFII投资的变化。结果显示，与表4-6和表4-7回归结果相比，由于样本量减少很多，NEW的系数和显著性水平虽然有所下降，但是仍然是显著正相关关系，说明2007年会计准则变革后QFII投资显著增加的结论很稳健（见表4-10）。

表4-10　　**假设4-1稳健性检验结果（2006—2007）**

	（1）QFIIHSN	（2）QFIIHP
NEW	0.006** （2.049）	0.579** （1.995）
MTB	−0.001*** （−2.839）	−0.094*** （−2.672）
LEV	0.007 （0.914）	0.682 （0.934）
ROE	0.001 （0.075）	0.035 （0.029）
DUALITY	0.001 （0.378）	0.140 （0.382）
TOP1	0.000 （0.708）	0.009 （0.749）
H2_10	0.000* （1.729）	0.016* （1.738）
INDB	0.030 （0.959）	2.936 （0.925）
SIZE	−0.001 （−0.978）	−0.135 （−0.987）
NSTOCKR	−0.015* （−1.931）	−1.487* （−1.941）
XLIST	−0.012*** （−2.697）	−1.193** （−2.575）
AUDITOR	0.002 （0.538）	0.246 （0.527）
CONSTANT	0.016 （0.523）	10.564*** （2.973）
N	389	385
Adj. R^2	0.187	0.182

注：***、**、*分别代表在1%、5%、10%的显著性水平上显著（双尾）。

表中略去了年度、行业固定效应的结果。

（2）假设4-2稳健性检验（2006—2007）

为了减少2008年金融危机对假设4-2结论的影响，本部分对2006—2007年的样本进行分组检验，由于分组原因导致与样本量减少，所以删掉了控制变量NSTOCKR和年度控制变量，虽然NEW的系数和显著性水平有所下降，但是回归结果仍然稳健（见表4-11）。

表4-11　　**假设4-2稳健性检验结果（2006—2007）**

	交叉上市		非交叉上市	
	（1）QFIIHSN	（2）QFIIHP	（3）QFIIHSN	（4）QFIIHP
NEW	0.008 （1.320）	0.891 （1.402）	0.005* （1.671）	0.472* （1.652）
MTB	-0.001 （-0.759）	-0.095 （-0.764）	-0.001** （-2.153）	-0.098** （-2.147）
LEV	0.023 （1.296）	2.212 （1.207）	0.007 （0.776）	0.672 （0.784）
ROE	-0.019 （-0.687）	-2.077 （-0.706）	0.001 （0.067）	0.086 （0.064）
DUALITY	0.008 （0.540）	0.993 （0.579）	0.001 （0.163）	0.059 （0.152）
TOP1	0.000 （0.564）	0.016 （0.549）	0.000 （1.362）	0.017 （1.394）
H2_10	0.000 （1.334）	0.034 （1.334）	0.000* （1.886）	0.023* （1.902）
INDB	0.103 （1.222）	11.034 （1.241）	-0.012 （-0.304）	-1.159 （-0.303）
SIZE	0.003 （1.082）	0.338 （1.026）	-0.002 （-1.251）	-0.192 （-1.250）
NSTOCKR	-0.032 （-1.397）	-3.248 （-1.356）	-0.012* （-1.658）	-1.197* （-1.661）
CONSTANT	-0.126 （-1.596）	-9.680 （-0.879）	0.069* （1.802）	6.925* （1.799）
N	78	74	311	311
Adj. R^2	0.171	0.144	0.168	0.167

注：***、**、*分别代表在1%、5%、10%的显著性水平上显著（双尾）。

表中略去了年度、行业固定效应的结果。

(3) 考虑宏观因素对假设4-3的影响

利用模型(4-3)和模型(4-5)对2007—2013年会计准则趋同后可比性对QFII投资的影响进行检验。为了排除从2007年QFII的批准投资额度和实际投资规模都呈逐年递增趋势的影响，中国上市公司吸引的QFII投资也是随着时间推移增加的。所以考虑宏观因素对QFII投资的影响，利用模型(4-3)和模型(4-5)对假设4-3进行稳健性检验。

$$DQFIIHSN_{i,t}, DQFIIHP_{i,t} = \beta_0 + \beta_1 COMPARABILITY_t + \sum \beta_j CONTROLS_{i,t} + \varepsilon_{i,t} \quad (4-5)$$

稳健性检验结果见表4-12。

表4-12 **假设4-3的稳健性检验结果**

	(1) DQFIIHSN	(2) DQFIIHP
COMPARABILITY	0.001 (1.538)	0.121 (1.541)
MTB	0 (0.169)	0.003 (0.181)
LEV	0.003 (1.479)	0.329 (1.462)
ROE	0.012*** (3.441)	1.177*** (3.433)
DUALITY	-0.002** (-2.305)	-0.244** (-2.304)
TOP1	-0.000*** (-5.289)	-0.021*** (-5.293)
H2_10	-0.000*** (-2.771)	-0.010*** (-2.778)
INDB	-0.001 (-0.100)	-0.070 (-0.107)
SIZE	0.000 (0.202)	0.010 (0.213)
NSTOCKR	-0.005** (-2.524)	-0.514** (-2.535)
AUDITOR	-0.001 (-0.631)	-0.089 (-0.628)
CONSTANT	0.012 (1.335)	1.195 (1.326)
N	1 259	1 259
Adj. R^2	0.308	0.308

注：***、**、*分别代表在1%、5%、10%的显著性水平上显著(双尾)。

表中略去了年度、行业固定效应的结果。

表4-12的回归结果显示，解释变量（COMPARABILITY）的相关系数为正，但是不够显著。表4-12的结论与表4-9结论基本一致，说明对假设4-3的研究结论是比较稳健的。同时我们考察了2005年至2013年来源于采用IFRS国家的QFII投资的公司数量占总体QFII投资公司数量（1 630家[①]）的比例为72.6%，而这一指标在2007—2013年期间为70%，说明来源于采用IFRS国家的QFII投资的样本数量在会计准则变革后减少了。

4.5 小结

本部分从宏观角度对会计准则变革的非预期效应进行分析和检验。宏观投资作为会计准则变革的超出效应中的重要组成部分，将会计准则变革的非预期效应从微观延伸到宏观。但是由于宏观投资的范围非常宽泛，所以本部分首先从投资主体和投资对象两个角度对宏观投资范畴进行界定，然后简要分析了宏观投资的影响因素和现状，为后面的研究路径的提出和实证检验奠定了基础。为了与后面提出的会计准则变革对宏观投资的影响路径相一致，本部分从跨国投资、资本市场效率和行业投资三个方面进行文献的梳理与述评。由于在不同国际投资方式中会计信息对投资决策影响程度的不同，本部分从国际直接投资和国际间接投资两个方面分别归纳整理了会计准则变革对跨国投资的影响。会计准则变革对资本市场效率的影响是从预期效应和非预期效应两个方面分别归纳和述评的。会计准则变革对行业投资的影响现有文献略显不足，大部分文献都集中在受会计准则变革影响较大的银行业，缺少对其他行业的分析。在前面的基础上，继续提出会计准则变革对宏观投资影响的三条基本路径，并运用交易成本理论、经济后果理论和前景理论，详细分析了每种路径下会计准则变革对宏观投资影响的机理。最后，以跨国间接投资（QFII）为例，对会计准则变革对宏观投资的具体路径和作用机理进行检验，以期为前面的理论框架和作用机理提供有力的证据支持。利用我国A股资本市场2003—2013年连续11年拥有QFII投资的上市公司作为样本（1 935家），检验我国会计准则变革（2007年）对QFII投资的影响及其影响机理。研究发现：我国会计准则变革后QFII投资显著增加，其作用机理主要是通过会计准则变革后可比性的提高降低了外国投资者的信息处理成本，从而促进了QFII投资的增加。这说明我国会计准则的国际趋同对外国投资主体的投资行为具有一定的影响，这正是我国会计准则变革对宏观投资产生的非预期效应的体现。

① 见表4-1假设4-3的样本量的基础上加上可以查到QFII名单的所有上市公司数量：2005年124家，2006年205家。

参考文献

［1］杜兴强，雷宇，朱国泓. 企业会计准则（2006）的市场反应：初步的经验证据［J］. 会计研究，2009（9）：18-24.

［2］樊潇彦，袁志刚. 我国宏观投资效率的定义与衡量：一个文献综述［J］. 南开经济研究，2006（1）：44-59.

［3］高芳，傅仁辉. 会计准则改革、股票流动性与权益资本成本——来自中国A股上市公司的经验证据［J］. 中国管理科学，2012（4）：27-36.

［4］李祎，刘启亮，李洪. IFRS、财务分析师、机构投资者和权益资本成本——基于信息治理观视角［J］. 会计研究，2016（10）：26-33、96.

［5］陆建清. 投资行为学［M］. 北京：清华大学出版社. 2012.

［6］罗进辉，谢达熙，李莉. 企业会计准则的国际趋同是否吸引了更多的QFII投资［J］. 山西财经大学学报，2015（4）：78-91.

［7］罗劲博. 公司治理环境、准则变迁与股权资本成本——基于沪深A股市场的经验证据［J］. 证券市场导报，2014（3）：24-32.

［8］毛新述，余德慧. 会计准则趋同、海外并购与投资效率［J］. 财贸经济，2013（12）：68-76.

［9］孙雪娇. 境外投资、市场流动性与准则趋同——基于中国资本市场的经验研究［J］. 山西财经大学学报，2011（9）：108-115.

［10］陶伟. 我国企业会计准则第20号（CAS20）与国际趋同及对企业合并的导向分析［J］. 现代财经（天津财经大学学报），2010（11）：56-62.

［11］王亮亮，王跃堂，杨志进. 会计准则国际趋同、研究开发支出及其经济后果［J］. 财经研究，2012（2）：49-60.

［12］汪祥耀，叶正虹. 执行新会计准则是否降低了股权资本成本——基于我国资本市场的经验证据［J］. 中国工业经济，2011（3）：119-128.

［13］王亚玲，张庆升. 资本市场效率理论的体系［J］. 北京工商大学学报（社会科学版），2005（1）：33-36.

［14］谢朝华，彭建刚. 论资本市场效率的结构性基础［J］. 理论探索，2009（1）：65-69.

［15］许涤龙，马岚. 宏观投资的影响因素与实证分析［J］. 经济问题，2002（4）：5-7.

［16］燕玲. 新会计准则对企业债务期限结构的影响——基于R&D投入会计处理变化的研究［J］. 中央财经大学学报，2013（1）：86-91.

［17］叶康涛，陆正飞. 中国上市公司股权融资成本影响因素分析［J］. 管

理世界，2004（5）：127-131.

［18］张璐，李秀芹. 国际投资学［M］. 北京：清华大学出版社，2015.

［19］赵敏. 上市公司无形资产结构、行业特征分析［J］. 商业经济与管理，2012（11）：91-96.

［20］赵耀，乔贵涛，张健. 会计准则变迁的经济后果研究——基于信息质量和权益资本成本视角［J］. 新疆师范大学学报（哲学社会科学版），2014（1）：111-118.

［21］周芳. 会计准则变革对QFII投资的影响研究——基于会计准则可比性的视角［J］. 山西财经大学学报，2015（12）：103-112.

［22］周中胜，陈汉文. 会计信息透明度与资源配置效率［J］. 会计研究，2008（12）：56-62.

［23］ANNITA F，PETER F P. Mandatory IFRS Adoption and Institutional Investment Decisions［J］. The Accounting Review，2012，87（6）：1993-2025.

［24］ASHBAUGH H，PINCUS M. Domestic Accounting Standards，International Accounting Standards，and the Predictability of Earnings［J］. Journal of Accounting Research，2001（39）：417-434.

［25］BALL R，ROBIN A，WU J. Incentive Versus Standards：Properties of Accounting Income in Four East Asian Countries［J］. Journal of Accounting and Economics，2003（36）：235-270.

［26］BENEISH M D，YOHN T L. Information Frictions and Investors Home Bias：a Perspective on the Effect of Global IFRS Adoption on the Extent of Equity Home bias［J］. Journal of Accounting and Public Policy，2008，27（6）：433-443.

［27］BENEISH M D，MILLER B P，YOHN T L. Macroeconomic Evidence on the Impact of Mandatory IFRS Adoption on Equity and Debt Markets［J］. Journal of Accounting & Public Policy，2015，34（1）：1-27.

［28］BUSHMAN R，PIOTROSKI J. Financial Reporting Incentive for Conservative Accounting：the Influence of Legal and Political Institutions［J］. Journal of Accounting and Economics，2006（42）：107-148.

［29］BYARD D，LI Y，YU Y. The Effect of Mandatory IFRS Adoption on Financial Analysts Information Environment［J］. Journal of Accounting Research，2011，49（1）：69-96.

［30］CAI，FRANCIS，WONG H N. The Effect of IFRS Adoption on Global Market Integration［J］. International Business & Economics Research Journal，2010（9）：25-34.

［31］CHEN C，YOUNG D Q，ZHUANG Z L. Externalities of Mandatory IFRS

Adoption: Evidence from Cross-border Spillover Effects of Financial Information on Investment Efficiency [J]. The Accounting Review, 2013, 88 (3): 881-914.

[32] CHEN C J, DING Y, XU B. Convergence of Accounting Standards and Foreign Direct Investment [J]. The International Journal of Accounting, 2014, 49 (1): 53-86.

[33] CHEN L, JEFF N G, TSANG, ALBERT. The Effect of Mandatory IFRS Adoption on International Cross-Listings [J]. The Accounting Review, 2015, 90 (4): 1395-1435.

[34] CHRISTENSEN H B, HAIL L, LEUZ C. Mandatory IFRS Reporting and Changes in Enforcement [J]. Journal of Accounting and Economics, 2013, 56 (2): 147-177.

[35] COVRIG V M, DEFOND M L, HUNG M. Home Bias, Foreign Mutual Fund Holdings, and the Voluntary Adoption of International Accounting Standards [J]. Journal of Accounting Research, 2007, 45 (01): 41-70.

[36] AMIRAM D. Financial Information Globalization and Foreign Investment Decisions [J]. Journal of International Accounting Research, 2012, 11 (2): 57-81.

[37] DASKE H, HAIL L, LEUZ C, VERDI R S. Mandatory IFRS Reporting around the World: Early Evidence on the Economic Consequences [J]. Journal of Accounting Research, 2008, 46 (5): 1085-1142.

[38] FRANCIS, JERE R, HUANG, SHAWN X.; KHURANA, INDER K. The Role of Similar Accounting Standards in Cross-Border Mergers and Acquisitions [J]. Contemporary Accounting Research, 2016, 33 (3): 1298-1330.

[39] FRENCH K R, POTERBA J M. Investor Diversification and International Equity Markets [J]. The American Economic Review, 1991, 81 (2): 222-226.

[40] GEHRIG T. An Information based Explanation of the Domestic Bias in International Equity Investment [J]. Scandinavian Journal of Economics, 1993 (95): 97-109.

[41] GORDON, LAWRENCE A. LOEB, MARTIN P. AND ZHU WENJIE, The Impact of IFRS Adoption on Foreign Direct Investment [J]. Journal of Accounting and Public Policy, 2012, 31 (4): 374-398.

[42] GRAHAM J R, HARVEY C R, HUANG H. Investor Competence, Trading Frequency, and Home Bias [J]. Management Science, 2009, 55 (7): 1094-1106.

[43] HAIL, LUZI AND LEUZ, CHRISTIAN, Capital Market Effects of Mandatory IFRS Reporting in the EU: Empirical Evidence (October 15, 2007). Available at SSRN: https: //ssrn.com/abstract=1511671.

[44] HEATH C, TVERSKY A. Preferences and Beliefs: Ambiguity and

Competence in Choice Under Uncertainty [J]. Journal of Risk and Uncentainty, 1991, 4 (1): 5-28.

[45] HUBERMAN G.Familiarity Breeds Investment [J]. Review of Financial Studies, 2001, 14 (3): 659-680.

[46] WURGLER J. Financial Markets and the Allocation of Capital [J]. Journal of Financial Economics, 2000 (58): 187-214.

[47] M'ARQUEZ-RAMOS L. European accounting Harmonization: Consequences of IFRS Adoption on Trade in Goods and Foreign Direct Investments [J]. Emerging Markets Finance and Trade, 2011, 47 (5): 42-57.

[48] LEE G, FARGHER, NEIL L. Did the Adoption of IFRS Encourage Cross-Border Investment? (October 5, 2010). Available at SSRN: https: //ssrn. com / abstract=1686571.

[49] LEUZ C, NANDA D, WYSOCKI P. Earnings Management and Investor Protection: An International Comparison [J]. Journal of Financial Economics, 2003 (69): 505-527.

[50] LI S. Does mandatory adoption of International Financial Reporting Standards in the European Union reduce the cost of equity capital? [J]. The Accounting Review, 2010, 85 (2): 607-636.

[51] DEFOND M, HU X S, HUNG M Y, SIQI LI. The Impact of Mandatory IFRS Adoption on Foreign Mutual Fund Ownership: the Role of Comparability [J]. Journal of Accounting and Economics, 2011, 51 (3): 240-258.

[52] DEFOND M, GAO X Z, LI O Z, XIA L J. Did China's Adoption of IFRS Attract More Foreign Institutional Investment? [R]. 2015.http: //ssrn.com/abstract=2426484.

[53] HAMBERG M, MAVRUK T, SJOGREN S. Investment Allocation Decisions, Home Bias and the Mandatory IFRS Adoption [J]. Journalof International Money and Finance, 2013 (36): 107-130.

[54] MCCREEVY C. IFRS - no pain, no gain? Official Opening of FEE´s (Fédération des Experts Comptables Européens) new offices [R]. 2005.

[55] RAMANNA K, SLETTEN E. Network Effects in Countries´ Adoption of IFRS [J]. The Accounting Review, 2014, 89 (4): 1517-1543.

[56] YIP W, YOUNG D. Does IFRS Adoption Improve Information Comparability? [J]. The Accounting Review, 2012, 87 (5): 1767-1789.

[57] YU G, WAHID A S. Accounting Standards and International Portfolio Holdings [J]. The Accounting Review, 2014, 89 (5): 1895-1930.

索　引

后 记

本书是在张先治教授主持的国家自然科学基金项目“会计准则变革的非预期效应：对经营方式转变及投资行为的影响研究”（项目批准号：71372068）研究报告的基础上经过修改与完善而成的。该研究成果是课题组全体成员共同努力的硕果。于悦博士作为课题协调人，协助项目主持人对课题的组织与协调做出了重要贡献。晏超博士、贾兴飞博士、崔莹博士、周芳博士作为本专著各部分执笔人对各自负责内容的顺利完成做出了重要贡献。傅荣教授、秦志敏教授、王玉红教授、刘媛媛副教授作为课题组主要成员，在课题研究中献计献策，对课题的顺利完成做出重要贡献。顾水彬博士、燕玲博士、徐海峰博士、陈明博士及各位硕士研究生参与了课题各部分的研究工作，为课题的顺利完成做出了贡献。柳志南、王兆楠、石芯瑜同学在课题结项过程中做了许多辅助性工作。作为课题主持人，我要特别感谢课题组全体成员在课题研究整个过程的全身心投入和对我的理解与支持。

本课题的顺利完成和本书的最终出版得到了社会各方的资助、指导、帮助与支持。课题组全体成员对这些单位及有关负责人表示衷心的感谢：感谢国家自然科学基金委员会对课题研究的资助，感谢大连市学术专著资助出版基金对本书出版的资助，感谢东北财经大学出版社对本书出版的大力支持；感谢辽宁省教育厅、辽宁省财政厅会计处以及东北财经大学科研处、财务处、会计学院、中德管理控制研究中心对本课题研究工作的支持；感谢在本项目调研过程中给予帮助的许多上市公司的财务总监和相关负责人；感谢美国纽约州立大学布法罗分校会计系主任谷丰教授和佛罗里达国际大学的杰森教授对本项目研究的建设性意见。另外，我们还要感谢所有参考文献的作者，本书研究成果也是在继承前人研究成果的基础上形成的。

会计准则变革的非预期效应研究任重道远。从这个角度看，本书只是现阶段的研究成果。由于课题组成员能力所限，书中肯定会存在缺点与错误，敬请读者批评指正。我们将继续关注与探索这一课题。

张先治

2019年5月于大连